# 清朝旗民法律关系研究

On the Legal Relationship of the
Bannermen and Common people in the Qing Dynasty

高中华 著

经济管理出版社
ECONOMY & MANAGEMENT PUBLISHING HOUSE

**图书在版编目（CIP）数据**

清朝旗民法律关系研究/高中华著. —北京：经济管理出版社，2015.12
ISBN 978-7-5096-4066-1

Ⅰ.①清…　Ⅱ.①高…　Ⅲ.①八旗制度—法律—研究—中国—清代
Ⅳ.①D929.49

中国版本图书馆 CIP 数据核字（2015）第 289531 号


组稿编辑：宋　娜
责任编辑：杨国强
责任印制：司东翔
责任校对：雨　千

出版发行：经济管理出版社
　　　　　（北京市海淀区北蜂窝 8 号中雅大厦 A 座 11 层　100038）
网　　址：www. E-mp. com. cn
电　　话：（010）51915602
印　　刷：三河市延风印装有限公司
经　　销：新华书店
开　　本：720mm×1000mm/16
印　　张：16.25
字　　数：266 千字
版　　次：2015 年 12 月第 1 版　　2015 年 12 月第 1 次印刷
书　　号：ISBN 978-7-5096-4066-1
定　　价：88.00 元

# 第四批《中国社会科学博士后文库》编委会及编辑部成员名单

## （一）编委会

主　任：张　江

副主任：马　援　张冠梓　俞家栋　夏文峰

秘书长：张国春　邱春雷　刘连军

成　员（按姓氏笔画排序）：

| | | | | | | |
|---|---|---|---|---|---|---|
| 卜宪群 | 方　勇 | 王　巍 | 王利明 | 王国刚 | 王建朗 | 邓纯东 |
| 史　丹 | 刘　伟 | 刘丹青 | 孙壮志 | 朱光磊 | 吴白乙 | 吴振武 |
| 张车伟 | 张世贤 | 张宇燕 | 张伯里 | 张星星 | 张顺洪 | 李　平 |
| 李　林 | 李　薇 | 李永全 | 李汉林 | 李向阳 | 李国强 | 杨　光 |
| 杨　忠 | 陆建德 | 陈众议 | 陈泽宪 | 陈春声 | 卓新平 | 房　宁 |
| 罗卫东 | 郑秉文 | 赵天晓 | 赵剑英 | 高培勇 | 曹卫东 | 曹宏举 |
| 黄　平 | 朝戈金 | 谢地坤 | 谢红星 | 谢寿光 | 谢维和 | 裴长洪 |
| 潘家华 | 冀祥德 | 魏后凯 | | | | |

## （二）编辑部（按姓氏笔画排序）：

主　任：张国春（兼）

副主任：刘丹华　曲建君　李晓琳　陈　颖　薛万里

成　员（按姓氏笔画排序）：

| | | | | | | |
|---|---|---|---|---|---|---|
| 王　芳 | 王　琪 | 刘　杰 | 孙大伟 | 宋　娜 | 苑淑娅 | 姚冬梅 |
| 郝丽梅 | 枚　章 | 瑾 | | | | |

# 序 言

2015 年是我国实施博士后制度 30 周年，也是我国哲学社会科学领域实施博士后制度的第 23 个年头。

30 年来，在党中央国务院的正确领导下，我国博士后事业在探索中不断开拓前进，取得了非常显著的工作成绩。博士后制度的实施，培养出了一大批精力充沛、思维活跃、问题意识敏锐、学术功底扎实的高层次人才。目前，博士后群体已成为国家创新型人才中的一支骨干力量，为经济社会发展和科学技术进步作出了独特贡献。在哲学社会科学领域实施博士后制度，已成为培养各学科领域高端后备人才的重要途径，对于加强哲学社会科学人才队伍建设、繁荣发展哲学社会科学事业发挥了重要作用。20 多年来，一批又一批博士后成为我国哲学社会科学研究和教学单位的骨干人才和领军人物。

中国社会科学院作为党中央直接领导的国家哲学社会科学研究机构，在社会科学博士后工作方面承担着特殊责任，理应走在全国前列。为充分展示我国哲学社会科学领域博士后工作成果，推动中国博士后事业进一步繁荣发展，中国社会科学院和全国博士后管理委员会在 2012 年推出了《中国社会科学博士后文库》（以下简称《文库》），迄今已出版四批共 151 部博士后优秀著作。为支持《文库》的出版，中国社会科学院已累计投入资金 820 余万元，人力资源和社会保障部与中国博士后科学基金会累计投入 160 万元。实践证明，《文库》已成为集中、系统、全面反映我国哲学社会科学博士后优秀成果的高端学术平台，为调动哲学社会科学博士后的积极性和创造力、扩大哲学社会科学博士后的学术影响力和社会影响力发挥了重要作用。中国社会科学院和全国博士后管理委员会将共同努力，继续编辑出版好《文库》，进一步提高《文库》的学术水准和社会效益，使之成为学术出版界的知名品牌。

哲学社会科学是人类知识体系中不可或缺的重要组成部分，是人们认识世界、改造世界的重要工具，是推动历史发展和社会进步的重要力量。建设中国特色社会主义的伟大事业，离不开以马克思主义为指导的哲学社会科学的繁荣发展。而哲学社会科学的繁荣发展关键在人，在人才，在一批又一批具有深厚知识基础和较强创新能力的高层次人才。广大哲学社会科学博士后要充分认识到自身所肩负的责任和使命，通过自己扎扎实实的创造性工作，努力成为国家创新型人才中名副其实的一支骨干力量。为此，必须做到：

第一，始终坚持正确的政治方向和学术导向。马克思主义是科学的世界观和方法论，是当代中国的主流意识形态，是我们立党立国的根本指导思想，也是我国哲学社会科学的灵魂所在。哲学社会科学博士后要自觉担负起巩固和发展马克思主义指导地位的神圣使命，把马克思主义的立场、观点、方法贯穿到具体的研究工作中，用发展着的马克思主义指导哲学社会科学。要认真学习马克思主义基本原理、中国特色社会主义理论体系和习近平总书记系列重要讲话精神，在思想上、政治上、行动上与党中央保持高度一致。在涉及党的基本理论、基本路线和重大原则、重要方针政策问题上，要立场坚定、观点鲜明、态度坚决，积极传播正面声音，正确引领社会思潮。

第二，始终坚持站在党和人民立场上做学问。为什么人的问题，是马克思主义唯物史观的核心问题，是哲学社会科学研究的根本性、方向性、原则性问题。解决哲学社会科学为什么人的问题，说到底就是要解决哲学社会科学工作者为什么人从事学术研究的问题。哲学社会科学博士后要牢固树立人民至上的价值观、人民是真正英雄的历史观，始终把人民的根本利益放在首位，把拿出让党和人民满意的科研成果放在首位，坚持为人民做学问，做实学问、做好学问、做真学问，为人民拿笔杆子，为人民鼓与呼，为人民谋利益，切实发挥好党和人民事业的思想库作用。这是我国哲学社会科学工作者，包括广大哲学社会科学博士后的神圣职责，也是实现哲学社会科学价值的必然途径。

第三，始终坚持以党和国家关注的重大理论和现实问题为科研主攻方向。哲学社会科学只有在对时代问题、重大理论和现实问题的深入分析和探索中才能不断向前发展。哲学社会科学博士后要根据时代和实践发展要求，运用马克思主义这个望远镜和显微镜，增强辩证思维、创新思维能力，善于发现问题、分析问题，积极推动解决问题。要深入研究党和国家面临的一系列亟待回答和解决的重大理论和现实问题，经济社会发展中的全局性、前瞻性、战略性问题，干部群众普遍关注的热点、焦点、难点问题，以高质量的科学研究成果，更好地为党和国家的决策服务，为全面建成小康社会服务，为实现"两个一百年"奋斗目标和中华民族伟大复兴中国梦服务。

第四，始终坚持弘扬理论联系实际的优良学风。实践是理论研究的不竭源泉，是检验真理和价值的唯一标准。离开了实践，理论研究就成为无源之水、无本之木。哲学社会科学研究只有同经济社会发展的要求、丰富多彩的生活和人民群众的实践紧密结合起来，才能具有强大的生命力，才能实现自身的社会价值。哲学社会科学博士后要大力弘扬理论联系实际的优良学风，立足当代、立足国情，深入基层、深入群众，坚持从人民群众的生产和生活中，从人民群众建设中国特色社会主义的伟大实践中，汲取智慧和营养，把是否符合、是否有利于人民群众根本利益作为衡量和检验哲学社会科学研究工作的第一标准。要经常用人民群众这面镜子照照自己，匡正自己的人生追求和价值选择，校验自己的责任态度，衡量自己的职业精神。

第五，始终坚持推动理论体系和话语体系创新。党的十八届五中全会明确提出不断推进理论创新、制度创新、科技创新、文化创新等各方面创新的艰巨任务。必须充分认识到，推进理论创新、文化创新，哲学社会科学责无旁贷；推进制度创新、科技创新等各方面的创新，同样需要哲学社会科学提供有效的智力支撑。哲学社会科学博士后要努力推动学科体系、学术观点、科研方法创新，为构建中国特色、中国风格、中国气派的哲学社会科学创新体系作出贡献。要积极投身到党和国家创新洪流中去，深入开展探索性创新研究，不断向未知领域进军，勇攀学术高峰。要大力推进学术话语体系创新，力求厚积薄发、深入浅出、语言朴实、文风清新，力戒言之无物、故作高深、食洋不化、食古不化，不断增强我国学术话语体系的说服力、感染力、影响力。

"长风破浪会有时，直挂云帆济沧海。"当前，世界正处于前所未有的激烈变动之中，我国即将进入全面建成小康社会的决胜阶段。这既为哲学社会科学的繁荣发展提供了广阔空间，也为哲学社会科学界提供了大有作为的重要舞台。衷心希望广大哲学社会科学博士后能够自觉把自己的研究工作与党和人民的事业紧密联系在一起，把个人的前途命运与党和国家的前途命运紧密联系在一起，与时代共奋进、与国家共荣辱、与人民共呼吸，努力成为忠诚服务于党和人民事业、值得党和人民信赖的学问家。

是为序。

张江

中国社会科学院副院长

中国社会科学院博士后管理委员会主任

2015 年 12 月 1 日

# 摘　要

　　本书以清朝旗人和民人之间政治法律关系的变化为主线，对清朝政治史和法制史演变的特点进行梳理和分析，侧重探讨清朝旗人和民人法律关系的演变对清朝政权的影响。清朝的旗民关系不同于满、汉关系，两对关系既有交叉，又有差异，清人自称"只问旗民，不分满汉"。在清代，伴随着旗民关系的变化，满汉关系也有一个复杂的转变过程。这两对关系，既是民族之间的关系，又是一种阶级之间的政治关系，包括族别、血统、婚姻、政治等多个层次，彼此之间错综交织、纷纭变化。

　　旗人与民人在法律权利上的差异，体现在职官法、司法、民事以及礼仪等多个方面，突出了宗室、觉罗和旗人作为统治支柱的作用，充分反映出清朝法律民族统治的特色。伴随着旗民法律关系的变化，出现了旗人日趋平民化、满汉民族一体化的趋势。

　　本书的理论意义在于：

　　首先，旗人和民人关系的变化是清朝政治史的主线之一。本书区分出旗人、民人关系与满、汉关系的区别和联系，前者是影响后者的直接因素之一。

　　其次，本书分析了清朝旗民关系在不同历史时期的不同特点。影响旗民关系变化的因素有很多，主要因素之一就是当政者随着形势的变化，以其所需对政策进行适时调整。

　　最后，在旗民政治关系变化的进程中，出现了满族日趋平民化及满、汉民族一体化的进程。虽然三个进程不是同步进行的，但是互相影响和互相制约，本书对此进行了较为深入的分析。

　　从分析清朝以来民族关系演变的学术角度去思考当前的民族关系，具有很强的现实指导意义，包括如何适应形势变化调整民族政策、如何在调整民族政策的过程中注意利益群体的倾向对现实政治的影响等。所以，本研究不仅有助于清史研究的深入，而且有利于当前民族政策的制定和实施。

本书的学术价值体现在：

学术界研究清朝政治史的论著较多，但是从清朝旗人和民人两个群体关系变化的角度，通过分析旗人和民人政治关系的变化过程及内在成因以及对时政的影响，透视群体关系在政治上和法律上的变化及对清朝政局的影响，国内尚未见到相关专著，所以，本研究视角新颖，并具有较强的创新性。

满族既作为少数民族，又作为清朝的统治民族，为了扩大清朝统治的社会基础，统治者必须联合其他民族，特别是汉族、蒙古族的官僚知识分子和上层王公进行联合执政。在扩大社会统治基础的前提下，最大限度地缓解民族矛盾，提高统治效率。清朝处理旗人与民人关系的法律措施，有得亦有失。既有巩固清朝国家统一的一面，也有限制各民族间友好往来和经济文化交流的一面。从这个学术角度去思考清朝以来的民族关系，尤其当前的民族关系，会得到很多历史启示。

本书深入借鉴了学术界前人的学术成果，并充分利用了第一历史档案馆等单位所存的丰富档案史料，从历史方位出发，以历史实践为内容，全面、客观地反映清朝旗人和民人之间关系的变化及与清朝政治变迁的现实关系，对其中的演变历程和内在动因进行较为深入的总结和分析，得出比较客观的结论。

全书分六章：

第一章侧重叙述清朝旗、民关系的演变过程，分为清朝开国之初对旗、民关系的调整，康雍乾时期的变化，近世以来的变化，三个时期旗、民关系的内容呈现出各异的历史特点。

第二章从行政官制的角度进行分析旗人与民人的政治关系，包括满汉复职、满人专衔、入仕政策方面，并分析其变化特点。

第三章是从司法的角度分析旗人与民人的法律关系，包括审判机关、量刑处罚、旗人诉讼等。

第四章分析旗人和民人经济地位的差异，包括对旗人财产权的保护、旗民交产的出现等。

　　第五章主要分析旗人和民人在礼仪习俗方面的不同，包括剃发、易服和文字，旗民不结亲和旗民分居等方面。

　　第六章侧重叙述清末旗、民政治和法律关系的变化及对时政的影响，从"满汉不分"到"排满革命"，都是与当时形势的变化密切相关的。

　　最后附大事年表，便于对清朝有关旗人和民人法律关系演变的历程有个大致的了解。

**关键词：**旗人　民人　清朝　法律

# Abstract

As the political and legal relationship Changes between the bannermen and common people in the Qing dynasty the main line, a preliminary analysis of the characteristics of the evolution history of the political and legal in the Qing dynasty.Focus on evolution of the bannermen and common people and the legal relationship of the regime of the Qing dynasty, the relationship between the bannermen and common people is different from the relationship between Manchu – Han nationality in the Qing dynasty, there are cross and differences in two pairs of relations.The people of Qing dynasty claiming to be "just ask the bannermen and the common people, regardless of Manchu and Chinese".

In the Qing dynasty, accompanied by the changes of the relationships between the bannermen and the common people, the relationship between Manchu and Chinese has a complex process of change.The relationship between the two pairs, not only is nation, but also is a kind of different class political relations, which includes multiple levels for tribes, descent, marriage, politics, etc. Interlocking, vary between each other.

The differences gap between the bannermen and the common people in the legal relationship, reflected in the official law, judicial proceedings, civil and etiquette, and other aspects.Highlight the imperial clan, and the role of publicity as the dominant pillar, fully reflects legal rule of ethnic characteristics in the Qing dynasty. With the change of the legal relationship between the bannermen and common people, the common of Manchu and Chinese nationality and integration trend increasingly.

This dissertation has strong theoretical significances：

First of all，the change of relationship between the bannermen and the common people is one of the political history of Qing dynasty.

The dissertation first distinguish the different relationship between the bannermen and the common people，between Manchu－Chinese nationality，the former is one of the direct factors that influence the latter.

Secondly，the dissertation analyzes the different characteristics of the relationship between the bannermen and the common people in different historical periods in the Qing dynasty，there are many factors that influence the relationship between the bannermen and the common people，One of main factors is the power adjusts policy as the situation changes.

Thirdly，with the process of political relationship changes，the process of the Manchu Nationality has become increasingly common and full integration with the Han nationality. Although three processes is not synchronized，but influence and restrict each other，manuscript has carried to analysis.From the analysis of ethnic relations evolution with the point of view in the Qing dynasty，to think about the current national relations academicly，have very strong realistic guiding significances.Include how to adapt to the changing situation to adjust national policy，how to pay attention to the tendency of interest groups to the real political impact in the process of adjustment of national policy. So，the subject will not only help to illustrate research deeply，but also beneficiial to the current national policy formulation and implementation. There are more research on the Qing dynasty political history，but from the angle of the relationship of two groups between the bannermen and the common people.

The academic value of this paper is reflected in：

Through the analysis of the change process of political relationship and inner factors which influence the politics, the perspective on the political and legal relationship of groups which influence on Qing dynasty.Haven't seen relevant monograph in China, so the perspective of research topic is novel and has stronger innovation.

The Manchu Nationality not only as a minority but also as the rule of the Qing dynasty, in order to expand the social foundation of the Qing dynasty, the power must joint other ethnic groups, especially the bureaucratic intellectuals and upper Kings ruling coalition in Chinese andd Mongolian.In expanding the social rule base under the premise, ease ethnic tensions maximumly and improve the efficiency of rule.The publicity legal measures to deal with relationship between the bannermen and the common people are gains and losser. On the one hand, consolidate the unity of the motherland, on the other hand, limit the friendly economic and cultural exchange between nationalities.From the academic point of view to think about the ethnic relations in the Qing dynasty, especially the current national relations, which provide a lot of historical enlightenments.

The dissertation fully draw lessons from the academic academic achievements, and make full use of the first historical archives and other units of abundant historical documents. Starting from the historical position, based on historical practice, comprehensively and objectively reflect the change of the publicity relationships between the bannermen and the common people, and the relationship with the reality of political changes in the Qing dynasty. On the evolution and intrinsic factor, and get more objective conclusions.

The dissertation includes six chapters:

The first chapter focuses on account of the evolution process of the relationship between the bannermen and the common people in the Qing dynasty, the people, include policy adjustments at the beginning of the founding of the Qing dynasty, the relationship in the different periods of Kangxi, Yongzheng and Qianlong, the changes sine modern times. Three times content different historical features of the relationship between the bannermen and the common people.

The second chapter analyzes the political relationship between the bannermen and the common people, including reinstatement officials, Manchu special govervence, career policy, analyze the characteristics in different times.

The third chapter analyze the perspective of litigation, including judicial and sentencing penalties, litigation banner.

The fourth chapter analyze the differences banner and economic status of the people who including protection of property rights banner, flag and other people appear to pay production.

The fifth chapter analyzes the different ritual aspects of life between the bannermen and the common people, including shaved hair, exchange clothes and language, bannermen have not marrieu with the common people and separation, etc.

The sixth chapter focuses on the changes of the political and legal relations and the impact on current affairs in the late Qing dynasty, from "Man Nationality and Han Nationality are not separated" to "The Revolution of the Exclusion of Manchu, which are closely related to the situation at that time".

Last attached Chronology, Convenient to have a general understanding of the adjustment process of the legal relationship between the bannermen and the common people.

**Key Words**: Bannerman; Common People; Qing Dynasty; Legal Relationship

# 目　录

# Contents

# 第一章　旗民关系的演变

　　旗人与民人是清代社会的两大主体。旗人，是清代（后金）纳入八旗组织之人的通称。满洲人、蒙古人及汉人，于清朝建国之初从军者，缘军旗之名，也称为旗人，后八旗官兵及其家属也称旗人，故所有编入八旗的满洲人、蒙古人、汉人和包衣都称为"旗人"。与"旗人"对称的就是"民人"，主要指未编入八旗的人，隶属于省府州县，以人数众多的汉族人为主体，还包括回、藏等各地的少数民族。旗人，又称"旗下人"、"在旗的"，他们在行政隶属、权利义务、经济来源、政治地位、文化习俗等多个方面均不同于民人①。

　　"八旗"和"满族"是两个不同的概念，从满族的形成和发展演变来说，二者是密不可分的。加入八旗的蒙古族、汉族以及其他族人，既受八旗制度的束缚，政治地位和经济待遇与八旗满洲也基本一致。在长期征战和生活中，其生活习俗及语言使用等方面，与八旗满洲也有趋同之势。满汉关系指的是满和汉两个民族之间的关系，故旗民关系不同于满汉关系，两者之间有所交叉。所谓满族、汉族，都是今天的通称。清代时常称"只问旗、民，不分满、汉"②，认为只有旗民之别，没有满汉之分。其实，两种说法及差别都是存在的。

---

① 关于旗人、民人的概念，刘小萌先生认为，清朝统治中国，以八旗制度统领旗人（主体是满洲人），以州县制度管理民人（主体是汉人），是旗民分治的两元结构（《清代北京旗人社会》，中国社会科学出版社 2008 年版，第 1 页）。定宜庄先生也指出，所谓满族、汉族，都是今天的说法，清代号称"只问旗、民，不分满、汉"，有的只是旗、民之别（《满族的妇女生活与婚姻制度研究》，北京大学出版社 1999 年版，第 331 页）。张博泉先生指出，这是一种旗、民两重体（《东北地方史稿》，吉林大学出版社 1985 年版，第 418 页）。杨策、彭武麟先生也持此观点（《中国近代民族关系史》，中央民族大学出版社 1999 年版，第 8 页）。所以关于旗民的概念基本上可以达成共识。不过亦有学者提出，旗民乃旗人成员，汪宗猷先生提出：旗民是对满洲八旗、蒙古八旗、汉军八旗在旗人丁的统称，是有户籍的正身旗人，又称旗人（《广州满族简史》，广东人民出版社 1990 年版，第 25 页）。在相关论著中也有类似说法。
② 辽宁省编辑委员会：《满旗社会历史调查》，辽宁人民出版社 1985 年版，第 81 页。

旗民之间的关系，指的是旗人与民人之间的关系。旗人之间的关系指的是满洲旗人、蒙古旗人及汉军旗人之间的关系。满汉之间的关系，则兼容了以上两个方面，既有旗内之间的关系，又有旗外之间的关系。仅以汉人而言，也包括汉军旗人与旗外汉人之间的关系。所以，清代既有旗民之分，又有满汉之分。

在旗人与民人之间，还存在一个身份流动的问题，即"出旗"和"入旗"。一方面，民人通过卖身为奴（奴仆开户）、投充、入赘的形式进入旗内；另一方面，也有不少汉军旗人"赎身出旗"。乾隆七年（1742）后，为解决"八旗生计"问题，清政府准许进关后编入的汉军旗人"出旗为民"，乾隆一朝就有为数甚多的汉军旗人陆续"出旗为民"。同时，也有不少人在几年后回到旗内。还有相当数量的旗人因犯罪被开除旗档，也有较多的旗人将民人之子抱养入旗。咸丰朝以后，"出旗为民"的现象就更多了。

以八旗内部组织而言，清代八旗组织主要由三个部分组成，即八旗满洲、八旗蒙古和八旗汉军。其中八旗汉军，又称"汉军八旗"，编制与八旗满洲相同，唯社会政治地位低于八旗满洲，亦低于八旗蒙古。天聪五年（1631）正月，皇太极将降附的汉人由满洲大臣家下投出，另编汉军一旗，是为汉军独立编旗之始。汉军旗人的主要来源有四种：第一种是"从龙入关者"：清军入关建立统治政权以后，原住此地的民户，大部分被迫入旗，称为"投充旗下"。第二种是"定鼎后投诚者"：明、清两军交战之际，投降清军的明军，一般情况下是编入汉军八旗。第三种是"有缘罪入旗与三藩户下归入者及内务府、王公包衣拨出者"：自顺治至康熙年间，在关外土质肥沃的地方设庄园、放庄头，并从关内拨民来此进行开垦。拨来的汉人，一部分是平定三藩之乱以后，将其属下调拨来这里，编入庄内从事生产；大部分是从山东、直隶拨来的汉人。来到关外的汉人，有的是入庄园，隶旗籍，有的是自己开荒种地，向民衙门交租，自始至终还是民户。第四种是"匠户入旗"：关外王公贵族所需要的生活用品，是由关内拨来一批手工业者按照统治者的需要进行生产。这些手工业者编入旗籍以后，作为王公贵族的奴仆，听从使唤，他们的子孙后代也永远从事手工业生产。崇德二年（1637）七月，又将汉军分为左、右翼二旗，旗色均用纯青。崇德四年（1639）六月，扩建为四旗，颜色分别为以青镶黄、以青镶白、以青镶红和纯青。崇德七年（1642）六月，正式编成八旗，旗色、官制均与八旗满洲相同。到崇德末年，汉军八旗下辖佐领157个，半分佐领

5 个。入关后，陆续将降俘汉人及三藩余部编入。雍正末年，佐领增至270 个。嘉庆年间，将汉军佐领数字确定为 266 个，直至清末，这个数字未有变动。

以旗外关系而言，旗人与民人的关系主要体现在京师、驻防旗地和盛京等地。由于清朝前期，禁止汉人进入盛京，驻防旗地的旗人也不准随意进入汉人居住区，而旗民关系体现最为充分的就是京师了。当时，为拱卫京师，驻扎的八旗数量多于外地的旗城，加上皇室宗族及兵丁眷属，京师成为全国旗人最集中的城市，与民人之间的关系也最为突出和最具代表性。当时，京师人口的数量有一个变化过程。据《清史稿》载，京旗"职官六千六百八十人，兵丁十二万三百有九人"[1]。据曾任御前侍卫的正红旗满洲都统王衡永所藏旧档记载，光、宣之际，京旗官兵人数为 126985 名，其中官员 6676 名，士兵 120309 名[2]。此数与《清史稿》相比，官员仅差四人，兵丁数字一致，足见《清史稿》所记数字大致准确。以这个数字为标准，基本上可以推算出京旗全年俸饷的支出和京旗人口的数字。光绪二十九年（1903）户部《部库出入表》记载：北京及驻防八旗俸饷各项共约 788 万两，各省布政使司库支付 6 万两，合计中央与地方每年总数约为 1000 万两[3]。如果以每一旗兵眷属平均五口计算，京旗总人口为 634925 人，除了当时满族人口 60 万外，还有蒙古八旗和汉军八旗在内。据光绪三十四年（1908）民政部统计，当时京师八旗人数共约 230000 多人，其中内城223248 人，外城 13523 人。当时，全城人口总计 70 余万人，八旗人口总数约占 1/3。据《北京市志稿》统计，宣统年间，北京有 24 旗，其中，黄旗 30312 户，白旗 34924 户，红旗 24317 户，蓝旗 29230 户，合计 118783户，24 旗共计约 20 万户，每户 5~6 人，全部人口约 100 万人。八旗人口中，以宗室人口的增长最为显著。据记录清皇室人口的玉牒资料可知，从乾隆四十八年（1783）至光绪末年，宗室人口增长了 4 倍。

以京师旗人内部来说，京旗的八旗兵有"上三旗"与"下五旗"之分，上三旗是皇帝直接统辖的正黄旗、镶黄旗、正白旗，下五旗是由亲王、贝勒统辖的正红旗、镶红旗、正蓝旗、镶蓝旗、镶白旗。各旗又分满

---

① 赵尔巽等：《清史稿》卷一百三十，中华书局 1977 年版，第 3865 页。
② 辽宁省编辑委员会：《满族社会历史调查》，辽宁人民出版社 1985 年版，第 85 页。
③ 李燕光、关捷：《满族通史》，辽宁民族出版社 2003 年版，第 687 页。

洲、蒙古、汉军，每旗下又有包衣佐领。上三旗包衣佐领归内务府管辖，下五旗包衣佐领归各旗王府管辖。京营八旗分为郎卫和兵卫。郎卫是由上三旗，实际是由满、蒙上三旗中选精锐者充任，其中又分御前侍卫、乾清门侍卫和其他宫门侍卫等；兵卫有骁骑营、步军营、亲军营（除少数选充宫廷侍卫外）、护军营、前锋营、火器营、健锐营等。骁骑与步军两营人数最多，是全国最多的马步兵。

以民人内部关系而论，这些未编入八旗的人，以人数众多的汉族人为主体，还包括回、藏等各地的少数民族。同时，这些民人分布较广，阶层分化较大，有着较为鲜明的区域性、阶级性。仅以汉族民人为例，既有当朝为官的官僚群体，也有乡绅群体，还有普通民众。

不管是在旗人内部、旗人与民人之间，还是在民人内部，他们在政治标准、经济模式和社会运行方面，都有自身的特殊性。一方面，旗人与民人之间的关系表现在秩序上，从入仕渠道、生产组织形式、人口流通方式、生活秩序，到风俗习惯、人际交往方式、家庭结构等，都存在或大或小的差异①；另一方面，秩序也会因时而异，在清朝的不同历史时期，这些秩序将不可避免地发生变化。这些变化，有时是处于量变阶段，有时则构成质的飞跃。

# 第一节　清开国之初的旗民关系

## 一、清军入关之前

清朝以一个少数民族入主中原，面对的是一个经济发达、文化积淀深厚的汉族，而且与后者相比，在人数上也相差悬殊。清朝能否统御汉族，

---

① 阎崇年先生指出，"八旗兴则清强，八旗衰则清亡"。将之概括为"十定"，即定身份（旗人与民人）、定旗分、定佐领、定住地、定钱粮、定土地、定营生、定学校、定婚姻、定司法（《清十二帝疑案》（二），中国人民大学出版社 2005 年版）。实际上，这也大致区分出了旗、民之间在政治、经济、司法、社会、教育等诸多方面的差异。

直接关系到能否在全国建立起稳固的统治。当时全国分合未定，势力强弱相长，形势异常严峻。清军入关前后，由于执行一种激烈的民族对抗政策，致使满汉民族关系激化。因此，满汉关系成为清朝统治者面临的最为棘手的政治问题之一。

自清太祖努尔哈赤进军辽东，"国初时，俘掠辽、沈之民，悉为满臣奴隶"①，将女真人（满族）带入广大汉人居住区，成为汉人的统治者，就开始造成了满汉的尖锐对立，汉人不断发起反抗斗争，大批逃亡，动摇了后金的统治。清军入关前，主要在清太宗皇太极时期，已成功地建立起以满族贵族为核心，与汉、蒙等民族地主、王公贵族的联盟关系，把东北地区各民族容纳到其八旗组织之中。天聪元年（1627），皇太极即位，就采用"汉法"，实行改革，不断削弱与自己争权的三大贝勒的权力，改变努尔哈赤时期四大贝勒共同执政的局面。天聪六年（1632），皇太极废除了与三大贝勒"俱南面坐"的旧制，改为唯有他"南面独坐"，确定了"汗"的独尊地位。清政府不仅建立了一定的机构和制度，把"首崇满洲"的特权地位固定下来，还企图把这种特权地位永远继续下去。天聪十年（1636）四月，改国号为大清，太宗即帝位，改元崇德。一个多民族的国家政权正式建立起来。

清太宗皇太极在重用满洲贵族的同时，也深感利用汉族地主官僚施以汉制汉之策，对巩固清朝统治有着重要意义。在满族统治者入关以前，就确定了笼络和收买汉族降官、降将的基本方针。努尔哈赤和皇太极先后重用范文程、宁完我、洪承畴等文士降官以及李永芳、孔有德、尚可喜、耿仲明等明朝降将。这些人在清朝对明朝的长期战争中，出了很大力气，成为清朝不可缺少的依靠力量。崇德七年（明崇祯十五年，1642），明朝总督洪承畴被清军俘虏，起初誓死不降，在皇太极一再抚慰和笼络下，降服于清，对明朝的政治、军事造成了严重的打击，而极有利于清军的南下。皇太极高兴地对诸臣说："譬诸行者，君等皆瞽目，今获一引路者，吾安得不乐也。"②皇太极利用汉族地主官僚来加强清朝的统治，取得了良好的效果。

清太宗皇太极即位后，改变了其父努尔哈赤的民族政策，全力调整满

---

① 昭梿：《啸亭杂录》第2卷，中华书局1980年版，第39页。
② 昭梿：《啸亭杂录》第1卷，中华书局1980年版，第2-3页。

汉的民族关系。他认识到，无论汉人还是蒙古人，对于大清政权都至关重要。所以，他宣布："满、汉之人，均属一体，凡审拟罪犯、差徭公务，毋致异同。"①他在强调"满洲、蒙古、汉人视同一体"时，还打了一个比喻："譬诸五味，调剂贵得其宜。若满洲庇护满洲，蒙古庇护蒙古，汉官庇护汉人，是犹咸苦酸辛之不得其和。"②皇太极在执政的17年中，把满人的八旗制度推广到汉人、蒙古人中，建立了汉军八旗和蒙古八旗。在汉军八旗中，大部分官职都由汉人担任。针对出现的问题，清朝统治者皇太极总是从政策上给予规定，令国人严格遵守，最终形成了满蒙汉三位一体的政治格局，造成了空前协力进关夺权的态势。清太宗建立的民族关系新格局，无疑为将来入关、确立对各民族的统治奠定了基础。在这个民族关系的格局中，满汉关系和旗民关系居于关键地位。

皇太极虽然参酌明制设立六部，但对汉族官员提出的"建中书府，设中书平章、左右丞、参知政事"、"为阁老、翰林等官"之类的建议一概摒弃③。最初，皇太极也有"凡事都照《大明会典》行"的意向。汉军旗人、副将高鸿中在《陈刑部事宜折》中称："极为得策。"④但实际上皇太极并未用《大明会典》来规范六部的官制和职掌。在皇太极的眼里，汉族儒臣不过是恩养不杀以待其效力的奴才，与豢养的鹰犬没有两样。皇太极曾训斥汉官说："鹰犬无知之物，畜养日久，尚收其益，尔等人也，虚縻廪禄，毫无报效，曾鹰犬之不若耶！"⑤

皇太极对汉人习俗的侵蚀深怀戒心，他召来满洲贵族聆听《大金世宗本纪》，谆谆告诫他们本族先世大金皇朝是如何因废旧制、效汉俗而最终导致社稷倾覆、国家灭亡的，并盛赞金世宗中兴女真文化以抵制汉俗浸染的特殊功业。皇太极称，他披览《大金世宗本纪》时，"悉心梗概，殊觉心往神驰，耳目倍加明快，不胜叹赏"，并深深为"子孙万世"而忧虑⑥。皇太极对金世宗崇拜备至，举凡维护诸如满洲衣冠、语言、姓氏旧制以及骑射尚武之风等民族传统时，无不以金世宗为法。

---

① 《清太宗实录》卷一。
② 《清太宗实录》卷四十二。
③ 许世昌：《敬陈四事疏》，载《天聪朝臣工奏议》卷下，天聪九年二月。
④ 《天聪朝臣工奏议》卷上，天聪六年正月。
⑤ 《清太宗实录》卷三十七，第14页。
⑥ 《清太宗实录》卷三十二，第8、第9页。

## 二、清军入关之后

清军入关之后，面临着诸多的社会矛盾，而最重要的矛盾是满汉民族之间的矛盾。当时国内四分五裂，南明、大顺、大西及清四个政权分立。满族入主中原，首要的问题就是要完成统一大业，在这场统一与分裂的斗争中，民族矛盾、阶级矛盾交织在一起，形势复杂而又严峻。清朝从关外突然进入广大的中原地区，面对人数众多的汉族人民，如何进行统治与管理，成为严峻的考验。在各种矛盾交织的形势下，清朝统治集团首先要解决的就是理顺同汉族的关系。总而言之，要采取一种政策，实现同敌对的汉族士大夫及百姓的全面和解，唯有与被统治者即汉族人民合作，共同参与统治，才能稳固地掌握即将全面取得的对全国的统治权。

清军在南下过程中，遭到南明政权的抵抗。特别是清朝颁布的剃发令，激起部分汉族士大夫的愤怒，后者为维护汉民族的文化传统，号召人民予以抵制，酿成了扬州、嘉定等地屠城的惨剧。但大多数汉人的反抗，并非都源于反对剃发易服，主要是维护明朝的统治。战事一经停顿，恢复正常的生活秩序，大多数汉人也就放弃了公开的武装抵抗。

清军入关后，无论是摄政时期的多尔衮，还是后来亲政的顺治帝，都继承和延续了皇太极时期提出所谓"满汉人民，均属一体"的民族政策。清军入关之初，多尔衮除了把满洲贵族集团作为维护清朝统治的基本力量外，仍继续推行皇太极"满汉一体"的政策，以争取民心，获得汉人支持。当时，清朝政府打出了"与流寇争天下"、为明帝复仇讨贼、褒扬死难明臣和为崇祯帝举哀发丧的旗号。正是由于满洲贵族以"复君父之仇"的旗号相号召，把明朝文官武将的仇恨集中到了农民起义军身上。清军进入北京的第三天，多尔衮即下令全国官民为殉国的崇祯帝发丧三天，按皇帝的规格下葬，他们在礼葬崇祯帝后，又造陵墓，令官民服丧三日，表示对汉族前政权的"宽大"和"恩礼"，以减少汉族地主对新政权的抵触情绪。此令一下，"官民大悦"。数日后，多尔衮又下令给崇祯帝的后、纪两公主及天启皇后张氏、万历妃刘氏等人造陵墓，按礼制下葬①。六月，多

① 《清世祖实录》卷五，第2页。

尔衮派大学士冯铨祭祀明太祖及明朝诸帝，在祭文中，特别阐述明朝政权得天下再失天下，清取明而代之，"如四时递禅，非独有明为然乃天地之定数也"。多尔衮还下令把"明太祖的神牌入历代帝王庙"，享受朝拜和祭祀①。多尔衮的这些做法，表面上是一种宣传清朝统治合理性的政治策略，实际上也是一项重要的民族政策。似乎是祈求明太祖及其后世诸帝在天之灵的保佑，而实际上都是做给明朝臣民看的，以表现其政治上的大度。因为这项政策主要是针对为数众多的汉族官僚知识分子和汉族民众的，既要缓解满汉之间的矛盾，又要宣告清军入关出师有名，并为其他政策的陆续出台奠定基础。这项政策的实施，在曾经遭受农民军沉重打击的河北、河南、山东、山西等北方省份的汉族地主中取得了较好的效果，清朝统治的合法性得到初步承认，并促使上述省份在短时间内归顺清朝。

多尔衮政治眼光远大，既懂得维护满洲贵族的尊严和特权，又知道并不能完全依靠他们治理国家。所以，多尔衮在从根本上维护满洲贵族在政治上和经济上享有种种特权的同时，又不断限制诸王、贝勒的个人势力，尤其是削弱、打击自己的政敌，使他们无法利用特权干涉国家重大决策和事务。入关之前，多尔衮就取消了诸王、贝勒在皇太极时代兼管部院事务的职权。入关后的很长一段时间，多尔衮接连派多铎、阿济格、豪格、济尔哈朗等亲王率领大批满族贵族轮流到各地出征，使他们远离统治中心，无法干涉国政。在南明政权基本被消灭后，当这些王公、贝勒陆续回京时，多尔衮为了防止他们恃功争权，又利用种种借口打击他们的势力。顺治四年（1647）二月，多尔衮以"府第逾制"的罪名，罢济尔哈朗辅政之权。三月，又旧账重提，以当初皇太极死时，济尔哈朗在继嗣问题上不揭发豪格为由，革去其亲王爵，降为郡王。顺治五年（1648）二月，豪格平定四川后回到北京，多尔衮立即罗织罪名，将其逮捕下狱。三月，豪格被折磨致死。这两次打击，还牵连了额亦都、费英东、扬古利等勋臣的不少子侄，致使与多尔衮对立的满族贵族势力大受削弱。十一月，多尔衮由"叔父摄政王"被尊封为"皇父摄政王"。

多尔衮在打击满洲贵族政敌的同时，给予汉族官员以更多的参政机会。原来由满洲贵族组成的"议政王大臣会议"是重要的决策机构，自多

①《清世祖实录》卷五，第17页。

尔衮执政以后，这个机构的作用受到很大的限制，只限于讨论和处理满洲贵族内部一些升降、赏罚等事。多尔衮把更多的权力赋予多由汉人担任大学士的内院。顺治元年（1644）五月，多尔衮同意大学士洪承畴、冯铨的建议，首先改变内院过去对一些重大事务不得与闻的地位。顺治二年（1645）三月，多尔衮进一步下令："凡条陈政事，或外国机密，或奇物谋略，此等本章，俱赴内院转奏"，使内院成了参与国家重大决策的重要机构。多尔衮还让大学士"于国家事务，当不时条奏为是"。这些大学士日随多尔衮左右，应对顾问，处理政务，颇得重用。

顺治元年（1644），清朝对明朝各衙门官员采取"照旧录用"的政策，"其避贼回籍，隐居山林者亦具以闻，仍以原官录用"，"剃发归顺者，地方官各升一级"，"文武官员军民人等，不论原属流贼，或为流贼逼勒投降者，若能归服我朝，仍准录用"。[1]如周伯达原任明朝陕西关西道，后任大顺政权的甘肃巡抚，仍按巡抚官级录用[2]。在录用明朝旧官员时，除了将原官留用以外，还准许现任官员"举荐"，要求各地方官"凡境内隐迹贤良，逐一启荐，以凭征擢，但不许以贪官酷吏及赀郎杂流朦胧充数。"[3]对明朝的某些知名官员，还由多尔衮亲自加以"书征"。如"以书征故明大学士冯铨，铨闻命即至，王赐以所服衣帽并鞍马银币"[4]。明朝吏部尚书谢升、礼部尚书王铎以及南明福王政权的礼部尚书钱谦益等人都相继投靠清朝政权。这些政策的高明之处，是给予汉族官僚知识分子以新的政治和生活出路。清政府大量录用汉族官僚知识分子，一方面可以有效扩大清朝统治的社会基础，另一方面又使这部分人不为政治对手所利用。这项政策的实施收到很好的效果，在官吏任用方面形成满汉共用的局面。

多尔衮为了使汉官能够有效地发挥作用，还严禁满洲贵族欺辱汉官，违者要受到处罚。顺治元年（1644），宣府巡抚李鉴劾奏赤城道朱寿鎣贪酷不法，多尔衮下令议察。朱寿鎣贿嘱满臣绰书泰求阿济格说情，阿济格率师南讨途经宣府时，便派绰书泰和总兵刘芳名胁迫李鉴释其罪。多尔衮闻知这种不法行径后，立刻将绰书泰、朱寿鎣等人枭首弃市，将刘芳名夺

① 《清世祖实录》卷五，第 2 页。
② 《清世祖实录》卷二十五，第 11 页。
③ 《清世祖实录》卷五，第 17 页。
④ 《清世祖实录》卷五，第 5 页。

职，将阿济格降为郡王，罚银五千两。亲王阿济格，是多尔衮的同母兄长，较有实力，在满洲统治集团的内部斗争中，他是忠于多尔衮的。多尔衮对满洲贵族任意欺压汉官的行为做出了严肃处理。当时，满人欺压汉人之事极为常见，顺治四年（1647）四月，多尔衮以顺治帝名义发下一道上谕："朕出百姓于水火之中，统一天下，满汉一家，同享升平，岂有歧视之理？昨见刑部所奏，有满洲阿尔代诬杀汉人张可材、抢其家资一案，随令审实斩讫首示众。近来听说满洲有抢夺良民财物者，复有汉人投充满洲，借势横行，害我良民者，殊干法纪。以后被害汉人遇见不法之徒，须记其姓名，控告到地方官处，即行申报到部，究竟情节轻重，严行定罪，不得丝毫偏袒。"①足见当时满人欺压汉人程度之深，且此种事件屡禁不止。多尔衮在处理满汉矛盾的问题上，还是颇有政治眼光的。顺治五年（1648）八月，由于"京城汉官汉民原与满洲共处，近闻争端日起，劫杀抢夺，而满汉人等彼此推诿，竟无己时。似此光景，何日清宁？此实参居杂处之所致也"②。万般无奈，清政府只好实施满汉分居，一切汉官汉人迁到南城居住，其原房或拆去另盖，或贸卖取价各从便。"迁移虽劳一时，然满汉各安不相扰害，实为永便"③。也实为迫不得已之策。顺治六年（1649）五月，清廷颁谕："满洲汉人俱属吾民，原无二视之理"，禁止满洲将士抢夺汉人④。吏科给事中林起龙与旗人争道，却挨了旗人的鞭子⑤。为此，有人作诗感叹：

> 牛车无数塞天街，
> 俱是兵儿运草柴。
> 科道相逢谁甘喝，
> 欠身立马任挤排。⑥

正黄旗下投充人辱骂官员，反而对知县、教官等人处罚。据史惇记载：

清朝法纪混淆，重满轻汉，虽一放马厮养，厮篼府县正官，无敢不忍受者。其在京师，即吏部卿贰，往往受鞭挞，恬不为怪……虽衣冠扫地，

---

① 《清世祖实录》卷三十一。
②③ 《清世祖实录》卷四十。
④ 《清世祖实录》卷四十四。
⑤ 谈迁：《北游录》，中华书局 1960 年版。
⑥ 方文：《嵞山续集》卷一，《都下竹枝词》，载邓之诚：《清诗纪事初编》。

不知羞也。①

　　可见，旗人欺压民人已成平常之事。顺治六年（1649）殿试策论，多尔衮还以"满汉一体同心"为题，以期消减激化的民族矛盾。但清政府一系列调整旗民关系、平息满汉纠纷的行动，多无成效，或收效甚微。

　　清军入关之初，采取了一系列调和激化的满汉民族矛盾的措施。清朝统治者还把儒家学说作为统治思想，大幅度减少了满汉文化冲突，有利于缓和满汉矛盾。同时，多尔衮没有忘记深受汉人景仰的历代"圣贤"，各地所建"圣贤祠庙"一律给予保护，"禁军民侵扰"。对圣贤之中为汉人世代崇拜的孔子，多尔衮尤其表示出他的至诚和尊敬，清军入关一个多月后，于六月十六遣官祭拜。顺治帝袭封孔子后裔孔允植为"衍圣公"。

　　除了上述政策外，清政府还实行田产归原主、劝民垦荒、停止圈地等政策。清朝宣布，凡是被农民军剥夺的田产皆"归还本主"②，明确保护官民的私有财产，把大顺农民军不加区别地追赃索饷的政治错误巧妙地转变为巩固统治的政治资源，起到安抚人心的作用。此外，清朝政府还实行招抚流亡、整顿漕运、清理盐法等政策和措施，"务期积弊一清，民生永久"，这些措施有力地促进了社会经济的恢复，扩大了政治权力的基础。清朝入主中原之初，曾在京畿及周边地区进行圈地，此举进一步激化满汉之间的矛盾，也是清初弊政之一。为此，清政府多次下令停止圈地。顺治二年（1645）以后，多尔衮多次下令禁止满人威逼投充、买卖，禁止投充人借满人之名凌辱缙绅等，但效果甚小。顺治四年（1647）三月，多尔衮又下令禁止投充和圈地。

　　为了缓和满汉间的民族矛盾，使满汉官员"各相亲睦"，多尔衮还以顺治帝的名义下令允许满汉官民互通婚姻，除满官或汉官之女嫁人需经报部之外，其他无名无职者"听其自便"。另外规定，"满洲官民娶汉人之女实系为妻者方准其娶"，以防止娶来做妾、做婢，以示对汉人的尊重③。

　　多尔衮在南下统一中国的过程中，为了维护满汉地主政权的特殊利益，也推行过一些落后的民族压迫政策。在推行这些政策的过程中，多尔衮逐渐看到问题的严重性，曾多次下令修改这些法令或停止执行，但未能彻底解决。

---

① 史惇：《恸余杂记》，载赵士锦：《甲申纪事》，中华书局1959年版。
② 《清世祖实录》卷五。
③ 《清世祖实录》卷四十。

# 第二节　康雍乾时期的变化

清朝中叶，旗民关系、满汉关系都处于转型时期，这与康雍两朝及乾隆前期推行的旗、民政策密切相关。

## 一、康熙时期

康熙时期，清政府注意调整旗民关系。康熙八年（1669），康熙帝下诏停止圈地。康熙二十四年（1685），又下令革除影响旗民关系的弊政。

康熙帝一生尊孔崇儒，推崇程朱理学。康熙帝不仅把儒家经典作为开科取士的范本，而且奉其为统治的思想基础，以减少满汉文化的冲突。康熙二十三年（1684）十一月，康熙帝于首次南巡途中对陪侍汉臣高士奇说："朕自五龄即知读书，八龄践祚，辄以学庸训诂，询之左右，求得大意而后愉快。日所读书，必使字字成诵，从来不敢自欺。及四子之书，既已通贯，乃读尚书，于典谟训诰之中，体会古帝王孜孜求治之意，期见之实行。及读大、易，观象玩占于数，圣人扶阳抑阴，防微杜渐，垂世立教之精心，朕皆反复探索，必心与理会，不使纤毫扞格。实觉义理悦心，故乐此不疲。"① 康熙五十一年（1712）二月，康熙帝曾对身边的大学士说："宋儒朱子，注释群经，阐发道理，所著作及编纂之书皆明白精确，归于大中至正，经今五百余年，学者无所疵议。朕以为孔孟以后有裨斯文者，朱子之功最为弘巨。"② 康熙帝推崇程朱理学，既保留和弘扬了汉族的主要文化传统，又减少了满汉之间的对立情绪。此外，还全面恢复科举制度，广泛吸纳汉族知识分子参政。

通过推崇和倡导程朱理学，大肆宣传封建伦理道德，以使满汉之间的民族关系变为封建君臣政治关系，淡化或消除民族对立情绪，使汉人不仅

---

① 中国第一历史档案馆整理：《康熙起居注》第2册，中华书局1984年版，第1249页。
② 《清圣祖实录》卷二百四十九。

接受满洲贵族的统治，而且能称臣效忠。这种以儒家政治文化为核心的中国传统政治文化，也逐渐成为清朝政治秩序的主导思想。

康熙帝始终牢记祖父皇太极的训诫，时时警惕抵制汉俗的侵蚀，保持本民族勇武、刚劲之本色。康熙帝晚年自称"自幼强健，筋力颇佳，能挽十五力弓，发十三握箭，用兵临戎之事，皆所优为"①。他针对满洲贵族以至八旗人众"不愿行猎"、耽于享乐的情绪，于康熙二十六年（1687）六月指出："满洲若废此业，即成汉人，此岂为国家计久远者哉？文臣中愿朕习汉俗者颇多，汉俗有何难学？一入汉习，即大背祖父明训，朕誓不为此！且内廷亦有汉官供奉，朕入于汉习否？"②至于他强调要保持满洲衣冠、语文、姓氏的教诲，随处可见。据说，康熙帝曾立有明训，藏于密室，令满员不时阅读，汉员不得与闻，内称对汉人只可利用，不可信任③。值得重视的是，康熙帝不仅要求保持本民族的个性特征，还注意从思维方式和行为方式的文化深层上来抵制某些汉族习俗的影响。

## 二、雍正时期

雍正时期，清政府也注意调整旗民关系，尤其是继续采取措施加强对八旗事务的管理。雍正元年（1723），给事中硕塞奏称："八旗都统印信，清文系固山额真字样，额真二字，所关甚巨，非臣下所可滥用，应请改定，以昭名分。"雍正帝予以采纳，下令"将固山额真改为固山昂邦……将八旗印信改铸给与。"④八旗都统在满语中称为"固山额真"，意为"旗主"。"昂邦"是满语"臣"的意思，"固山昂邦"即"旗的大臣"，这就明确了主仆称谓的严格界限：只有皇帝一人可以称为主子，无论一旗之主或旗下属员，一概是皇帝的臣工。为了加强对旗务的管理，雍正帝即位后，曾派遣庄亲王胤禄、果亲王胤礼、康亲王崇安、平郡王福彭、顺承郡王锡保等分别管理正黄、正红、镶红、正蓝、镶蓝、镶白等旗事务，既解决了所在旗的问题，又削弱了该旗原旗主的势力。同时，这些王公在八旗中的职

① 《清圣祖实录》卷二百七十五。
② 《康熙起居注》第2册，中华书局1984年版，第1639页。
③ 朱东安：《评载沣驱袁》，载苏智良等：《袁世凯与北洋军阀》，上海人民出版社2006年版，第1页。
④ 《八旗通志》（初集）卷三十四。

务不能世袭，与所属旗人没有主仆关系。与此同时，雍正帝还往八旗各派满洲御史二员，"稽察八旗一应事务"；八旗都统从过去在"私家办事"改为"俱于公所办事"，并如同部院衙门定制，行文"另立档案，编定年月，分析事件，钤押印记，交于印房收贮"①，这大大加强了雍正帝对都统的约束与监督。雍正帝的旗务改革，还不只限于对八旗内最高级长官权力的限制，他还采取措施彻底改变八旗人员与旗主的隶属关系。雍正二年（1724）九月，雍正帝下令将宗室、觉罗等佐领在各王门下者一律撤出，"归并在上三旗行走"②。十一月，清廷规定："五旗诸王所属佐领有移置者"，"无得仍在旧属王处，夤缘来往，查出从重治罪"③。通过这些措施，雍正帝逐步限制了满族王公贵族的特权，加强和提高了皇帝的权威。

表1-1 八旗宗室、觉罗佐领统计

| 旗分＼佐领 | 宗室佐领 | 觉罗佐领 |
|---|---|---|
| 镶黄旗 | 1 | 3 |
| 正黄旗 | 3 | 3 |
| 正白旗 | 2 | 4 |
| 正红旗 | 2 | 4 |
| 镶白旗 | 3 | 3 |
| 镶红旗 | 5 | 4 |
| 正蓝旗 | 11 | 4 |
| 镶蓝旗 | 5 | 3 |
| 合计 | 32 | 28 |

资料来源：《宗人府光绪三十三年统计表》。

① 《清世宗实录》卷九。
② 《清世宗实录》卷二十四。
③ 《清世宗实录》卷二十六。

## 三、乾隆时期

乾隆帝登基后，仍然注重整顿旗务。先是组织修辑满洲《通谱》，然后定出满洲郎中保道员、满洲进士准许选任知县、奉天州县选用旗员、宗室准取进士等规例。乾隆帝屡次谆谆告诫宗室、八旗人等"亲亲睦族"，提倡满洲旧俗遗风，并"御制"《盛京赋》，以发满洲的"祖宗之心"，还下令让亲王亲自管辖八旗事务。乾隆帝所为，无疑是为了进一步增强旗人特权，增加旗、民与满、汉之间的畛域。如乾隆帝下令用满洲旗人为府县亲民之官的新办法，给事中杨二酉上疏谏议，但遭到乾隆帝的斥责和其他满族官员的抵制。旗人特权法的实施，使旗人自恃地方官不能办理，固而骄纵，加上地方官难以约束，故旗人常常滋事。和蒙元时期比较起来，满洲人的民族特权还是比较克制的。尤其是后期，满、汉两族无可避免地走向融合，这些特权法也逐渐消亡。

乾隆七年（1742）四月，乾隆帝发出"上谕"，允许汉军旗人"出旗为民"。

"朕思汉军其初本系汉人，有从龙入关者，有定鼎后投诚入旗者，亦有缘罪入旗、与夫三藩户下归入者，内务府、王公包衣拨出者，以及招募之炮手，过继之异姓，并随母、因亲等类，先后归旗，情节不一。其中有从龙人员子孙，皆系旧有功勋，历世既久，无庸另议更张。其余各项人等，如有愿改归原籍者，准其与该处民人一例编入保甲。①

这种政策促使大部分汉军旗人从八旗制度中区分出来，把汉军旗人从八旗集团中向外分化。同时也使满洲旗人内部进一步发生分化。

嘉庆朝以后，特别是白莲教起义之后，中央对地方的监督机制削弱，中央集权体制受到一定的冲击，汉族官员在清朝地方政府中的实力开始增强，满人垄断清朝政治的局面开始被打破。

清政府除了极为重视与蒙、汉民族的关系外，对协调好与其他少数民族的关系也极为重视。雍正帝曾说："自我朝入主中土，君临天下，并蒙古极边诸部落，俱归版图，是中国之疆土开拓广远，乃中国臣民之大幸，

---

① 李洵、赵德贵、周毓方等：《钦定八旗通志》卷三十六，吉林文史出版社 2002 年版。

何得尚有华夷中外之分论哉。"① 可以看出，清朝统治者将所有少数民族均视为清政府的臣民。

随着时间的推移，满族统治者推出的一系列消除民族对立情绪的政策渐有成效，不仅汉族官员已能积极效忠，而且大多数知识分子亦能归顺。从汉族官僚到普通民众，已经从事实到心理，接受了满族统治百年的事实，这种局面一直持续到了近代鸦片战争爆发之际。

# 第三节　近世以来的变化

## 一、放权督抚和内轻外重的政治格局

清朝是满洲贵族入主中原建立起来的政权，但因其人数太少，人才尤为缺乏，故始终受到一个政治难题的困扰，那就是如何对待和使用汉族官吏的问题。咸同以来，尤其到了清朝末年，这个问题更成为清朝生死存亡的关键。这个问题之所以变得日趋严重，既有客观上的原因，也有主观上的因素。皇权在一定程度上出现衰微，成为影响政治秩序变化的重要因素。

清朝后期，尤其到了末年，统治阶级内部满、汉之间的实力地位发生了巨大变化。从总的发展趋势看，汉族官员越来越强，满族贵族越来越弱。以太平天国为中心的反清大起义爆发，尤其咸丰十年（1860）以来，清政府兵饷两空，主要靠汉员督抚募勇、筹饷，支撑危局。为赢得战争，保住皇位，他们两害相权取其轻，不得不大幅度地调整满汉关系与民族政策，行以汉制汉、放权督抚之策，遂致中央集权削弱、地方分权增强，出现了"政治上的离心运动的抬头"②。湘淮勇营逐渐取代八旗、绿营地位，充任国家主要军事支柱，兵为将有，权出私门，层层辖制，结为死党，从此清政府军权旁落。湘淮勇营成为汉族将帅的专利，再非满洲皇室囊中之物。

---

① 《清太宗实录》卷五。
② 王亚南：《中国官僚政治研究》，中国社会科学出版社 1981 年版，第 162 页。

　　自咸同以来，国家权力重心下移，军政实权落到地方汉人督抚手中，形成内轻外重的政治格局。其实力最强的曾国藩集团，在一定程度上掌握了国家命脉，且随着时间的推移，事态日趋严重。曾国藩充任首领时，虽有功高震主之嫌，亦不过握有东南地区及直隶等省的地方大权。而李鸿章接掌门户后，进而控制了中央政府的国防、外交实权，或战或和，皆由其一身承办。咸同时期，湘淮军虽称盛一时，但湘淮军外尚有八旗、绿营、练军等武装力量。就湘淮军而言，亦有曾、左、李、刘等诸多派系，相互牵制。清政府为了稳固其政权，不得已引进与重用大批汉族人才，吸收汉族士绅参加各级政府，但对汉员仍是多方限制，处处防范，竭力不让汉族官员握有兵、政实权。

　　咸同以前，满族贵族掌控中央财政大权，户部直接掌管全国财政大权。中央财政只有"内"、"外"之分，而无中央与地方之分①。在各省负责财政的布政使司，也只是户部的一个个派出机构，直接对户部负责，而非地方督抚的属员。虽然，清朝的户部尚书设满、汉各一员，满、汉侍郎各二人，都是满员掌实权。清中叶以前，满员充任布政使的比例更大。太平天国运动的爆发，打破了这种中央高度集权的财政体制，允许地方自筹饷需，既可以截留钱粮，又可以开辟诸如厘金之类的新财源。同时，地方布政使的任命，虽仍听由清朝皇帝，但荐举之人多为湘淮等人，逐渐成为汉人督抚的属员，可谓是"署衔画诺，徒拥虚名"②。与此同时，随着中央饷源的缺乏，中央政府多次减免包括满人官员在内的官僚的薪俸，以求解燃眉之急。

　　道光三十年（1850），即太平天国运动爆发之年，十缺总督旗人占其四，汉人占其六，十五缺巡抚旗人占一缺，汉人占十四缺。同治三年（1864）即太平天国失败之年，十缺总督旗人占其二，汉人占其八，十五缺巡抚全为汉员，无旗员③。值得注意的是，曾国藩等汉人将领之所以襄助满人镇压太平天国，是因为面对农民军这个共同的敌人，满、汉矛盾再次服从于阶级矛盾。而客观上，这种农民起义，却使汉人将领开始掌控东南地方实权。

————————

① 王戎笙：《清代全史》第 10 卷，辽宁人民出版社 1993 年版，第 562 页。
② 王戎笙：《华制存考》，载《清代全史》第 10 卷，辽宁人民出版社 1993 年版，第 565 页。
③ 朱东安：《曾国藩集团与晚清政局》，华文出版社 2003 年版，第 50 页。

太平天国时期，曾国藩集团权倾东南，坐拥半壁，清朝统治开始出现内轻外重的局面，但仍能维持满汉统治阶层长期合作的统治格局。

## 二、新政中的皇族集权

甲午战争后，清政府编练新军以取代勇营，亦欲乘机从汉族将帅手中收回兵权。但由于自身的腐败无能，又使新建陆军一开始就牢牢控制在袁世凯的手里。其装备、训练虽属新式陆军，但军营风气却与湘淮旧军一脉相承，全军上下无不仰承袁世凯的鼻息，只知有袁帅，不知有朝廷。

光绪二十四年（1898），康有为提出"君民分治，满汉不分，以定国是而一人心，强中国"的建议[①]。七月初，总理衙门章京、汉人张元济奏请将满蒙各旗编入旗籍，归地方官管辖；允许满汉通婚；任旗民自谋衣食，准许旗民转居别处；京师及各省驻防旗营设劝工学堂；等等[②]。在变法运动的促动下，光绪帝提出要删改则例、裁汰冗员、撤销闲散重叠机构等。七月二十九，光绪帝颁布诏书："旗丁生齿日繁，徒以格于定例，不得在外省经商贸易，遂致生计宜艰。从前富俊、松筠、沈桂芬等均曾筹议及之。现当百度维新，允宜弛宽其禁，俾得各习四民之业，以资治业。"[③] 正是这些政治改革措施，触及满族旧贵的利益。军机大臣、镶蓝旗人刚毅表示："改革者汉人之利，而满人之害也。"[④] 大学士、正蓝旗汉军徐桐则明确表示："宁可亡国，不可变法。"[⑤] 以慈禧太后为首的后党，罢免光绪帝的师傅翁同龢，最后发动政变，囚禁光绪帝，逮捕谭嗣同等人，变法失败。总的来看，戊戌变法时期，是清朝满汉矛盾得以缓和的一个重要时期，一方面反映了清朝政治秩序尚稳定；另一方面，在民族矛盾激化的情况下，汉族官僚主张"平满汉之界"，共同实现民族振兴。然而，满洲贵族却对此表示不满。梁启超曾言，其师康有为所提出的"满汉不分，君民同治"等言，"满洲人全部所最不乐闻者也"[⑥]。同时，满洲贵族之所以联

---

[①] 汤志钧：《康有为政论集》上册，中华书局1981年版，第475页。
[②] 国家档案局、明清档案馆：《戊戌变法档案史料》，中华书局1958年版，第44–45页。
[③]《清德宗实录》卷四百二十五，第22页。
[④] 中国史学会：《戊戌变法》第1册，上海人民出版社1957年版，第268页。
[⑤] 刘小萌：《清代北京旗人社会》，中华书局1970年版，第751页。
[⑥] 梁启超：《论变法必自平满汉之界始》，载《饮冰室合集·文集》，第77页。

合发动政变，囚禁光绪帝，处死戊戌六君子，也是因为"皇上私爱于汉人，有偏憎于满人"，故"满人仇视皇上"，满汉矛盾再度紧张。

及至八国联军侵入中国，清政府对外宣战，东南地区的汉人督抚（如两江总督刘坤一、湖广总督张之洞）竟与中央政府公开分庭抗礼，同外国侵略军搞起"东南互保"。而清政府迫于形势，事后不仅不加追究，反而对之大加表彰。对于袁世凯，清政府也尤为重用，倾全国之力增练北洋军，使之数年之内由一万多人扩充至六镇，共七万余人，再加上受其间接控制或依附于他的东北、华北地区的外省部队，其兵力更为可观。所以，迨及清政府大搞预备立宪之时，袁世凯已呈羽翼丰满、坚固不拔之势，复又旧事重提，终于达到了自己的目的。此时，八旗、绿营和湘淮军都已退出历史舞台，新式陆军一统天下。股肱之臣李鸿章、刘坤一早已去世，张之洞也年老体衰，袁世凯在军界和政坛上一枝独秀。

作为晚清重臣的张之洞，深谙满汉矛盾的激化对清统治的威胁。起初，张之洞同情维新派，支持通过变法来挽救民族危亡，维护清政府的统治。洋务运动的失败和维新变法的被镇压，使张之洞极为痛恨满族贵族。正如当时任英国驻汉口代理总领事的埃·霍·法磊斯在 1900 年 12 月 18 日给莫里循（英国《泰晤士报》驻北京记者，袁世凯政治顾问）的信中说：

"他（张之洞）和我所见到的所有汉人官员一样，憎恨满人，因为他们把持中国、搜刮民脂民膏，他们不顾自己的能力和是否胜任，总能升官发财。中国要想改革只有一法：废除满人一切特权，不论是旗人的俸禄还是仕途特权。"

张之洞从维护大局出发，力主清末"立宪"能实现满汉一体，化解满汉矛盾。他的主要主张是开放政权，力避清政府的政策重心向满人方面倾斜，以消除民族隔阂，保持社会稳定。但腐朽的清政府并不领会个中深意，"预备立宪"只为暂时笼络人心之举，责任内阁最终成了"皇族内阁"，这使汉族官员大为心灰意冷。面对满汉联盟危机，清朝皇族不是顺势应变，以化解满汉畛域，反而以变法为幌子，进一步扩大其利益集团的特权，从而加大了包括汉族官僚、乡绅、民众在内的汉人群体的离心力，使其融入"排满"潮流中。

甲午战争后，具有资产阶级民族主义性质的"反满"宣传悄然兴起，对八旗制度及社会形成新的冲击。满汉矛盾成为革命危机加剧的原因之一，晚清统治秩序发生大的变动。资产阶级革命思想的广泛传播，使清朝惶恐不安，"革命排满"的主张，更是满洲贵族之大忌，称资产阶级革命党人"昌言革命，悖逆狂谬，蛊惑人心"，"推其致患之由，则在藉辞满汉"，"宪政之基在弭隐患，满汉之界宜归大同"①。封建顽固势力向当权者提出"令满汉大同，消泯名称，浑融畛域"的对策，欲使革命党人"无词可藉，弭无形之隐患，正不定之人心，大局安危，实系于此"②。他们将能否消弭"反满"宣传视为关系清朝存亡之要义，反映出当时统治阶级的焦躁心情。立宪运动兴起后，满、汉官僚们鼓动清政府利用立宪招牌抵制"革命排满"思潮，建议"俯从多数希望立宪之人心，以弭少数鼓动排满之乱党"③；"行宪政，融满汉，以安天下之心"；"故浑融满汉，尤立宪政体亟当视为先务者也"④。慑于日益高涨的"反满"斗争，面对风雨飘摇的统治，以及部分汉族官员改变不平等民族地位的要求，清政府先后派出大臣出国考察西方政治，作出了改革的姿态。

光绪三十二年（1906）六月末、七月初，考察西方政治的大臣端方、载泽等连上奏折，进行辩争。两江总督端方在密折中力言必须立宪，破除满汉畛域。他称："时至今日，逆说横流，如疫传染，从逆愈众，肃清愈难"，"奴才悉心访察，颇闻从逆之辈，多有少年有志之士，身家清白，学业亦优"，"及深考其故，盖缘睹外国之富强，愤中国之积弱，既绝望于维新，乃丛怨于政府，此政治革命之说，所以得乘间而入也。既丛怨于政府，乃迁怒于满人"，而我朝旧制又"为满汉之间权利义务不甚均平，此种族革命之说，所以得乘间而入也"。既知受病之根，即能得治病之法。今日欲杜绝乱源，唯有"于政治上导以新希望"，即"立宪是也"⑤。最后，端方等提出化除满汉畛域的四条办法：旗人一律归地方管辖；旗丁裁撤，发十年粮饷，自谋生理；移京旗开垦；旗僚一律报效廉俸，发补助迁移经费⑥。

在内外压力之下，慈禧太后被迫宣布"实行新政"，继而"预备立宪"。紧接着在政治上采取一系列改革措施，包括借鉴西方司法制度而进行的司法改革。改定官制是清政府推行立宪、进行法律改革的重要环节。

①② 故宫博物院明清档案部：《清末筹备立宪档案史料》下册，中华书局 1979 年版，第 917 页。
③ 故宫博物院明清档案部：《清末筹备立宪档案史料》上册，中华书局 1979 年版，第 47 页。
④ 故宫博物院明清档案部：《清末筹备立宪档案史料》上册，中华书局 1979 年版，第 259、第 257 页。
⑤ 端方：《请平满汉畛域密折》，载中国史学会：《辛亥革命》第 4 册，上海人民出版社，第 43-44 页。
⑥ 《清德宗实录》卷五百七十六。

光绪三十二年七月十三（1906年9月1日），清政府颁布上谕：

> 时处今日，唯有及时详晰甄核，仿行宪政。大权统于朝廷，庶政公诸舆论，以立国家万年有道之基……目前规制未备，民智未开，不能操切从事，徒饰空文，须从官制入手，次第更张。并将各项法律详慎厘定①。

清政府采取了一些所谓"化除满汉畛域"的措施，如废除旗民通婚、交产的禁令；下诏裁停旗饷，命各地旗人计口授田，自谋生计。还公布《满汉现行刑律》（1909年改名《现行刑律》发布执行），规定满、汉民刑事案件，一律归各地方审判厅审理，从而改变旗民分治的成规，而统一为州县管辖；废除东三省的旗、民分治制度；议定中央官制，规定各部尚书、侍郎不分满汉，一体任用；以汉族官僚出任部分八旗高级官职②；旗、民籍共组新军等，甚至还令朝野公议"满汉畛域应如何全行化除"等问题③。

光绪三十二年（1906）七月，清政府颁布《预备立宪谕》，立宪原则是"大权统于朝廷，庶政公诸舆论"。核心还是为了统一大权于中央。光绪三十四年八月初一（1908年8月27日），清政府颁发了近代史上第一部宪法性文件——《钦定宪法大纲》，中心是"维护君权"，规定"大清皇帝统治大清帝国万世一系，永永尊戴"；"君上神圣尊严，不可侵犯"；君上有颁行法律权、发交议案权、召集和解散国会权、设官制禄权、黜陟百司权、宣告戒严权、发布命令权、统率军队权、宣战媾和订立条约权等④。为了维护皇权体制，《大清新刑律》中规定"侵犯皇室罪"和"内乱罪"，相当于旧律中"大逆"、"大不敬"、"谋反"等十恶重罪，处刑甚重。还规定了对皇室的危害罪、不敬罪，如"加危害于皇帝缌麻以上之亲者，处死刑、无期徒刑或一等有期徒刑"，并将"意图颠覆政府，僭窃土地及其他紊乱国宪而起暴动"的内乱罪定为最严重的犯罪，处以极刑。关于臣民的权利，虽然规定有言论、著作、出版及集会、结社的自由，但处处予以限制。如《结社集会律》规定："凡秘密结社，一律禁止"，如有集会行为，地方政府或巡警必须临场监察；对青年学生规定"十不准"。同时还规定：

---

① 《清德宗实录》卷五百六十二。
② 如镶黄旗汉军都统张英麟、察哈尔都统冯国璋、镶黄旗满洲副都统秦绶章等。
③ 故宫博物院明清档案部：《清末筹备立宪档案史料》下册，中华书局1979年版，第918页。
④ 夏新华等：《近代中国宪政历程：史料汇萃》，中国政法大学出版社2004年版，第128页。

各种结社、集会"凡与政治与公事无关者",可以"照常设立","若其宗旨不正,违犯规则,或有滋生事端,妨害风俗之虞者",皇帝有权随时颁布诏令给予限制。清廷继续维护地主和买办阶级的利益,在《大清民律草案》中规定:凡是承租地主土地的佃农,不得要求免除或减少租额,以保证地主的剥削利益;土地所有权的范围包括地上权和地下权;保护债权人和高利贷者的利益。

光绪三十四年(1908)九月二十,清政府裁定中央官制,仿照西方资本主义国家三权分立的政治制度,对司法机关进行了较大改革,主要有:刑部改为法部,专管全国的司法行政,不再兼理审判;改大理寺为大理院,为最高审判机关,负责解释法律,并配置总检察厅。司法审判程序实行四级裁判所、三级审判的制度(称四级三审制)。虽然慈禧太后宣布各部尚书"满汉平等",而实际上满人特别是亲贵"联翩而长部务,汉人之势大绌"①。各部官员的任用,虽然名为"不分满汉",实则"满七汉四",比原来的"满汉各半"原则还要倒退。将地方督抚张之洞、袁世凯调入中央充任军机大臣,初衷也是为了收回散布于地方督抚手中的部分权力。另外,清政府还裁并机构,如将太常寺、光禄寺、鸿胪寺并入礼部,将太仆寺、练兵处并入陆军部。光绪二十七年(1901),清政府设立督办政务府,改革的主要内容有:整饬吏治,裁汰、合并中央和地方的若干旧有机构,设立商部、学部和巡警部,改总理各国事务衙门为外交部。

在此次中央官制改革中,有多个衙门被改组或裁撤,大批官员被裁汰。清政府在淘汰冗员和安置工作的过程中,表现出对汉族官员的歧视,在很大程度上影响了改革的效果,遗留了很多问题。

宣统三年(1911)三月,清政府颁布内阁官制,规定新内阁是君主立宪政体中最高行政管理机关。内阁设总理一人,协理二人。其中有:总理大臣庆亲王奕劻、协理大臣徐世昌和那桐、外务大臣梁敦彦、民政大臣肃亲王善耆、度支大臣加贝勒衔镇国公载泽、学务大臣唐景崇、陆军大臣荫昌、海军大臣加郡王衔贝勒载洵、司法大臣绍昌、农工商大臣加贝勒衔贝子溥伦、邮传大臣盛宣怀、理藩大臣寿耆②。

在这个由 13 人组成的内阁中,汉族官员仅有徐世昌、唐景崇、盛宣

① 恽毓鼎:《光绪皇帝外传》,重庆出版社 1998 年版,第 21 页。
② 故宫博物院明清档案部:《清末筹备立宪档案史料》上册,中华书局 1979 年版,第 559-565 页。

怀、梁敦彦 4 人。其余的 9 名满人中，宗室、觉罗占了 7 位，其中，奕劻、善耆（清初肃武亲王豪格之后）、载泽（其妻为慈禧太后弟桂祥之长女）、载洵（摄政王载沣胞弟）、溥伦（道光帝曾长孙，同治帝病故时，曾有望继大宝，为慈禧太后所阻未成）5 人为世爵宗室，绍昌为觉罗，寿耆为满洲正蓝旗。另外 2 人，荫昌是满洲正白旗旗人那桐，叶赫那拉氏，是满洲镶黄旗人。

显然，满族贵族占了内阁的多数，其中皇族又占了贵族的多数，因此，族内阁被时人称为"皇族内阁"。"皇族内阁"的最后出笼，证实它不过是"盗宪政之名，行专权之实，倡满汉一体之说，行歧视、排斥汉族之政的卑劣伎俩"。清末官制改革，通过重用皇亲勋旧的手段，达到满洲官员尤其是皇室集权的目的。为了强干弱枝，解决咸同以来朝廷权力下移、内轻外重的局面，从厘定官制到责任内阁成立，清政府的每次官制调整，几乎都是以此为中心展开的。中央官制改革中，在行政部门的 13 个大臣中，满洲贵族 7 人，蒙古贵族 1 人，汉族官员只有 5 人。而在 1911 年的"皇族内阁"中，满族亲贵竟然占总阁员的 69%。自官制改革以来，清政府倡言平"满汉畛域"，化除满汉界限，进而缓和阶级、民族矛盾，但言论与实际背道而驰，朝政大权由满洲亲贵占据和把持，满汉官员的权衡比重大大超过改革之前，只在资政院、弼德院、咨议局等有所限制。时论指出："政府由于种族之界太深，虽日言融事满汉，而满汉实未能和融，无论满不能融汉，汉亦不能融满。"[1] 官制改革进一步加深了满汉矛盾。

清政府非理性的皇族集权，使立宪派认识到清政府的拖延和无诚意，请愿运动日趋高涨，各地掌握实权的汉族督抚也纷纷响应立宪运动。20 世纪初，长江流域各督抚与清政府已呈离心化倾向。如时人所说："中国号为专制之国，而至于今日则大权所在究难指实政府有权矣，而所下之令或有不便于时者，则各省疆吏可以抗不奉行，政府无如何也。即或迫于严切诏旨，不可据理力争而其势有万不可行，则相率以阳奉阴违了事，以免政府之催督，而政府无如何也。是政府之无权也，督抚有权矣。"[2]

光绪三十二年（1906）至宣统三年（1911），清政府进行了官制改革和预备立宪，以图加强中央集权，不仅极力避免中央大权落入汉人手中，

① 《中央集权发微》，《克复学报》1911 年第 2 卷。
② 《论中央集权之积弊》，《东方杂志》第 1 卷第 7 期。

还要夺回落入地方督抚手中的军政实权。同时，袁世凯等搞的中央和地方官制改革方案，是为了扩权之需，通过建立一个对皇帝负责的内阁，将皇帝手中的相权交给他。从中央到地方先后建立的资政院和咨议局，充其量是一个个咨议性的机构。

清政府设立资政院的目的，也是为了加强皇权。钦选议员由皇帝指派，且多为宗室贵族，民选议员由各省督抚在各省咨议局议员中圈定。资政院的总裁、副总裁也是从王公大臣、三品以上大员中选出。资政院基本由汉人组成，为了争夺更多的权力，曾接连发生三起资政院"弹劾军机大臣案"，暴露出政府内部的政治危机。宣统二年十月二十一（1910 年 11 月 22 日），湖南议员易宗夔以军机大臣处理滇桂两案中"侵犯资政院的权、违犯资政院的法"为由，提议照《资政院院章》弹劾军机大臣，指责军机大臣"责任不明，难资辅弼"，"尸立旷官，上负天恩，下辜民望"，"徒有参预国务之名，毫无辅弼行政之实"，清政府对资政院大加斥责。第二次弹劾案中，清政府将议员分化了事。第三次弹劾案，清政府"留中了事"。资政院三次弹劾都无结果，可谓是"中国依然，军机大臣依然"。资政院与军机处之间的矛盾，实际上是资产阶级立宪派与清政府展开的一场权力角逐。

在孙中山揭起民族革命旗帜的背景下，光绪三十二年（1906）的清朝官制改革反而引起满汉官僚地主的冲突。为缓和矛盾，度过危机，七月、九月，清政府两次下谕化除满汉畛域，令"内外各衙门，各抒所见，将切实办法，妥议具奏，即予施行"①。并特令"礼部暨修订法律大臣，议定满汉通行礼制刑律，请旨颁行"②。遵照谕旨，沈家本于同年八月、十二月，两次上书，拟定统一满汉法律。沈家本根据法理，论民族异法云："为政之道，首在立法以典民。法不一则民志疑，斯一切索隐行怪之徒，皆得乘瑕而蹈隙，故欲安民立众，必立法之先统于一。法一则民志自请，举凡一切奇茅之说，自不足以惑人心。《书》曰：'无偏无党，王道荡荡；王有道平平'正谓此也"。"方我朝入关之初，八旗生齿未臻繁盛，军伍有空袭之虑，差务有延误之虞"。故当时之满汉异制，乃从实际出发，"非区满人与汉人而歧视之"。现在"八旗人丁日益蕃昌，与昔日情形迥异"。早已无虑

---

① 《清德宗实录》卷五百七十六。
② 《清德宗实录》卷五百七十九。

军伍差务之乏人。只有消除异法，方能"昭大信而释群疑"。① 沈家本提出"现在满汉畛域，应如何全行化除"②，主要集中讨论的问题有四个：一是官缺问题，主张"满、汉分缺，宜行删除"，就是要求政治地位上的平等；二是要求删除旗人犯罪免发遣，照例折刑的旧例，照民人一体发配，也就是改变旗、民在法律上的不平等地位；三是主张"变通驻防旧制，俾占籍为民"，就是改变旗民分治的成规而统一于州县管辖；四是主张"满汉通婚，宜切实推行"，还要求满人姓、名并列，汉人妇女停止缠足，进一步消除满汉间的差别③。

## 三、驱袁和满汉政治联盟的破裂

慈禧太后病死之前，授命醇亲王之子载沣为摄政王监国，其子溥仪立为嗣皇帝，光绪帝的遗孀隆裕为太后。这一格局与咸丰帝死前的"赞襄与太后"的格局何其相似。载沣竭力巩固摄政体制，更加剧了政治体制的矛盾。

载沣自幼"生长于深宫之内，养育于保母之手"，才具平腐，缺乏政治经验。入军机后，唯唯诺诺，毫无主见，"一切不敢自专"④。他监国后企图仿雍正批阅奏章，"而苦不得要领，往往词不达意……有人觐者，常坐对无言。即请机宜，亦嚅嚅不能立断"⑤。关于摄政王的权力问题，是在慈禧太后死后才制定出来的，即《摄政王礼节总目》十六条。其中第二条规定："诏旨军国政事及黜陟赏罚，悉由监国摄政王裁定，仍以谕旨宣示施行。凡重大事件，有必须请皇太后懿旨者，由监国摄政王面请施行。他人不得擅请擅传。"⑥ 这条规定明显是冲着隆裕皇太后而言的，直接限制其干政的机会。载沣有权而无能，尤其是后来他将握有军权的袁世凯赶出朝廷，致使满汉大臣之间的矛盾激化。

其实，袁世凯集团势力的急剧膨胀早已引起一些满洲贵族和守旧大臣

① 沈家本：《旗人遣军流、徒各罪照民人实行发配折》，《历代刑法考》，《寄簃文存》卷一。
② 《清德宗实录》卷五百七十六。
③ 刘小萌：《八旗子弟》，福建人民出版社 1996 年版，第 205 页。
④ 胡思敬：《国闻备乘》卷四。
⑤ 金梁：《光宣小记》，载《民国史料笔记丛刊》(2)，上海书店 1998 年版，第 219 页。
⑥ 万依、王树卿、刘潞：《清代宫廷史》，百花文艺出版社 2004 年版，第 535 页。

的疑忌。光绪三十二年（1906），清政府议定官制时，袁世凯指使人提出设立责任内阁，取消军机处。而满族官僚铁良则主张设立陆军部，集军权于中央，反对袁世凯的建议。双方发生激烈争执。袁世凯"力驳中央集权"[1]。铁良提议"派员清查各省财币"，指出"立宪非中央集权不可，实行中央集权非剥夺督抚兵权财权，收揽于中央政府则又不可"[2]。结果，袁世凯的意见被朝廷否决。载沣对袁世凯裁军机的主张，"强词驳诘"，甚至"出口谩骂"。慈禧太后病死，载沣监国后不久，御史赵炳麟即奏劾袁世凯"树擅私党，挟制朝廷，方今主少国疑，似此包藏祸心、罔知大义者，久在枢垣，他日必生意外之变"，并告诫载沣，"若待其党根蒂固结，谋定后动，他日监国摄政王虽欲去之，亦无可如何"[3]。载泽、善耆等人也向载沣建言除掉袁世凯[4]。光绪三十四年十二月十一（1909年1月2日），清政府发布上谕，以袁世凯"现患足疾，步履维艰"为由，"著即开缺回籍养疴"[5]。依载沣一班亲贵的本意，准备严惩袁世凯，因张之洞等人劝说"主动时危，未可遽戮重臣动摇社稷"，以致激生他变，方才改为开缺回籍。

载沣还尽力将军权集中到皇室亲贵手中，这直接导致满汉官僚之间的矛盾激化。载沣摄政后，先后令铁良出任陆军部尚书，掌握中央军权，加强亲贵集权，引起地方督抚不满，"以几等封建诸侯之权，一朝为亲贵所削夺，督抚未必甘心"，"督抚既抱此恶感，于是与中央情意分离。"[6] 这势必激化统治集团内部的矛盾，增强立宪派与清政府的离心倾向。立宪派要求"平满汉畛域"，实行英国式的君主立宪，其中一个重要原因就是他们"以为亲贵分赃之政府，决无统治全国之能力"，遂要"借国会之力量，推翻亲贵政府"[7]。

载沣监国后不久，即下令设立禁卫军，以载涛、毓朗、铁良为训练大

---

① 张之洞档案：《丙午九月十三、十七日京报陈道来电》，《张之洞存各处来电》第81函，甲第182-183号。
②《时报》，1906年9月30日。
③ 赵炳麟：《赵伯岩集·谏院奏事录》卷五。
④ 中国人民政协文史资料研究委员会：《辛亥革命回忆录》第6册，中华书局1962年版，第324页。
⑤ 金毓黻：《宣统政纪》卷四。
⑥ 宣樊：《政治之因果关系论》，《东方杂志》第7卷第12期。
⑦ 刘厚生：《张謇传纪》，龙门联合书局1958年版，第176、第178页。

臣，并申明"此次禁卫军专归监国摄政王自为统辖调遣"①。宣统元年（1909）正月，清廷谕令筹备海军，派善耆、载泽、铁良等专司其事。五月，又发布上谕，明定皇帝为"大清帝国统帅海陆军大元帅"，在皇帝亲政前，由摄政王代理一切。同时任命载洵为海军大臣。此后又谕令设军咨处，以载涛、毓朗等管理处务。按其暂行章程规定，凡"关涉国防用兵一切命令计划"均由军咨处拟案，再由皇帝（实际是载沣）裁定后交由陆、海军部"钦遵办理"②，军咨处成为凌驾于陆、海军部之上，直接由载沣控制的机构。通过这一系列安排，清政府最高军事权力便完全为皇室亲贵所掌握。载沣罢黜袁世凯和集权皇族亲贵、排斥汉族地主官僚的行为表明，满汉地主阶级长期合作的政治同盟关系已出现重大的裂痕，统治集团内部的矛盾迅速激烈化、表面化。载沣面对的不仅有皇族势力和立宪派势力，还有袁世凯的北洋势力、南方革命党的势力等，朝廷内外，各种客观形势错综复杂。当武昌起义发生，十余省份先后宣布独立后，载沣只能授权袁世凯为内阁总理大臣，负责组织内阁，从而使载沣几乎失去主要权力。接着袁世凯又拉拢隆裕太后，借其手扳倒载沣。隆裕太后决定封袁世凯为侯爵，而袁世凯借辞爵位向清室施加压力。在隆裕太后接二连三召开的御前会议上，载沣竟缺席不到。最后，由隆裕太后下旨，以宣统帝溥仪的名义颁发退位诏书，清朝政权寿终正寝。

由于满、汉民族矛盾根深蒂固，满洲贵族与汉族地方实力派之间在权力分配上存在着一种此长彼消的过程。其中，不仅包含着满汉之间的矛盾，也存在着中央与地方的矛盾，倘若处理不当，冲突不能及时化解，尤其在一些关键时刻或重大问题上，就必然会危及他们的政治同盟关系。所以，有经验的政治家如慈禧太后与曾国藩，他们不仅对这种同盟关系极为珍视，而且善于自我克制、化解矛盾。就在湘军攻陷天京后的一年之内，他们之间曾出现过两次严重的政治危机。倘若处理不当都足可导致全国性的内战，甚至将他们双方一起毁掉。结果都被他们化解于无形，平安度过危机，君臣关系如初。而载沣、袁世凯二人，既不能正确估计客观形势，又不能在内部争权夺利的斗争中把握适当的节度，或者野心勃勃，不知自忌；或者狂妄无知，行事鲁莽。他们几乎都忘了一个客观事实，那就是，

---

① 《宣统政记》卷四。
② 《清朝续文献通考》卷一百二十四。

一方面清朝是满洲贵族的天下，另一方面满洲贵族离开汉族实力派官员的支持就不能维持自己的统治。为此，连外国学者都提出：

"消除满汉畛域是一项重要的政治和社会举措，满人的特权地位是激怒汉人的根源，也是威胁清廷统治的一个祸根，清政府在理论上对此给予了相当的注意，但实际行动很少，特别是摄政王载沣在消除满汉畛域上的倒退，最后毁灭了这个本可以比其他改革更能为清廷赢得良好声誉的改革。"①

到了载沣摄政时期，满族权贵集权于内，排斥汉族官僚于外，至此，满汉统治阶层的矛盾激化，汉族地主官僚出现离心倾向，满汉合作局面出现重大裂痕，且难以缝合。针对于此，汉族官僚因自身利益开始为立宪运动推波助澜。加之载沣集团的腐败，满族亲贵四面楚歌。溥仪在《我的前半生》一书中回忆父亲载沣时写道：可以看出对他来说，最根本的失败是没能除掉袁世凯。没有杀袁世凯，只是个战术问题，而清朝是输在了战略上，他们犯的是严重的战略错误。

---

① 梅卡伦：《中国的维新运动（1898~1912）》，载崔志海：《国外清末新政研究专著述评》，《近代史研究》2003年第4期。

# 第二章 行政官制法

清朝是满洲贵族入主中原建立起来的一代政权，但因其人数太少、人才尤为缺乏，故始终受到一个政治难题的困扰，那就是如何对待和使用汉族官吏。

清朝统治者吸收了历朝历代官制经验，建立一套完备的职官法。《清史稿》载："初制内外群僚，满、汉参用，蒙古、汉军，次第分布。康、雍两朝西北督抚，权定满缺，领队、办事大臣，专任满员，累朝膺阃外重寄者，满臣为多。逮文宗兼用汉人，勋业遂著。大抵中叶以前，开疆拓宇，功多成于满人。中叶以后，拨剧整乱，功多成于汉人。"清朝职官法中的满汉畛域是非常明显的，"季世厘定官制，始未尝不欲混齐畛域，以固厥根本"①。清朝区别于历朝官制的不同之处，主要体现在满汉复职、"官缺"制等方面。

清政府制定了一系列的民族政策，维护满族贵族在政治机构中的核心地位。从中央到地方，高级职位由满族占据；同等职位，满人职权、俸禄待遇高于汉人。在官僚任职的问题上，满、汉界限分明，满人享有种种特权，各级政府实权都掌握在他们手中，汉员则常受到欺压和多方限制。

清朝满人排汉由来已久。据《清代野史》称："满自开国，重用满而轻视汉。"②清末，更有所谓"近支排宗室，宗室排满，满排汉"之说③。晚清名士薛福成亦称："乾隆、嘉庆间防畛犹严。""先皇措注之深意，盖谓疏戚相维、近远相驭之道当如此，而风气之文弱，不娴骑射，将略非所长，又其次也。"④据载，"六部皆有匾，上书某年满大臣等，宜时至大内

---

① 赵尔巽等：《清史稿》卷八十九，中华书局 1977 年版，第 3264 页。
② 《清代野史》第 3 辑，巴蜀书社 1987 年版，第 354 页。
③ 刘体智：《萍园史学四种·异辞录》第 4 卷，第 3 页。
④ 薛福成：《庸庵全集·庸庵文续编》卷下，光绪十三年刊，第 4 页。

某官（宫），敬谨阅看某朝所立御碑。"而"宫内所立碑，系专谕满大臣。大略谓本朝君临汉土，汉人虽悉为臣仆，然究非同族。今虽用汉人为大臣，然不过用以羁縻之而已。我子孙须时时省记此意，不可轻授汉人以大权，但可使供奔走之役云云。"立意可谓"深远矣"[①]。

# 第一节　满汉复职

顺治元年（1644），清军入关，夺取明末农民起义的果实，最终建立全国性政权。清朝是中国历史上最后一个君主专制的王朝。它是以入关以前的政权机构、政治制度为基础，进一步采取明朝封建专制主义的政治体制，并努力保护满洲贵族的特权，变本加厉地实行专制统治。

## 一、"首崇满洲"制

"首崇满洲"是清朝一切决策的根本原则。清朝政权机构中的重要官职多由满人担任，边疆重臣如将军、参赞大臣、办事大臣都由满人担任，各省督抚大多是满人，以起到直接控制全国的作用。中央机构中，满官多于汉官，在各衙门职官中，实现满汉复职。中央各部门都设立两个长官，一个部有一满一汉两个尚书，汉人尚书也多为汉军旗人。两者虽然名义上不分高下，实际上满尚书是正，汉尚书为副，满官居主导地位，各部实权完全掌握在满洲人手里。顺治时，"各衙门奏事，但有满臣，未见汉臣"[②]。康熙时期，也是"满臣权重，汉六部九卿奉行文书而已。满人謦（qing kai），无敢违者"[③]。清政府还通过官爵世袭制度将满族贵族的特权地位世代相传。可见，清政权虽然形式上不是纯粹的满族统治政权，但实际上是满族贵族控制着绝对统治权。

由满洲贵族垄断的议政王大臣会议是处理国家重大军政大事的决策机

---

① 小横香室主人：《清朝野史大观》第 3 卷，中华书局民国四年版，第 95 页。
②《清世祖实录》卷十一。
③ 昭梿：《啸亭杂录》第 10 卷，中华书局 1985 年版，第 328 页。

构，六部事务也全由议政王大臣决定，"清朝大事，诸王大臣会议既定，虽至尊无如之何"①。议政王大臣会议，是朝廷最高的决策机构，其成员全部是满洲亲贵和汉军旗官员。汉官对议政王大臣会议作出的决策不能有任何异议。汉官的政治地位要比同级的满官低得多，他们多数被用来做事务性工作或参谋，这表明满洲贵族在政权中的特权地位。但是，这种为维护满族上层贵族特权的政治体制越来越不能适应对广阔汉族地区统治的要求，使得清朝不得不变通办法，改革政权机构，内阁开始起作用。

在清代的中央行政机构中，以吏、户、礼、兵、刑、工六部最为重要。在中央行政机构中，满人掌握实权，在六部和各院寺监中皆如此。六部的名称及其大体职掌，基本沿袭明代下来的，不过在涉及官员设置和某些权限方面，还是颇有变通。皇太极统治时期，就吸取汉族统治者的经验，对满族原有的官制、礼制进行一系列改革，在中枢机构中初建六部，清代六部设置始于金天聪五年（1631）七月，皇太极令"爰定官制，设立六部"②。六部事务由满族诸王分别掌管：吏部由多尔衮、户部由德格类、礼部由萨哈璘、工部由阿巴泰、刑部由济尔哈朗、兵部由岳托等人分别担任尚书。以后在皇权与旗主、诸王权力的斗争中，诸王署理部务几经反复。在诸王署理部务时，"往往势力较重者一人主之"，部中其余满汉各官，只能"相随画诺，不复可否，若更有重臣兼部务，则一切皆唯所命"③。在罢免诸王对六部管理权以后，部中事务仍由满族官僚主管。各部门开始只有满尚书而无汉尚书，汉族官僚在各部中只能充任尚书的副职——侍郎。

六部设立之初，各派1名贝勒主持，另置承政、参议、启心郎、笔帖式等职。承政，各部一般设满承政2人，蒙古及汉各1人，只有刑部设汉承政2人，大概是为了适应对众多汉人刑事审判的需要。参政，每部8人，可工部却分别设满洲参政8员，蒙古参政2员，汉参政2员。启心郎，即翻译官。国初，"满大臣不解汉语，故每部置启心郎一员，以通晓国语之汉员为之"④。不过工部置有满洲启心郎1员，汉启心郎2员。至于具体办事的笔帖式，视需要而定，无确定名额。崇德三年（1638）七月，

---

① 谈迁：《北游录·纪闻下》。
②《清太宗实录》卷九。
③ 赵翼：《檐曝杂记》卷二，"兼管部务"条。
④ 昭梿：《啸亭杂录》第2卷，中华书局1980年版，第43页。

在大学士范文程建议下，清政府决定各部只设满洲承政 1 人，作为主管官。以下有左参政 2 人，右参政 3~4 人，理事 4~10 人，副理事 6~16 人，启心郎满、蒙、汉各 1 人，额哲库（主事）2 人。汉承政取消了。在此前后，皇太极还建立都察院，负责参加议奏、会审案件、稽察衙门、监察考试和有权劾奏诸王大臣不法之事。还建立管理内外蒙古事务的蒙古衙门（崇德三年改理藩院）。它们和内国史院、内秘书院和内弘文院，合称三院八衙门，构成一套比较完整的中央政府机构。可以看出，关外时期，在中央政府机构虽有汉人，但人数少。清统治者入关后，情况发生变化，中央政府机构亦作出相应调整。顺治元年（1644），清政府在停罢诸王、贝勒主持部务的同时，还改承政为尚书，参政为侍郎，理事官为郎中，副理事官为员外郎，额哲库为主事，以便与明朝称谓大致相适应。至顺治五年（1648）始设六部汉尚书，虽然部中大权仍掌握在满尚书手中，但开始给予汉族官员一定政治地位。关于由诸王、贝勒兼理部务事，中间曾有过反复。直至雍正元年（1723），确立以大学士管理部务的体制。诸王、贝勒兼理部务和大学士管理部务，在性质上有所不同，反映了政治体制的变化。

顺治六年（1649），多尔衮明令满洲贵族不得干涉国政和限制汉官的职权。他下令诸王及大臣，"有干预各衙门政事及指责汉官，谓某贤能应升，某劣应降者，不论言之是非，即行治罪"。同时禁止诸王同政府各机构官员私交往来，规定："各王有以衙门事，私行传呼各衙门官至府者，罪在王。听其传呼而去者，罪在各官"。由于多尔衮的这个禁令，诸王、贝勒干预国家事务的权力基本上被剥夺了。在多尔衮死后不久，济尔哈朗等一些满洲贵族曾攻击多尔衮在摄政期间，"不令诸王、贝勒、贝子、公等入朝办事"。可见，对是否放权汉人，在满人内部始终存在很大分歧。

## 二、"以汉制汉"的政策

清政府为稳固其政权，实行以汉制汉的政策。多尔衮摄政时期，在省一级的大员如督抚的职位上，他大量安插汉人。为了过渡，还是先任用了大量汉军旗人。多尔衮摄政期间，先后担任过督抚职位的有 16 人，其中汉军旗人占 11 人，如佟养量、佟养甲、杨方兴、王文奎等。在省级行政长官巡抚中，汉族官员的数量超过汉军旗人，多尔衮摄政期间，各地曾先后设立了近 30 个巡抚职位，先后担任过巡抚的有 64 人，其中汉军旗 17 人，除了一名满人绫缙做过偏沅（省名）巡抚之外，其余 46 人全部是汉族官员①。综观全部督抚人员，担任职务的满人也只此 1 名。由此可见，权力较大的总督以满人信任的汉军旗人担任为多，在一定程度上仍体现了"首崇满洲"的原则；权力较小的巡抚则大都由汉人担任，贯彻"以汉制汉"的国策。至于布政司、按察司等省级地方官员，以及省以下各级官员，则大都任用汉族原官或降官，因为满族统治者不仅无法提供如此多的官僚候选人，而且也不可能像汉族官员那样驾轻就熟，顺利运转统治机器，更不可能削减矛盾冲突②。

顺治六年（1649）四月，礼科在给事中姚文然看到殿试策论题中有"以满汉同心合力为念"之句，以为是"语言文字间隔难通，未免彼此有异同之见"，请求于新进士内，广选庶吉士学习满文，以后作为科道官员，召对时可省"转译之烦"，出外巡方时又便与满洲镇抚诸臣言语相通③。多尔衮同意了这一请求，考选 40 名翰林院、庶吉士分别学习满文和汉文④。

顺治十年（1653）三月，少詹事李呈祥奏议：部院衙门应裁去，专任汉人。顺治帝闻之大怒，他颁谕："夙昔满官，赞理庶政，并有畋猎行阵之劳……彼时岂资汉臣为之耶？朕不分满汉，一体眷遇委任，尔汉官奈何反生异意。若从实而言，首崇满洲，理所意也。想尔等多明季之臣，故有此妄言矣。"李呈祥被刑部议定"弃市"处置，后改为流徙盛京⑤。顺治十二年（1655）三月，在讨论如何惩治逃人问题时，汉官赵开心等主张宽弛，顺治帝大加斥责："汉人欲令满人困苦，谋国不忠，莫此为甚……凡奏章中再有干涉逃人者，定治重罪，决不轻恕。"此外，顺治帝及议政王大臣济尔哈朗等又指责汉官魏琯等蓄意对逃人法主张轻罚，系"欲使满洲家人尽数逃散，奸诡之谋显然"。⑥ 索尼上台后，更改顺治十五年（1658）规定的满汉官员品级划一的原则，提高满官品级，降低汉官品级，企图恢

---

① 钱实甫：《清代职官年表》，中华书局 1980 年版。
② 周远廉、赵世瑜：《皇父摄政王多尔衮全传》，吉林文史出版社 1986 年版，第 405-406 页。
③④《清世祖实录》卷四十。
⑤ 蒋良骐：《东华录》第 7 卷，中华书局 1980 年版，第 111 页。
⑥《清世祖实录》卷八十四、卷九十；《碑传集》卷五十二；《清史列传·魏琯传》卷七十九。

复满族旧传统，阻止清政权封建化的倾向①。

满、汉官员原来各有品级，满官高于汉官。顺治十五年（1658）改为一并划一，实际上是提高汉官的品级和地位。八旗官员原来只用满语名称。顺治十七年（1660）确定汉称，固山厄真汉名为都统，梅勒章京为副都统，扎兰章京为参领，牛录章京为佐领，乌真超哈为汉军。原则上讲，顺治元年（1644）多尔衮创制的政府体制是由满汉均等共治。实际上，至少在满人统治之初，最高的以及有影响力的职位都由满人和旗人担任。即便是各部院里面有同等数目的高级汉官和满官，却是由满官握有决事权。

康熙帝多次强调"满汉一体"，大量任用汉人官员。官有定额定制，可以合法任用汉官，又可以保证满人官员有权位来控制汉官。实际上，下级官员加六部郎中、员外郎等，满缺多于汉缺。笔帖式（满文文书）一般授予旗人，包括满洲八旗和蒙古、汉军旗人。银库、缎匹库、颜料库等被称为"优缺"的一般官职，也多授予满人，借以安置八旗贵族子弟。康熙帝利用官缺的选授，调和满汉之间的矛盾。

康熙《大清会典》中开列的内阁、六部等130个中央机构中有品级和无品级额缺共2082个，其中属于汉军和汉人的额缺为325个，仅占15.6%，其余额缺大部分为满洲旗人和内务府包衣旗人所占有②。这种状况到清末并没有大的改观。③与此形成对比的是，蒙古八旗在清朝政治中起了重要作用。据不完全统计，从蒙古八旗出身并出任清朝六部二院尚书的蒙古官员有30余人，其中任理藩院尚书的有14人。这些官员对清朝政治生活产生了重要影响。康熙时期，"每以汉人为难治"，经常派遣一些心腹监视地方官员和百姓，如李煦、曹寅在江宁织造任内就负有这种特殊使命，以密折向康熙帝奏事。有关督抚大员的密报，康熙帝的朱批多是"此事要密，倘有人知，尔灾非浅矣"等；有关民情的密报，康熙帝的朱批多为"尔密密访问，明白来奏"。④

雍正时期，雍正帝用实行亲阅奏折的办法来控制舆情。清人叶毛凤

---

① 万依、王树卿、刘潞：《清代宫廷史》，百花文艺出版社2004版，第63页。
② 李燕光、关捷：《满族通史》，辽宁民族出版社2003年版，第214页。
③ 刘小萌：《八旗子弟》，福建人民出版社1996年版，第184页。
④ 故宫博物院明清档案部：《李煦奏折》，中华书局1976年版，第42、第164页。

说："国朝拟旨有定例，内外大臣言官奏折，则直达御前；太子亲笔御答，阁臣不得与闻。"① 皇帝所拟奏折，外省由内阁奏事处经军机处封发，京内由内奏事处于次日交外奏事处，发还原递折人领回。军机处所办奏折均录有副本，以备查考。雍正帝又广派侍卫四处查访，以掌握官民动态。于是，"凡闾阎细故，无不上达。"② 赵翼在《簷曝杂记》卷二《王云锦》里叙述了这样一个掌故：新年休息之日，鼎甲出身的大臣王云锦在家与朋友一起玩叶子戏，玩到兴头上，忽然有一张叶子不见了。某日上朝，雍正帝问他元旦干什么去了，王据实禀告，雍正帝夸奖他诚实笃信，不愧是状元郎。随即从袖中拿出那张失踪了的叶子还给他。因秘密方法出其不意，乘其不备，"故人怀畏惧，罔敢肆意为也"。③ 雍正十年（1732）七月，雍正帝颁谕内阁："我朝设立各省驻防兵丁，原以捍卫地方，申明武备……原定规条，俱属尽善，无可更张。乃近有一二事渎陈朕前者：一则称驻防兵丁子弟，宜准其在各省乡试。一则称驻防兵丁身故之后，其骸骨应准其在外瘗葬，家口亦准在外居住。以上两条，皆事之必不可行者。著将朕旨颁布于外，俾无知之人豁然醒悟，不得再行妄奏。"④

乾隆时期，满汉畛域益为分明。乾隆二十四年（1759）九月，乾隆帝颁谕内阁："我满洲人等，纯一笃实忠孝廉节之行，岂不胜于汉人之文艺，蒙古之经典欤？今若崇尚文艺，一概令其学习，势必至武事荒废。"⑤ 后来竟有矫枉过正之处，如嘉庆二十五年（1820），嘉庆帝告诫满洲官兵，不应多用鸟枪，以免废弃满洲本业。这是针对当时吉林地方官员上奏，吉林官兵习猎者多用鸟枪，亦佩带弓箭等。嘉庆帝颁谕："满洲行猎旧制专用弓箭，虽间用鸟枪，并非置弓箭于不用。今该处官兵用鸟枪者甚多，可见佩带弓箭，捕牲者甚属寥寥。若不实力整饬，相沿日久，必至不习弓箭，废弃满洲本业矣。"⑥ 乾隆八年（1743）曾发生过一起杭世骏事件。汉人杭世骏考选御史时，在时务对策中提出："意见不可先设，畛域不可太分，满洲才贤虽多，较之汉人，仅十之三四，天下巡抚，尚满汉参半，总督则

① 王连升：《中国宫廷政治》，山西教育出版社 1992 年版，第 99 页。
②③ 昭梿：《啸亭杂录》第 1 卷，中华书局 1980 年版，第 11 页。叶子戏，是一种纸牌游戏。
④ 《世宗宪皇帝圣训》卷三十一，载赵之恒等：《大清十朝圣训》，北京燕山出版社 1998 年版（以下同）。
⑤ 《高宗纯皇帝圣训》卷三十、卷三十一。
⑥ 《仁宗睿皇帝圣训》卷十五、卷二十一。

汉人无一焉，何内满而外汉也？三江两浙，天下人才渊薮，边隅之士，间出者无几。今则果于用边省之人，不计其才，不计其操履，不计其资俸，而十年不调者，皆江浙之人，岂非有意见畛域？"乾隆帝阅后大怒，斥责杭世骏："怀挟私心，敢于轻视（满洲）若此！"下令交部严议，最后革职查办。龚自珍在《杭大宗逸事状》中载："大宗（杭世骏，字大宗）下笔为五千言，其一条云：'我朝统一久矣，朝廷用人，宜泯满汉之见。'是日旨交刑部，部议拟死……乙酉岁（乾隆三十年，1765年）纯皇帝（乾隆帝）南巡，大宗迎驾，召见，问：'汝何以为活？'对曰：'臣世骏开旧货摊。'……上大笑，手书'买卖破铜烂铁'六大字赐之。癸巳岁（乾隆三十八年，1773年）纯皇帝（乾隆帝）南巡，大宗迎驾湖上，上顾左右曰：'杭世骏尚未死么？'大宗返舍，是夕卒。"① 杭世骏之所以为乾隆帝所恶，也是因为他曾多次反对乾隆帝南巡，理由就是劳民伤财。在行政管理上，虽然清朝统治者使用汉人，但是不敢赋予汉人以实权，甚至在思想深处对汉族官员处处揣测和提防。乾隆时期，汉人尹嘉铨曾经担任大理寺卿，自称"古稀老人"，"为王者师"，乾隆帝认为荒唐狂妄，下令将其绞死。②

另外，乾隆时期满汉督抚名额的比例极为悬殊，正如汉人杭世骏所说：天下巡抚，尚满汉参半，总督则汉人无一焉。后来随着形势的变化，这种情况稍有改观，但咸丰初年，各省督抚满人仍据"十之六七"。可见，在咸丰朝之前，满洲贵族对汉族人士戒备和防范的心理是很重的。有人据《光绪大清会典》对内阁、军机处、六部等15个中央机构所有的2303个缺额进行统计，其中，满洲额缺占总数的55.2%，蒙古占8.5%，汉人占18.5%，汉军占4.7%。另外身份不明的占13.1%③。

太平天国运动的兴起，最终改变了这种延续近二百年的满汉政治格局，满汉关系从而有所松动，地方分权增强，汉人出任地方督抚的比重增加。清末官制改革中，经过外务部、商部、巡警部和学部的创建设立，清朝传统官制具备新内容，如满汉复职制度被否定和取消，客观上有利于消除满汉界限，同时也有利于精简机构，提高效率。

在中央监察机构中，满人掌握监察实权。崇德元年（1636）设立都察

---

① 龚自珍：《龚自珍全集》上册，上海人民出版社1975年版，第68页。
② 小横青室主人：《清朝野史大观》第3册，中央编译出版社2009年版，第253页。
③ 李燕光、关捷：《满族通史》，辽宁民族出版社2003年版，第214页。

院，官员以满人为主，参用蒙古人和汉人。初设承政和左、右参政等官，无定员。后定承政1人，左、右参政各2人；理事官，满、蒙、汉各2人；启心郎，满1人，汉2人；额哲库2人。清廷入关定都北京后，于顺治元年（1644）改承政为左都御史，改参政为左副都御史，均无定员。同时，又设左佥都御史汉1人，右都御史、右副都御史、右佥都御史若干人，京师无专员，皆由各省总督、巡抚兼任。顺治五年（1648），增设左都御史汉1人，为正二品。顺治十六年（1659）规定：无论满、汉左都御史均为正二品，并改理事官为监察御史。康熙二十九年（1690），将满汉左都御史列为议政大臣。雍正八年（1730），将左都御史升为从一品。乾隆十三年（1748），裁左、右佥都御史。都察院是中央监察机关，与六部平级。左都御史满、汉各1人，是都察院的主管官员，官阶为从一品。左副都御史满、汉各2人，官阶为正三品。右都御史是总督的兼衔；右副都御史是巡抚、漕运总督、河道总督的兼衔；在京师皆无专员。都察院的职责为："掌司风纪，察中外百司之职，辨其治之得失，与其人之邪正；率科道官而各矢其言责，以饬官常，以秉国宪；率京畿道以治其考察处分、辩诉之事；大政事下九卿议者，则与焉；凡重辟，则会刑部、大理寺以定谳，与秋审、朝审；大祭祀则侍仪，朝会亦如之。"①

## 三、东北旗民的双重管理体制

乾隆时期，清政府对东北旗、民的双重管理体制进行自下而上的调整，双重管理体制开始消解。而光绪元年（1875），盛京将军崇实的改革，是从高层打通旗、民界限，使其瓦解。崇实改革，是东北地方管理体制事权统一的第一步。不过，崇实的改革触及不深，影响改革方案的贯彻实施。例如，盛京五部依然存在，将军、府尹的权力还受到牵制。光绪三十年（1904）七月，汉军旗人、奉天将军赵尔巽奉命筹划裁撤盛京五部，他奏称：

盖自光绪初年，前将军崇实奏定将军一缺兼管兵、农两部，兼带金库印钤，稽查核户部，其余各部事务均令与将军商办，事权已属将军。徒以

---

① 《大清会典》卷六十九。

名目尚在，界限显分，历任将军部臣虽亦力图维挽，无如积重难返，事权不专，百弊丛生，胥根于此，若仍循旧办理，奴才今日之兼管与往年崇实之兼管无殊，不予革除，难言整顿，此中利弊久在。"①

可见，崇实的改革是不彻底的。

此外，东北基层的土地、赋税管理，仍有严格的旗、民之分。至于清政府决定裁撤五部的具体时间，并不知晓。光绪三十一年（1905），赵尔丰奏称："上年奴才入觐天颜，即奉裁五部之谕，到任以后悉收考察，愈服圣断之明。"赵尔丰盛赞清帝决策之英明，奏请清理五部事宜，为裁撤做准备，同时恳请裁撤奉天府府尹，进一步加强将军权力。清政府很快批准赵尔丰的请求，自此奉天将军、府尹、五部互相牵制、分权并立的局面彻底消失，东北旗、民双重管理体制的高层机构被合二为一。旗、民双重管理系统的地方机构，也开始改革，废除旗署逐渐提上日程。清末八旗驻防体制的改革也是自上而下的，副都统是最先被裁撤的八旗驻防组织。从黑龙江将军辖区开始废除副都统的行动。至清末，黑龙江将军共有七个副都统辖区，即齐齐哈尔、黑龙江、墨尔根、布特哈、呼兰、呼伦贝尔、通肯。光绪三十一年（1905），署理黑龙江将军程德全认为，至齐齐哈尔副都统，"与将军同城，势若枝指"；而呼兰城已改设府治，通肯亦设海伦直隶厅，布特哈系打牲部落，牲丁无多，原有两总管分驻，请求将其裁撤。清政府准，齐齐哈尔、呼兰、通肯副都统和布特哈总管在当年首先被裁撤。

光绪三十三年（1907），清政府在奉天设立行省公署，并专设旗务处管理旗人事宜，同时废除各地副都统。《东三省官制改革章程》规定："各处城副都统，官阶过大，动多牵碍，拟照江省裁撤呼兰等处副都统之例，酌拟裁撤，改设兵备道员暨以下各官，以重民治。"不久，吉林、奉天等省副都统亦相继裁撤。副都统裁撤之后，八旗驻防还有为数众多的驻防城、边门、驿站。时至清末，这些驻防的作用日益降低。新式军队、武器的出现，更加速了这一趋势。

如何变通旗制，成为清朝地方行政制度改革的重要问题。最简单的方法是裁撤，然而东北驻防相沿已久，仅奉天旗官，"实缺七百数十员，而

---

① 《奏为归并盛京五部事务办理大概情形事》，清史档案朱批奏折，第一历史档案馆藏档案号04-01-02-0011-021。

候补人员则约三倍之，其数几及千余员之多"。除此之外，还有大量的食粮甲兵，骤然全部裁撤，必然会增加社会动荡不安的因素。光绪三十四年（1908），清政府制定奉天变通旗制度逐年应行筹备事宜办法，主要内容有以下四点：其一，内外城旗官兵额缺自本年起出缺不补，逐年递减，分别筹议改补调用，以及练陆军充巡警、入学校，习工艺办法。有年老者应予恩俸恩饷，终身分年办理。其二，内外城广设小学堂，内城八旗设中学堂、师范学堂、法政学堂、陆军将弁速成学堂、实业学堂等。其三，清理旗地，计口授田。其四，筹设八旗工艺厂及提倡实业事务。

清政府计划用八年时间完成上述改革，所有未尽事宜统归地方办理，专管旗务衙署一律裁撤。宣统元年（1909），吉林省拟定《裁旗缺设民官办法草案》，职官设置方面，较奉天变通旗制的办法更为具体，共分10条。该草案规定旗官出缺不补，将原旗官所管的"旗地大租，旗户词讼"等移交地方官，即州县官员经理。这样，旗官会慢慢减少，直至最终消失。但是，吉林长官又认为，"所有旗丁饷项，旗户生计，及旗户之亲族遗产相续等事，尚未能与普通军民一律办理，故不得不暂留协佐以下各官专理其事"。也就是说，驻防八旗的基层官员要保留一些，而这些未裁撤的旗员则改由旗务处派提调官员管理。如此一来，又增加了专管旗人事务的提调官，但这些提调官员是暂行设置，并非新设旗官。宣统二年（1910），吉林巡抚陈昭常曾特别对提调官的设置及职责、所属加以解释。由此可见，虽然裁撤副都统，又增设提调官，虽名为暂设，也是变名的旗官。其实，清朝统治者必然会考虑旗人生计、前途等问题，不可能立即作出裁撤全部旗官的决定。只要旗人存在，就不可能完全废除旗官，二重管理体制就不可能完全消失。直至清朝灭亡，东北的八旗管理体制才告终结。

# 第二节　满人专衙

清政府的机构中，有些是不许汉人染指的机构，成为满人专衙，如中央机构宗人府、内务府等，在盛京等地的地方机构，表现得也极为突出。

# 一、内务府

内务府是专为清朝皇室服务的机构，是清朝特创的中央行政机构。其全称为总管内务府衙门，长官为总管内务府大臣，简称为内务府大臣或总管大臣，满语称包衣按班（满音 booi amban）或包衣大（满音 booi da）。清初，裁明代二十四衙门并入内务府，专管爱新觉罗一家的日常生活等皇室事务。内务府成员（满语包衣，汉译家奴）可以应试为官，堂、司各官均为满员，官级四品，与外廷之部、院、寺、监各官不相统摄，自成系统，一扫秦汉以来历代宦官窃权之弊政。

内务府下设广储、会计、掌仪、都虞、慎刑、营造、庆丰七司，每司各有郎中、员外郎、主事、笔帖式等官各若干名，与六部各司同。内务府各司，分别掌管宫廷的宴飨、典礼、库藏、服饰、赏赐、营造、牧厂、刑律等事项。七司以外，尚有武备院、上驷院、奉宸苑、总理工程处、养心殿造办处、武英殿修书处、刊刻御书处、御茶膳房、御药房、三旗纳银庄、官房租库、官学、织染局、江宁织造、苏州织造、杭州织造等，分别隶属七司，均统辖于总管大臣。

# 二、宗人府

宗人府是专门管理皇族事务的机构。在清代，宗人府的位置排在内阁和六部之前，目的是要抬高皇族成员的身价。设置宗人府，乃是统治者为保障皇族成员享受特殊政治、生活待遇的一个特别机构。在封建社会中，皇帝的地位至高无上。连其子孙及其家族，也都是天潢贵胄，在身份上有别于其他大家宗姓，更不同于一般黎民百姓。在清代，统治者的家族人员，按派系远近，分为"宗室"和"觉罗"两类。从太祖努尔哈赤父亲算起，凡在此支系之内的，皆称"宗室"，腰系"黄带子"；"觉罗"则为努尔哈赤叔伯兄弟的子孙，规定系"红带子"。有的宗室、觉罗虽因罪遭到斥革，但因血缘关系仍在，又规定已革宗室可系"红带子"，已革觉罗系"紫带子"。所有宗室、觉罗，都享有一定的政治和经济特权。黄带子、红带子是清朝贵族统治阶级的标志。黄带子是皇室的近支，享有如下特权：①领俸饷。凡是黄带子 15 岁起即可领俸饷，每年 18 两。20 岁即为成年男子，每年可领俸饷 36 两。②领赏银。婚丧有红、白赏，娶妻聘礼各领银 30 两，死人领银 50 两，生小孩领银 48 两，续弦领银 20 两。③犯法不归地方官审理，而由宗人府处理。④可凭借政治特权，占有大量山场、林地。据说塔拜的土地有"千日"之多（一日等于六亩）。红带子虽为皇室远支，亦系皇族，也享有经济和政治上的特权。他们所享受的特权，在名目上与黄带子相同，只是数量较少。如红带子要 20 岁才开始领"俸饷"，每年 24 两。孀妇每年领银 12 两，米 18 斛。红、白赏各 10 两。

为了保证皇族人员拥有官职，在朝廷和盛京有关衙门，都规定宗室缺。设有专门的"宗室"、"觉罗"学堂，教肄子弟。

为了管理好这些皇族人员，确保他们的特权和地位，清政府于顺治九年（1652）效仿明朝做法，设立了宗人府这一机构。明清两个朝代的官制中，位置最高者，首推宗人府。在明、清两朝，宗人府都专办皇族一家之私事。所不同者，清朝宗人府官，其长为宗令，身带宗人府印钥，由最受尊重的亲王担任，下设左、右宗正和左、右宗人，分别任以亲王、郡王或贝勒、贝子，其为满族贵族之专缺。值得一提的是，宗人府的府丞，不为满缺而定为汉缺，下属亦参用汉主事与汉经历。府丞掌校汉文册籍，须有汉主事、汉经历为之襄助。

宗人府设宗人令 1 人，左、右宗正和左、右宗人各 1 人，分别挑选亲王以下、辅国将军以上爵位的人担任。怡亲王载垣曾于咸丰三年（1853）七月授宗人府宗令。郑亲王端华曾于咸丰四年（1854）九月授宗人府右宗正，管理宗人府银库，负责颁发宗室养赡银及宗室、觉罗的赏恤银等。还有府丞、堂主事、供事、理事、笔帖式等职，各掌文书档案之事。宗人府"掌皇族之属籍，以时修辑玉牒，办昭穆序爵禄，均其惠养而布之教令，凡亲疏之属胥受治焉。"[1]宗人府的职责有：登录宗室、觉罗成员出生、婚嫁、爵秩事宜，定期修造谱牒（称"玉牒"或"仙源集庆"）；掌管宗室封爵、赐谥、排班，如王公们在紫禁城入直、巡幸扈从、祭祀陵庙，也通过宗人府照例安排；尚未授封的王公子弟，或虽已赐封，但未满年岁以及镇国将军以下宗室等，每一季度都要到府演习步射、面试满语，年末由皇帝

---

① 李鹏年等：《清代中央国家机关概述》，紫禁城出版社 1989 年版，第 89 页。

钦点亲王大臣总阅成绩。另外，宗人府还负责宗室出任将军者 3 年 1 次的"军政"和王公将军 5 年 1 次的简阅军器；在宗室、觉罗中设立族长，训诫族人，发放各种优恤银两；皇族中有孝友贞节者予以旌表、贤能人士则报请录用；王公将军中凡无兼职者，议叙、议处皆归宗人府专办；有兼职者则会同吏部、兵部定议。宗室、觉罗及额附，亦如例照办；宗室、觉罗讼诉之事，由宗人府会同户部、刑部议决，所判之罪由宗人府监督执行，大罪则奏闻候旨执行。

八旗的基层组织为佐领，满语称牛录，其首领为牛录额真，后改称牛录章京，汉译均为佐领，每一佐领设一族长，每八佐领为一旗，每一旗设一总族长。八旗总族长均由宗人府派亲王、郡王充任，实行分旗管理。

## 三、理藩院

理藩院为清代新创设的中央行政机构之一。清朝理藩院是管理民族事务的国家机关，管辖蒙古、西藏、回疆、青海和苗疆等地的民族事务。总理衙门设立之前，还负责处理外交事务。因为全国最高统治者满族贵族本身也是少数民族，故深知民族问题及其政策在国家行政措施中的重要性。理藩院为清朝特创，且为两千年来历代封建王朝所无，成为清代官制中最大的特点之一。

清朝入关之前，已与蒙古交往颇为频繁，皇太极于崇德元年（1636）下令设置处理蒙古事务的专门机构——蒙古衙门，并派官员往漠南蒙古察哈尔、喀尔喀、科尔沁诸部"查户口、编牛录、会外藩、审罪犯、颁法律、禁奸盗"。后来，清政府与其他民族的往来日渐频繁，交往日多，故又将蒙古衙门改为理藩院，以适应其长远之需。崇德三年（1638），蒙古衙门改称为理藩院，派官员阿什达尔汉及尼堪等人往科尔沁等部"察审备案"。这时理藩院行使职权尚无成文法规，只能听凭皇帝的旨令。崇德八年（1643），理藩院将太宗时期颁发的"蒙古例"进行修补和整理，形成正式法律，以《蒙古律书》的名称颁发。理藩院只管理内外蒙古、回部（新疆维吾尔各族）和番部（藏族）的事务，西南各民族并不包括在内。顺治十八年（1661）八月，康熙帝即位后不久，清政府认为管理蒙古事务的理藩院责任重大，于是定理藩院等级与六部同。理藩院尚书照六部尚书例，入议政之例。此项立法提高了理藩院的地位。

理藩院官员设置与中央各衙门相同。长官有尚书、左右侍郎各一人，以满人充任，间亦有蒙古人为之者。僚属有郎中、员外郎、主事、笔帖式各若干人，除笔帖式中有数名按例由汉军充任外，余皆为满、蒙缺，而无一汉缺。这是因为有关满、蒙、藏、维各民族来往交涉之事，有关谕旨与奏折俱用满、蒙、藏、维文书写，汉人多不通其语言文字，也很难参与其中。

雍乾嘉时期，理藩院根据西北各民族的不同特点和统治需要，制定了一系列民族单行法规，主要有针对蒙古民族的《蒙古律例》，针对青海蒙藏民族的《禁约青海十二事》、《蕃例条款》，针对新疆的《回疆则例》、《新疆条例》，等等。所有这些，都是清朝统治者调整民族关系、实现其在全国政治统治的反映。如《回疆则例》中规定，伊犁将军、乌鲁木齐都统以及分驻各地的参赞大臣、办事大臣和领队大臣都由满族八旗担任，既统率驻疆的满洲、索尼、锡伯、蒙古和绿营军队，又代表国家管理地方事务。如伊犁将军是中国14个将军之一，是"总统伊犁等处将军"的简称。从表2-1可以看出，自乾隆二十七年（1762）设置伊犁将军至清末，共56任41人，其中蒙古旗人6人（海禄、保宁、松筠、长龄、庆祥、广福），汉军旗2人（马亮、李云麟），其余均为满洲旗人（除了关福旗籍不详）。其中，保宁连任四届，伊勒图、松筠连任三届，连任两届的有9人（明亮、晋昌、长龄、德英阿、奕山、札拉芬泰、常清、长庚、广福）。曾任伊犁将军的满蒙大员，后来出任军机大臣等职，成为清代重臣的不乏其人，如舒赫德、永贵、明亮、松筠、玉麟、阿桂、长龄等。

表2-1　伊犁将军

| 序号 | 伊犁将军 | 任期起止 | 旗份 |
|---|---|---|---|
| 1 | 明瑞 | 乾隆二十七年十月至三十二年三月 | 满洲镶黄旗，富察氏，承恩公傅文之子，孝贤后侄。官至兵部尚书。阵亡于征缅战争 |
| 2 | 阿桂 | 乾隆三十二年三月至三十三年四月 | 满洲正蓝旗，章佳氏，抬入正白旗，大学士阿克敦之子。官至军机大臣、大学士 |
| 3 | 伊勒图 | 乾隆三十三年七月至三十四年十月 | 满洲正白旗，纳喇氏。官至兵部尚书，加太子太保。因丁忧一度离任 |
| 4 | 永贵 | 乾隆三十三年十月至三十四年十月 | 满洲正白旗。署理 |

| 序号 | 伊犁将军 | 任期起止 | 旗份 |
|---|---|---|---|
| 5 | 增海 | 乾隆三十四年十月至三十四年十二月 | 满洲正蓝旗，宗室。署理 |
| 6 | 伊勒图 | 乾隆三十四年十二月至三十六年七月 | 满洲正白旗。复任 |
| 7 | 舒赫德 | 乾隆三十六年十月至三十八年七月 | 满洲正白旗，舒穆禄氏，大学士徐元梦之子。晋武英殿大学士 |
| 8 | 伊勒图 | 乾隆三十八年七月至四十八年六月 | 满洲正白旗。复任 |
| 9 | 索诺木策凌 | 乾隆四十一年 | 满洲镶黄旗 |
| 10 | 明亮 | 乾隆四十八年六月至四十八年七月 | 满洲镶黄旗 |
| 11 | 海禄 | 乾隆四十八年七月至四十八年八月 | 蒙古正蓝旗 |
| 12 | 伊勒图 | 乾隆四十八年八月至五十七年七月 | 满洲正白旗 |
| 13 | 奎林 | 乾隆五十七年七月至五十九年九月 | 满洲镶黄旗，富察氏。承恩公傅文之子，明瑞之弟 |
| 14 | 永铎 | 乾隆五十二年九月至五十二年十一月 | 满洲镶蓝旗，宗室 |
| 15 | 保宁 | 乾隆五十二年十一月至五十五年六月 | 蒙古正白旗，图伯特氏，靖边将军纳穆扎勒之子。晋武英殿大学士、加太子太保，授领侍卫内大臣 |
| 16 | 永保 | 乾隆五十五年四月至五十六年三月 | 满洲镶红旗 |
| 17 | 保宁 | 乾隆五十六年三月至五十九年十二月 | 蒙古正白旗 |
| 18 | 明亮 | 乾隆五十九年十二月至六十年九月 | 满洲镶黄旗，富察氏，孝贤后侄，都统广成之子，多罗额驸。历任西安将军、兵部尚书、内大臣、大学士等职 |
| 19 | 保宁 | 乾隆六十年九月至嘉庆五年正月 | 蒙古正白旗。复任 |
| 20 | 松筠 | 嘉庆五年正月至五年闰四月 | 蒙古正蓝旗。未赴任 |
| 21 | 保宁 | 嘉庆五年闰四月至七年正月 | 蒙古正白旗。再任 |
| 22 | 松筠 | 嘉庆七年正月至十四年三月 | 蒙古正蓝旗。复任 |
| 23 | 晋昌 | 嘉庆十四年三月至十八年六月 | 满洲正蓝旗，宗室 |
| 24 | 松筠 | 嘉庆十八年六月至二十年十月 | 蒙古正蓝旗。再任 |
| 25 | 长龄 | 嘉庆二十年十月至二十二年二月 | 蒙古正白旗，萨尔图克氏，尚书纳延泰之子。管理兵部、户部，晋太傅 |
| 26 | 晋昌 | 嘉庆二十二年二月至二十五年四月 | 满洲正蓝旗，宗室。复任 |
| 27 | 高杞 | 嘉庆二十二年二月 | 满洲镶黄旗。署理 |
| 28 | 庆祥 | 嘉庆二十五年四月至道光五年十一月 | 蒙古正白旗，图伯特氏，前伊犁将军、大学士保宁之子。张格尔叛乱，庆祥守城自刭 |
| 29 | 德英阿 | 道光五年九月 | 满洲镶蓝旗。署理 |
| 30 | 长龄 | 道光五年十月至七年九月 | 蒙古正白旗。复任 |
| 31 | 德英阿 | 道光六年七月至九年六月 | 满洲镶蓝旗，赫业氏 |

| 序号 | 伊犁将军 | 任期起止 | 旗份 |
|---|---|---|---|
| 32 | 玉麟 | 道光九年六月至十二年九月 | 满洲正黄旗，纳喇氏。上书房总师傅，加太子少保、晋太子太保 |
| 33 | 特依顺保 | 道光十二年九月至十八年四月 | 满洲正白旗，钮祜禄氏，大臣、太子太保 |
| 34 | 奕山 | 道光十八年四月至二十年三月 | 满洲镶蓝旗，宗室。其间丁忧离任 |
| 35 | 关福 | 道光十九年正月至二十年三月 | 旗籍不详。暂署 |
| 36 | 布彦泰 | 道光二十年三月至二十五年十一月 | 满洲正黄旗，颜札氏，副都统珠尔杭阿之子。调任陕甘总督 |
| 37 | 舒兴阿 | 道光二十五年十一月 | 满洲正蓝旗。署理 |
| 38 | 萨迎阿 | 道光二十五年十一月至三十年十一月 | 满洲镶黄旗，钮祜禄氏 |
| 39 | 奕山 | 道光二十五年十一月至咸丰四年十月 | 满洲镶蓝旗，宗室。复任 |
| 40 | 扎拉芬泰 | 咸丰四年十月至六年十月 | 满洲正黄旗 |
| 41 | 常清 | 咸丰六年十月至七年四月 | 满洲镶蓝旗，宗室。农民起义爆发，城破，被起义军民俘获，旋病死 |
| 42 | 扎拉芬泰 | 咸丰七年四月至十年七月 | 满洲正黄旗，复任 |
| 43 | 常清 | 咸丰十年七月至同治三年十月 | 满洲镶蓝旗，宗室。复任 |
| 44 | 明绪 | 同治三年十月至五年五月 | 满洲镶红旗，诺洛氏。五年五月，惠远城陷，自尽 |
| 45 | 李云麟 | 同治五年五月 | 汉军正白旗，代办 |
| 46 | 荣全 | 同治五年五月至光绪二年十月 | 满洲正黄旗，瓜尔佳氏 |
| 47 | 金顺 | 光绪二年十月至十一年八月 | 满洲镶蓝旗，伊尔根觉罗氏。因兵勇哗变被召回京，行至甘肃病卒 |
| 48 | 锡纶 | 光绪十一年八月至十二年八月 | 满洲正蓝旗 |
| 48 | 色楞额 | 光绪十二年八月至十六年五月 | 满洲正白旗，达斡尔人，郭贝尔氏，察哈尔副都统都尔通阿之子 |
| 49 | 富勒铭额 | 光绪十六年五月 | 满洲镶白旗。署理 |
| 50 | 长庚 | 光绪十六年五月至二十七年七月 | 满洲正黄旗，伊尔根觉罗氏 |
| 51 | 马亮 | 光绪二十七年七月至三十一年六月 | 汉军正黄旗 |
| 52 | 广福 | 光绪三十一年六月至三十二年六月 | 蒙古正蓝旗。署理 |
| 53 | 长庚 | 光绪三十一年六月至宣统元年五月 | 满洲正黄旗。复任。两任伊犁将军前后近16年 |
| 54 | 广福 | 宣统元年五月至三年正月 | 蒙古正蓝旗，复任 |
| 55 | 志锐 | 宣统三年正月至三年十月 | 满洲正红旗，陕甘总督裕泰之孙，知府长敬之子，两个妹妹分别为光绪的瑾妃、珍妃。被革命党人所杀 |
| 56 | 额勒浑 | 宣统三年十一月 | 满洲正白旗 |

资料来源：据《清代各地将军都统大臣等年表》、《清实录》、《清史列传》等资料制成。

理藩院下设六司，执掌有别。旗籍司掌内蒙古的疆理、封爵、谱系、邮传、游牧诸务；王会司掌内蒙古的朝觐、贡献、赏赐诸务；典属司掌外蒙古的邮驿、屯田、互市诸政令；柔远司掌外蒙古的宗教、朝贡诸务；徕远司掌回部的年班、职贡等事；理刑司掌蒙、回等各部的刑罚事宜。由此可见，旗籍、王会两司为专管内蒙古而设，典属、柔远两司为专管外蒙古而设，徕远一司为回部而设，而理刑一司则为办理内外蒙古、回部、番部诸民族各种不同刑法而设，以区别对待。

清朝是以满族贵族为主体的封建政权，必然要在法律上表现出维护满族特权及满族统治的特性，其民族立法中，十分重视将满族统治者的优越地位体现在法律的许多条款之中，巩固清政府对少数民族地区的统治。如清政府在西藏设置驻藏大臣，从雍正五年（1727）至宣统三年（1911）的185年中，先后向西藏派驻正、副驻藏大臣总计141人①，这100多位驻藏大臣中，绝大多数是满族出身，只有少数几个是蒙古人和汉人。驻藏大臣到达西藏后，清政府通过种种法律、条例和章程来巩固他们的政治地位，并使之掌握实权，真正发挥代表清朝中央政权监督西藏地方政权、统治人民的作用。中国西藏地处偏远，区域广袤，各地风俗习惯迥异，政治、宗教关系复杂，外事、民事纠纷不断。如何治理西藏，是自元朝以来历朝中央政府极为关注的政治议题。清朝中央政府创设驻藏大臣制度，标志着治理西藏的能力达到了一个前所未有的高度。

清政府缘何设立驻藏大臣呢？它是由清朝派官员进藏处理事务发展而来的。驻藏大臣制度创设于雍正朝。驻藏大臣制度设置之前，清朝中央政府派往西藏的官员均属专差，一般不涉足处理西藏地方更多的事务，完成中央政府交付的具体任务后即返京交差。当时，赴藏官员既无固定的衙门机构，又未形成一系列配套典章制度，所派人员任职期限亦不定，短则几个月，长则一年。雍正五年（1727年），西藏内部发生叛乱，藏王被杀。清政府为安定西藏局势，决定从次年起设驻藏大臣。起初，驻藏大臣制度并不完善，它经历了一个权力逐步提高和强化、制度不断健全和完善的过程。该制度创建之始，驻藏大臣权力限于统领驻藏官兵，督导藏王总理西

---

① 关于驻藏大臣从雍正五年正式设立以来，在清一代的派驻人数，有不同的说法，如132人、136人、138人等。祁美琴、赵阳：《关于清代藏史及驻藏大臣研究的几点思考》，《中国藏学》2009年第2期。

藏事务。乾隆帝登基后，曾密谕该朝首任驻藏大臣纪山说："伊系驻藏大臣，凡事亦果断，"对于地方"应教导者即为教导，应防范者即为防范，惟视事之轻重，随机办理。"① 乾隆十五年（1750年），驻藏大臣为叛酋珠尔墨特那木扎勒所害。中央政府平息事态后，于次年（1751年）颁行《酌定西藏善后章程十三条》，废王爵，设噶厦（地方政府），任命四噶伦（三俗一僧）以分权，在驻藏大臣以及达赖喇嘛统御下协办藏务。乾隆五十七年（1792），乾隆帝指示驻藏大臣：

嗣后藏中诸事，皆当隶驻藏大臣管束料理……不得仍前任听达赖喇嘛、噶伦等专擅……对于达赖喇嘛，不可过于崇奉，俾擅事权；亦不可稍露轻忽，致失众望，务须留心体察，处置得宜。②

清中央政府缘何实施"以法治藏"呢？

乾隆末年，清政府在出兵戡平廓尔喀入侵西藏事件后，大将军福康安、驻藏大臣和琳等人，奉命于乾隆五十七年末至五十八年初（1792~1793年），数月间拟定起草了有关西藏地方并驻藏大臣衙门应遵照执行的章程共计101条，以后又从中汇总若干条，经中央政府核准后，正式颁行西藏地方政府遵行，这便是对后世颇具影响的《钦定藏内善后章程二十九条》。

乾隆五十八年（1793年），清政府出兵平定廓尔喀入侵西藏后，乾隆帝有鉴于西藏地方各项制度松弛、政治腐败、军备不修、弊端颇多，致使大敌当前，无资抵御，所以决心大力整顿西藏事务，他颁旨"一切事权，俱归驻藏大臣管理"。③ 正式颁行《钦定西藏善后章程二十九条》，该章程是一个划时代的里程碑，标志着清政府在西藏的施政措施已经达到比较完备的阶段。它集西藏地方一切权力于驻藏大臣一身，并以法律条款的形式确立了以驻藏大臣为主的西藏行政体制，进一步提高和加强了驻藏大臣的权力和地位，成为治理西藏的最高行政长官，从此确立了此后一百年西藏的政治、赋税经济、军事等制度。

为了完善治藏法规，清朝以中央政府的名义颁发了一系列基本法规，除了《钦定西藏善后章程二十九条》，还有《西藏善后章程十三条》、《裁禁

---

① 《西藏研究》编辑部：《清代藏事辑要》，西藏人民出版社1983年版，第151页。
② 牙含章：《达赖喇嘛传》，人民出版社1984年版，第72页。
③ 顾祖成、王观容、琼华等：《清实录藏族史料》，西藏人民出版社1982年版，第7集，第3499-3500页。

积弊章程二十八条》，都是赋予驻藏大臣总理西藏一切事务之权，包括行政、人事、宗教、监管、军事、司法、外交、财税等大权，驻藏大臣牢牢掌握西藏一切大权，深深地影响着清代及其以后中央政府对西藏的施政。驻藏大臣作为中央政府的全权代表对西藏地方进行施政管辖，充分体现了中央政府对西藏主权的统辖关系。历任驻藏大臣对上直接受皇帝指挥，秉承中央政府政令办事。其奏章直陈，不隶属中央部院。凡涉及与中央主管机构——理藩院有关事项，先由皇帝下部院议，后呈皇帝饬驻藏大臣遵照执行。在西藏，驻藏大臣主持一切政要。①

中央政府的治藏之策，具体而言，即"一法五策"。所谓"一法"，就是以法治藏；所谓"五策"，就是监管宗教、涉外事权、赈济灾民、整肃吏治、整饬军备。

一是驻藏大臣拥有对西藏宗教活动的监管权，位高权大。

每逢达赖圆寂，管理西藏事务的职权出现空缺，在转世灵童年幼期间，西藏地区的社会稳定将受到影响，中央政府也难以有效地对西藏地区进行治理，这几乎成为政治循环之规。清中央政府深谙藏传佛教对西藏社会和政治格局影响的重要性，遂综括前朝的经验，颁行《钦定藏内善后章程二十九条》，对如何管理僧众、护持宗教都有明确规定。

清中央政府规定：包括达赖、班禅在内的西藏各级重要官员均遵守驻藏大臣的指示。从乾隆、嘉庆到道光，几朝皇帝均反复谕旨八世、九世、十世达赖喇嘛："尔喇嘛（尔呼毕勒罕）乃黄教企望之大喇嘛，嗣后惟感激主朕恩，一应事件，遵照钦差大臣指示（或教导）办理。"乾隆时期，达赖喇嘛曾一度通过年班贡使直接奏禀朝廷。乾隆帝认为这样做有损驻藏大臣权力，特别是易致掣肘，旋即下令禁止，并昭示达赖、班禅及全藏一切陈禀及西藏地方一切应办事宜，皆须经驻藏大臣转奏皇帝裁决，达赖本人不得直接禀朝廷，更无权私自决定。②乾隆帝为何如此三令五申此项规定，就是绝不允许出现驻藏大臣、达赖喇嘛、班禅额尔德尼三方各自掌政一隅，三足鼎立的局面。在理论上，驻藏大臣总理阖藏事务，地位与达赖

---

① 中国藏学研究中心等编：《元以来西藏地方与中央政府关系档案史料汇编》，中国藏学出版社1994年版，第3册，第825-834页。

② 国家民委《民族问题五种丛书》编辑委员会：《〈民族问题五种丛书〉及其档案汇编》，中央民族大学出版社2005年版，第623页。

喇嘛、班禅额尔德尼平等；但在实际执行过程中，即权力的实施上，则远超其上。

乾隆时期实施的金瓶掣签制度，更是国家治理宗教、民族事务能力的一次重大提升。在西藏地区，对达赖、班禅等著名活佛进行金瓶掣签时，驻藏大臣是一个不可或缺的重要角色，他不但参加金瓶掣签仪式，而且要代表中央政府主持和监督整个掣签的全过程，并亲自拈定转世灵童。驻藏大臣不到场，就不能进行金瓶掣签，擅自进行金瓶掣签，无法得到中央政府的认可，而且也是不合法的行为。驻藏大臣在达赖喇嘛、班禅额尔德尼等大活佛转世灵通的认定；经师的选任；法会活动的举办；大呼图克图（大活佛）进出藏区朝谒、进贡、请佛等宗教事务上的料理，无不亲力亲为，对规范藏传佛教仪轨、整肃寺院管理弊端，密切藏区宗教上层人士与清朝中央关系等发挥了重要作用。从这一点看，金瓶掣签制度的实施，实际上扩大了驻藏大臣的影响，也进一步强化了驻藏大臣的权力和地位。客观而言，它对中央政府全面加强对西藏地方的治理起到了积极的作用。

二是赋予驻藏大臣极大的外事权，以利守疆保土。

有清一朝，藏地历遭外扰，尤其是自近代以来，边事不稳。据不完全统计，中央政府对于西藏边务遭受外敌入侵，不惜耗费巨金，动用数十万大军，远征进剿来犯之敌，清朝前期较大的用兵就达 5 次之多。为此，中央政府颁行系列法规，严正外交，维护主权。其中《钦定藏内善后章程二十九条》规定：西藏外事权集于中央，统归驻藏大臣负责办理，凡关于边界的重大事务，要根据驻藏大臣的指示办理；所有噶伦不得私自向外方藩属通信。[①]综观有清一朝，绝大多数驻藏大臣都始终以国家、民族利益为原则，恪尽职守，慎重处理了廓尔喀（尼泊尔）与西藏的货币往来积弊、英国来藏通商、藏哲（哲孟雄，今锡金）的边界纠纷、亚东开关通埠等涉外事务，并与藏族人民同命运、共患难，维护了国家主权和领土完整。

雍正年间，准噶尔部落入侵西藏，清廷派大军将其驱逐，并令驻藏大臣派兵继续设卡防御，定期轮回巡视边界，以使准军不敢再犯，从而使西藏相安多年。乾隆末年，廓尔喀入侵后藏，中央政府派兵入藏，若干民族组成近两万大军，千里迢迢，驻藏大臣督办前后藏乌拉台站粮饷转运事

---

① 国家民委《民族问题五种丛书》编辑委员会：《〈民族问题五种丛书〉及其档案汇编》，中央民族大学出版社 2005 年版，第 621 页。

务。经过一年多的征战，打败了侵略者，追回了扎什伦布寺被劫金册及贵重财物，拯救出被掳往境外的官弁及百姓。道光至咸丰朝，西藏又遭拉达克地方军及廓尔喀的两次进犯。第一次战争，驻藏大臣下令藏军数千征讨，击毙敌酋、歼敌 200 余，俘敌 800 人，收复失地 1700 余里，取得胜利。第二次战争，驻藏大臣赫特贺、满庆征调汉藏弁兵 200 余与敌战斗。此间逢国内太平天国运动，清廷无力顾及藏边，而西藏亦因十一世达赖圆寂，无暇用兵，地方军战斗力不强，致使战斗失利，驻藏大臣被迫签订了《藏尼条约》10 条。条约虽不平等，但足以说明驻藏大臣在西藏重大军事行动即保疆为国承担责任。

时至清末，国势衰败，内忧外患。自 19 世纪末，英、俄等帝国主义为谋求扩张殖民领土的欲望，以"探险"、"游历"、"传教"等为幌子，渗透藏区。英帝国主义甚至悍然对西藏发动了两次侵略战争。光绪中叶，驻藏大臣文硕主张抗英，支持藏民的民族自卫斗争，领导隆吐山抗英斗争，抵制中央政府的妥协退让。① 后遭革职处分。他留藏期间，仍主张正义，上书筹饷、筹兵、筹将等自卫之计，督促地方政府派官亲临前线指挥作战，并面授各种作战机宜等。② 1904 年，英军兵临拉萨城下，以大炮、刺刀直接强迫地方政府签订了非法的《拉萨条约》。英帝为离间西藏与中央政府的隶属关系，达到长期侵占我国领土的目的，首先在赔款期限上，拒不同意清政府代付 250 万卢比赔款，要求西藏地方政府每年只偿还 10 万卢比。驻藏大臣张荫棠识破其险恶用心，态度鲜明，毫不相让，与英人展开激烈争论，坚持由清政府 3 年内付清赔款，尽早收回国土。英人一计不成，另生一计，在赔款方式上大做文章，故意要噶伦将赔款支票亲自交与英人，显然这违背了清朝中央政府关于英国与西藏地方之间不得私下往来的规定。英人的无理要求当然遭到驻藏大臣的严绝。事后，英帝侵藏头子荣赫鹏也确信："张荫棠氏之旨趣，殆欲坚决行使中国在藏主权，而不许地方当局自决，并欲阻碍英藏间一切交往。"

为了挽回主权，粉碎英帝分裂西藏的阴谋，驻藏大臣在事关国家主权的大是大非面前，坚决维护西藏事务应由中央政府出面做主对外交涉主权

---

① 《文硕奏牍》第三卷，第 14—15 页；第四卷，第 15 页。
② 《清德宗实录》卷二百五十二，第 3—4 页，第 8—9 页；卷二百五十三，第 13 页。

的原则，维护国家主权。

三是整肃吏治，戡定内乱，维护政治权威和社会稳定。

驻藏大臣负有维护社会治安、戡除内乱等重任。驻藏大臣在藏王康济鼐被杀、廓尔喀（尼泊尔王国）战争善后、策墨林摄政、四川瞻对等事件的处理上，均能秉公执法，悉心办理，及时平定了内乱，确保了政令畅通，维护了驻藏大臣的权威和西藏社会的稳定。尤其是廓尔喀战役之后五十年间，西藏地方及周边邦国相安无事。

有清一代，藏区曾多次发生内乱。乾隆十一年（1746年），前藏发生了达赖拉章苏本堪布扎克巴达颜以咒术诅咒郡王颇罗鼐之事，致使郡王与达赖喇嘛产生了矛盾。驻藏大臣傅清获知后，即命调查该事，弄清事实，将造谣者抓获并予以严惩，平息事端。此后几年，珠尔默特那木扎勒袭其父颇罗鼐"郡王"之位后，多行不义，乖戾诡谲，"自立名号"，杀其兄侄，荼毒属部，他还与达赖喇嘛构衅，勾结准噶尔部发兵以为声援，竟造谣奏撤驻藏官兵，并广布私探，连驻藏大臣的一举一动都敢侦探，还阻绝驻藏大臣与中央政府塘汛往来，以致军书数日不能送达。最后，他还调兵运炮，拟杀尽钦差大臣并塘汛官兵的客民，阴谋发动分裂叛乱。在此紧要关头，驻藏大臣傅清、拉布敦临危不惧，不顾乾隆皇帝"你二人孤悬在藏，甚属危险，未可轻举"的劝谕，将叛酋引至驻藏大臣衙门，数其罪恶将其正法。因寡不敌众，二大臣或自刎，或战死。[1]为表彰二人壮烈，乾隆帝令在驻藏大臣衙署旧址建立了"双忠祠"。[2]

四是驻藏大臣发展经济，赈恤灾黎，爱抚庶民。

为整饬西藏吏治，清中央政府赋予了驻藏大臣主管西藏地方经济与财税的大权，包括西藏地方财税管理，达赖喇嘛与班禅额尔德尼的收支用度、对外贸易、地方货币制造等。按照章程规定，历任驻藏大臣不仅设立了宝藏局，铸造了乾隆宝藏、道光宝藏、宣统宝藏等地方货币，而且及时查核各项税收及开支。乾隆五十七年（1792年），中央政府为了遏制廓尔喀以劣质合金币流入西藏，换取我同等重量的银子，从中谋取巨额暴利，在驻藏大臣并四川总督多方呼吁努力下，终于圆满地监督鼓铸流通"乾隆

---

① 《西藏图政》，西藏人民出版社1982年版，第218页。
② 张羽新：《清政府与喇嘛教》，西藏人民出版社1988年版，第367页。

宝藏"银币,在西藏首次实行银本制。在反映主仆隶属关系的土地问题上,清代凡受封过的汗王、高僧大德、郡王、第巴、噶伦等,无不以"奉皇帝圣谕"向属下贵族寺院颁发封地文书。驻藏大臣设立以后,一些曾得到过封地文书的僧俗领主又呈请驻藏大臣发给土地文书执照、令牌等。

为发展藏区经济,改善与促进民生,驻藏大臣颁令减免百姓租赋和徭役,抚恤救济受灾民众,赢得了藏民的广泛支持。18世纪末,廓尔喀侵藏战祸数年之际,广袤的后藏地区战祸犹在,满目疮痍。此时,天花痢疾泛滥西藏,患病罹难者甚多。按当地风俗,患者皆被驱之旷野岩洞或山崖下,任其冻饿,无一生还。为救济灾民,驻藏大臣下令修房设寨,捐廉购办药品、柴草及食物,仅半年光阴"治愈患者数百人","全活者十有其九"。①如驻藏大臣和琳订立了一切卫藏章程,抚辑藏族各部落,劝例达赖、班禅定例捐粮救助痘疹患者,辟地为穷苦百姓建造义冢公地,掩埋尸首等。驻藏大臣针对西藏战后大片土地荒芜、牲畜死亡、房屋坍塌、百姓衣不遮体、食不果腹,而地方政府种种苛捐杂税及世家、寺庙和官吏横行霸道,迫使其大量逃亡的实情,采取果断措施,奏请中央政府允许达赖豁免了本年应交粮石计银5万余两,及节年所欠粮银4万余两。驻藏大臣还携银4万两分三路救济后藏各地灾民,招回逃亡失业者、散给糌粑及青稞种子,修好坍房,为其迅速耕作生息、摆脱穷困境地,提供了可能。驻藏大臣们为落实长期赈恤计划,还酌定有关章程十条,勒令地方政府减租免役、严禁地方官勒榨劳苦百姓,草除弊端、发展生产,改善人民生活和条件;等等。②

时至清末,藏区局势岌岌可危,光绪三十二年(1906年),驻藏大臣张荫棠目睹英帝侵藏暴行,他多次上奏中央政府:藏区为川、滇、秦、陇四省屏蔽,设有疏虞,不堪设想。惟用兵收回政权、整顿西藏、泯灭外人觊觎之心。面对地方官员之无能,即弹劾了昏愦误国之官员10余人。为挽救危局,他认为只有效法欧美变法图强,实行改革,方能安民治藏,他立即着手整顿西藏内部事务,主张优待达赖、班禅,恢复藏王制,并以汉官监督;清查户口、租赋,设西藏行部,会办大臣统治全藏,分理九局事

---

① 《卫藏通志》第14卷下,第496页。
② 多杰才旦等:《元以来西藏地方与中央政府关系研究》,中国藏学出版社2005年版,第584-587页。

务（外交、督练、财政、学务、盐茶、巡警、农务、工商、路矿）；筹饷、添练新兵、兴办教育、革除苛政、废除差役等。

协调民事，平息讼争，维护司法秩序。善后章程规定，西藏地方无论公诉民诉，驻藏大臣均须秉公办理；凡大案、要案应事先报请驻藏大臣衙门备案、核拟办理；没收财产一类，亦应报请驻藏大臣批准。鉴于此，历任驻藏大臣在调处民间庄园、田产纠纷；官员财产争执；寺院活佛间利益纠纷；喇嘛间布施讼争等事项上花费了大量心血和精力。他们权衡各方利益，多方协调关系，竭力平息事态，妥善处置各类民事冲突，为维护西藏地方局势稳定和百姓权益，维护司法秩序做出了贡献。

五是整饬军备，建立一个较为完备的地方军事系统，守边疆御外侮。

善后章程赋予驻藏大臣对西藏拥有所有军事指挥权。规定：西藏地方设立驿站、编练藏军、驻防营伍、统率绿营、调遣兵马、卡隘防御、军事官员任免、征用和发放粮草与军饷等所有军事指挥权均统归驻藏大臣。驻藏大臣不仅组建编练了3000多名正规藏军，每年定期轮流巡察边界，而且在清末西藏政局混乱、军备疲软之际，努力整编军队、修建军营、搭建工事、设立塘汛、筹备粮饷、改进装备等方面做出了积极努力，勉力维系了一个较为完备的西藏地方军事系统，使之成为处理对外关系、维护国家主权的有力后盾。

设立于乾隆时期的驻藏大臣制度，使中央政府治藏达到了一个前所未有的治理高度，因为这一制度对于巩固国防、维护国家统一和民族团结，促进西藏地区经济社会发展，产生了积极的历史作用。

首先，加强了中央政府与西藏的直接联系。总揽西藏政务驻藏大臣制度是清朝治理西藏的一项根本措施，同时也是清朝对西藏由间接管理推进到直接管理的标志。驻藏大臣制度是清朝实施的重要治藏制度，它与蒙古汉王制度、郡王制度、噶厦制度、金瓶掣签制度、摄政制度一起，共同构建了比较完整的清中央治藏制度体系。正是由于驻藏大臣制度对上述政治制度起着统揽全局的功能，对于清中央政府在西藏地方的行使主权和施政管辖，发挥着至关重要的基础性作用。

其次，驻藏大臣治藏之策，实际上也是清中央政府治藏之策。通过颁发系列法规，从法律上赋予驻藏大臣治藏的最高行政权威，才得以致力于西藏地方的政治稳定和经济社会发展，有效监督和管理西藏地方的政治、外交、军事、宗教、文化、经济等各项事务这些法令对于维护当时国家的统一、促进西藏地方的稳定与发展都发挥了重要的作用。

最后，历任驻藏大臣积极执行清中央政府旨意，安辑藏政，稳定西藏，巩固边陲，维护了清朝的统一。历任驻藏大臣大多能够忠实贯彻和执行中央政府的治藏方针，制定和颁布西藏地方政策，决策与管理西藏地方事务。驻藏大臣全力治藏，包括改善民生、治理吏治，得到了西藏僧俗民众的支持，提高了威望，进而增强了对清中央政府的向心力。据统计，在驻藏大臣制度存续的 185 年间，清中央政府共向西藏地方派遣驻藏大臣176 人次（138 人）。驻藏大臣中亦不乏昏庸无能之员，但在总体上看，亦不影响驻藏大臣制度的历史功绩。在近两个世纪的时间里，一百多位驻藏大臣先后赴藏任事，多项治藏章程相继出台，机构建制不断充实健全，驻藏大臣职能设定与职权范围不断扩大，影响力不断增强，政治地位更加巩固，中央对西藏行使主权与施政管辖的能力得到全面的提升和加强。

咸丰十年（1860）总理衙门设立后，理藩院处理外交的权力开始下降，清政府仅在咸丰十年（1860）就连换三个理藩院尚书，二月将理藩院尚书宗室春佑改任热河都统，满人倭什珲布接任；六月，倭什珲布改任礼部尚书，由伊勒东阿接任，直至同治二年（1863）改任杭州将军。这三位大员均未列入《清史稿·列传》之中。

## 四、从军机处到总理事务衙门

军机处是清朝中后期的中枢权力机关。清朝入关前，满族亲王大臣分享军政大权。顺治初，亲王大臣议政之制不改，凡"章疏票拟，主之内阁；军国机要，主之议政处"。康熙十六年（1677）设南书房，"特颁诏旨，由南书房翰林视草"[1]。遂夺去内阁票拟与议政处之权。到雍正七年（1729），雍正帝以西北两路用兵而设军机房，以怡亲王胤祥及蒋廷锡、张廷玉两大臣为首[2]。雍正帝进一步加强皇权，将一切军国机要操之于一人之手。从此，寻常吏事仍由内阁票拟，军国大政则由军机大臣面奉皇帝训示，拟旨缮发，而议政处与内阁则形同虚设。清代政治中心由顺康以来的

---

① 吴振棫：《养吉斋丛录》卷四，中华书局 2005 年版。
② 弘旺：《松月堂日下旧见》。

亲王大臣议政处，转移到军机处，一切大政皆从其出，皇权达于极点，为前代所无之事。就像明代内阁的发展历程一样，军机处也逐渐成为新一代中央权力的核心，皇帝经常和军机大臣讨论国家大事，内阁则成为例行公事的办事机构。军机处和历代中枢的最大不同，就是军机大臣基本都是满人、蒙人担任，而被架空的内阁则以汉人文士居多。起初，军机处非正式衙门，是个临时机构，军机大臣亦非实官，均为兼职，随同于内廷差使，如御前大臣及两书房（南书房与上书房）行走。军机大臣均由亲王大臣兼任，初入军机处者，称军机大臣上学习行走；行走年久者，方称军机大臣上行走，或称军机处行走，简称军机大臣，俗称"大军机"。

军机处下属有章京（满语 janggin，汉译原为官员之意，后成为一专用官名）若干名，一般为五品，负责日常事务，掌缮写谕旨、记载档案、查核奏议。章京之初入军机处者，称军机章京上学习行走，行走年久者方称军机章京上行走，简称军机章京，俗称"小军机"。军机大臣与军机章京的正式名称上之所以冠以"行走"二字，即充分表示其为虚官而非实官之意，为"内廷差使"。乾隆朝定为满、汉两班，各 8 人。嘉庆四年（1799）增为四班，共 32 人。但实际上军机章京员额常超出此定制。光绪三十二年（1906），变通章京缺额章程，规定满章京 16 人，汉章京 20 人。

有清一朝，入军机者，多为满族亲贵，汉人入军机者凤毛麟角，只有左宗棠、张之洞、袁世凯等汉人在清末为军机大臣，时间也比较短。军机大臣无定额，初为三人，后增至四五人，多至六七人，皆由皇帝特别任命。每日承旨书写谕旨及交办事件，立即办理，从无敢迁延时日者。军机章京由各部挑选保送，初只用中书，后乃杂用郎中、员外、主事，考试其字面端楷，下笔敏捷者用之。军机大臣为首者，称领班，每日召见，名曰"承旨"，后始改为共见。一人"见起"者，称为独对。军机大臣的最大权力在于操纵用人之权。在军机处寄名之提镇、道府、州县，由军机大臣开单，由其一手操纵；其他如大学士、六部、九卿、督抚、将军、都统、主考以及驻外使节之简放，亦由军机大臣开单请旨，其权之大类似于明朝的内阁，军机大臣亦如"宰相"，又称"枢臣"。

起初，清制有亲王不得入直军机处的禁令。自怡亲王胤祥首入军机处后，亲王入军机处者，还有成亲王永瑆、恭亲王奕訢、礼亲王世铎、庆亲王奕劻四人。嘉庆四年（1799）十月，嘉庆帝以"非祖制"为由，令成亲王永瑆罢直，颁谕称："自设军机处，无诸王行走。因军务较繁，暂令永埋入直，究与国家定制未符。罢军机处行走。"① 乾隆、嘉庆、道光三朝亦能守此禁制。晚清时期，此制渐废。自咸丰三年（1853）十月，咸丰帝命恭亲王奕訢为军机大臣上行走，直至咸丰五年（1855）七月免。嗣后，自咸丰十一年（1861）十月至宣统三年（1911）四月裁军机处止，其间除光绪二十七年（1901）七月至二十九年（1903）三月间无亲王任军机大臣外，俱以亲王为军机处领班王大臣。

总理衙门，全称为"总理各国通商事务衙门"，前身为"抚局"（全称为"抚夷局"）。咸丰十年（1860），"设抚局于地安门外之嘉兴寺"②，总理衙门后来设于崇文门内东堂子胡同。同年，清政府与英法联军签订《北京条约》后，英专使额尔金致书奕訢："中英两国因皇帝政策受恶劣官员影响以致发生敌对仇视，今一切都已过去，惟望清政府成立一专门主持外交的机构，已与即将设立的各国公使办理一切事务。"③ 十二月初三，奕訢联合桂良、文祥上奏咸丰帝外交筹划，在六条章程中提出在京师建立专门机构办理外交，起名为总理各国事务衙门。"一切均仿军机处办理"，"以王大臣领之"，另派军机大臣一并兼管等④。"一切均仿军机处办理"，无疑是奕訢想在北京建立一个能取代热河行宫军机处的机构，与雍正时期建立军机处取代内阁是同样道理；其中以"王大臣领之"，"另派军机大臣"，当时京师全权大臣就是恭亲王奕訢，在京师的军机大臣也只有文祥一人。起初，咸丰帝将该衙门全称定为"总理各国通商事务衙门"，权限划定在通商范围之内。奕訢并不甘心于此，在复折中只是将名称简化为"总理衙门"，免提"通商"二字。总理各国事务衙门的成立，标志着以恭亲王奕訢为首的北京集团开始掌握对外交往大权。不久。奕訢又奉旨挑取满、汉军机章京各四人，在总理衙门事务衙门额外行走，仍照常在军机处值班，毋庸常川到署。奕訢奏陈："臣等拟将无甚关碍者，仍由礼部咨照，事宜机密者，即令各该大臣、将军、督抚、府尹一面具奏，一面径咨总理衙门。"咸丰帝朱批："各省机密事件，（自）应照例奏而不咨，如事关总理

① 赵尔巽等：《清史稿》卷二百二十一，中华书局1977年版，第9095页。
② 张瑞萍：《总理各国事务衙门旧址》，载林克光等：《近代京华史迹》，中国人民大学出版社1985年版，第135-141页。
③ 中国近代史资料丛刊本：《第二次鸦片战争》第5册，上海人民出版社1978年版，第389-391页。
④ 贾桢等：《筹办夷务始末》（咸丰朝）第8册第71卷，中华书局1979年版，第2674、第2675-2676页。

衙门者，即由军机处随时录送知照，亦甚便捷，著无庸由各口先行咨报总理衙门，以归画一。"[1]

总理衙门的规制，俱仿军机处。初设时只派恭亲王奕訢与桂良、文祥二大臣。嗣后增至八九人。总理衙门中设领班一人，初为恭亲王奕訢，继为庆亲王奕劻，直至庚子年（1900），两王均为军机大臣首领兼总理大臣首领；总理大臣无定员，由军机大臣兼，以重其事；下属章京，亦同军机，有总办章京、帮办章京、章京，满汉各若干人，依次递升，多由军机章京兼任。后来又添设额外章京满、汉各八人，司务厅、清档房司员各若干人，员额送于军机处之外，事权亦不一，清末官制改革时改为外务部。

## 五、盛京官制的设置

顺治元年（1644），清朝定都北京后，盛京改为其"陪都"，其官制设置亦充分体现出清朝"首崇满洲"的原则。所设官衙，除无衙门，其余全如京师的规制，下设户部、礼部等机构，其官职皆由满人担任。

盛京各部官员设置，皆以满洲侍郎1人领其事，秩正二品；宗室郎中1人，堂主事1人，满缺，掌管文移、档案。此外，盛京户部还设满洲笔帖式21人，汉军笔贴式2人，分派于各司、库、仓掌翻译事。盛京礼部，设满洲侍郎1人，秩正二品，综理部务；宗室主事1人；堂主事满洲1人，掌本部之章奏文移，管理档案。盛京礼部还设有读祝官8人，满缺，初制五品，后改九品；赞礼郎16人，满缺，初制四品，后改九品。盛京兵部设满洲侍郎1人，秩正二品，综理部务；设宗室员外郎1人，堂主事满洲2人，掌理本部之文移、档案；设笔帖式12人，掌翻译。盛京兵部之内部组织机构，分置左、右司。左司设满洲郎中1人，满洲员外郎2人，满洲主事1人；右司设满洲郎中1人，满洲员外郎2人，满洲主事1人。

盛京刑部，设满洲侍郎1人，秩正二品，统领部务；宗室员外郎1人；满洲主事1人、汉军主事1人，掌管本部档案及文移诸事宜；笔帖式满洲23人、蒙古2人、汉军5人，掌翻译、缮写；司狱满、汉各1人，掌管监狱。盛京刑部的内部机构，设肃纪前司、肃纪左司、肃纪右司及肃

---

[1] 贾桢等：《筹办夷务始末》（咸丰朝）第8册第72卷，中华书局1979年版，第2708页。

纪后司。四司的官员设置及职掌分工是：肃纪前司、左司，各设满洲郎中1人、满洲员外郎2人、满洲主事1人，掌治盛京十五城旗人之诉讼案件及旗人与民人间的涉讼案件；肃纪右司，设满洲郎中1人、满洲员外郎1人、满洲主事1人、蒙古主事2人，掌理盛京柳条边外之蒙古诉讼案件；肃纪后司，设满洲郎中1人、满洲员外郎1人、满洲主事1人，专司讯办缉获之私挖、私贩人参之案件。

盛京刑部掌审办盛京地区旗人及边外蒙古之案件。每届秋审，则会同盛京四部侍郎及奉天府尹审议汇题，奉天府所办秋审案犯，亦会同盛京刑部办理。凡在盛京周围六十里以内所发生之案件，由盛京刑部审讯；六十里以外之诉讼，则由各厅、州、县官员就近审理定拟，按月造册送部。若遇有命盗等重案及流、徒罪案之首从各犯，均须押解盛京刑部审结定拟。凡盛京将军、奉天府尹或蒙古札萨克所咨送之窃、命案犯及旗、民争讼案件，均解部审讯。若有应验视者，即行知奉天府尹酌派附近州、县官员往验，录供报部。凡私挖、私贩各案，均会同盛京将军、管辖六边侍郎及奉天府尹共同审拟。

盛京工部，设满洲侍郎1人，秩正二品，统领部务；宗室主事1人；堂主事满洲2人，掌管本部之文移、档案。设笔帖式满洲16人、汉军1人，掌翻译、缮写事宜，分派于各司、库办事。盛京工部的内部机构，分设左、右二司及银库、火药库、秫秸厂等，其设官及职掌分工是：左司设满洲郎中1人、满洲员外郎3人、满洲主事1人；右司设满洲郎中1人、满洲员外郎2人、满洲主事1人；银库设满洲司库2人，由在京各衙门拣选笔帖式1人，保送支部，掌库银之出纳。

除了以上所述官职，其他如漕运总督一职，也多为满人担任，部分为汉军旗军等。因为漕粮是专供京师等地八旗兵丁所需的粮食，其中白粮主要供皇室和文武百官食用，故地位尤为重要。

# 第三节　入仕制度

清政府在选任职官时，基本上承袭明制，但也有自身特点。清朝官制除推行"满汉复职"，并且同等职级的满员和汉员选任标准不同，对满员较宽，对汉员则较严。如选任科道官，汉员必须是正途（进士）出身，才具有考选资格；而满员只须"通晓满汉文字"，一经保荐，无须考试，即可简用。而对大学士，满洲贵族则尽人可得，汉族官员则非科甲出身不可得。这种情况，直到光绪年间才有所改变。

旗人与民人在入仕的机会与标准上，是不同的。满汉分缺，实质上是坚持"首崇满洲"的原则。宗室、觉罗既可世袭，又可不通过科举考试入仕。当时，旗人的出路一般有两种：一是挑补当兵；二是入仕做官。做官的途径又各不相同，有的由闲散而笔帖式，然后逐步上升；有的由官生或监生而生员再而贡生、举人、进士，逐级进阶；有的因祖宗父兄有功而得荫生，由荫生出身者可做官；有的可捐官，三品以下官都可以按一定的价格购得。清代科举仍然存在，方式也一如明代，但科举只是汉族官员入仕的渠道，满、蒙人虽然不禁止参加考试，但清代近三百年，科举之中仅出过一个满洲状元和一个蒙古探花，但这并不影响满族旗人、蒙古旗人中获取进士、举人的功名。

## 一、世袭制

世袭制是传统社会封闭性社会分层结构的主要体现，清朝的侍卫制就是突出例子。顺治四年（1647），清政府规定侍卫制度："在京三品以上及在外总督、巡抚、总兵等，俱为国宣力，著有勤劳……各准送亲子一人，入朝侍卫，以习本朝礼仪，朕将察试才能，授以任使。"[1] 顺治五年（1648），清政府规定："满洲官员开国以来，屡世从征，劳绩久著。该部分别升叙……实授官员一概给与世袭诰命。"[2] 通过世袭规定，满族贵族进一步巩固了特权地位，并对宗室王公的子弟优礼有加，创造更多机会取得高官显爵。正是有了这些特权，满洲贵族子弟入仕的途径则比汉族为多。

世职，指世爵承袭制。为了使权力集中于中央，清代遵循明代"封而不建"的原则，认为明代的"分封而不赐土，列爵而不临民，食禄而不治事"是长治久安的良策。清代诸王受封后，就住在京城官邸中，京师王府都集中在内城，环绕全城。凡皇帝所生子均称为皇子，待赐名后才开始按

①《清世祖实录》卷三十一。
②《清世祖实录》卷四十一。

位次称皇长子、皇次子、皇三子等。皇子长至十五岁就由宗人府题请封爵，所封爵高低由皇帝钦定。爵位分为两种：宗室贵族的爵位和功臣勋将的爵位。关于宗室贵族的爵位，崇德元年（1636）定为 9 个等级，顺治六年（1649）定为 12 个等级，乾隆十三年（1748）规定宗室爵位分为 14 个等级，分别是和硕亲王、世子、多罗郡王、长子、多罗贝勒、固山贝子、奉恩镇国公、奉恩辅国公、不入八分①镇国公、不入八分辅国公、镇国将军、辅国将军、奉国将军和奉恩将军，其中，后四等爵位每一种可细分为一等、二等、三等（在年俸银和禄米上有差别）。而宗室女子的爵位分为 7 个等级，即固伦公主、和硕公主、郡主、县主、县君、乡君、六品格格；这些宗室女子的驸马即额驸也可领有相应的俸银和禄米，但逊于宗室女子。如固伦公主，居京师俸银 400 两、禄米 400 斛，如下嫁外藩，俸银就增加到 1000 两、俸缎 30 匹；而固伦公主额驸居住京师俸银 300 两、禄米 300 斛，外藩俸银 300 两、俸缎 10 匹；乡君，居京师俸银 40 两、禄米 40 斛，下嫁外藩俸银 40 两、俸缎 5 匹；县君额驸居住京师，俸银 40 两、禄米 40 斛，外藩俸银 40 两、俸缎 4 匹。宗室取得爵位的方式也有四种，即功封、恩封、袭封和考封。功封即宗室中因勋劳显著而受封，如太祖、太宗诸子中大部分人。恩封是宗室近支或皇子 15 岁成年后，即皇帝的兄弟子侄。袭封是在亲王以下、奉恩将军以上，病故或因罪革爵，由宗人府从其子嗣中，选拔一人承袭。考封是在亲王以下，至辅国将军中，除有一子袭爵外，其余诸子年及 20 岁经期考满语、马射合格后推封，亦可减等授爵。

功臣勋将的爵位分为世爵和世职两种。清代封爵分八等，即公、侯、伯（上三者超品）、子（正一品）、男（正二品）、轻车都尉（正三品）、骑都尉（正四品）、云骑尉（正五品），其中前五等为世爵，后三等为世职②。有的则将公、侯、伯、子、男称为上五等爵，轻车都尉、骑都尉、云骑尉称为下三等爵。按照清制：凡武职封世爵，公以下，恩骑尉以上者，皆准按品补授武职。满、汉均封世爵。八旗散秩大臣、佐领及陵寝防御，也有

---

① 所谓"八分"，是八种标志，表示其显赫的身份。如朱轮、紫缰、背壶、紫垫、宝石、双眼、皮条、太监，其中"皮条"是指车上有皮鞭可驱散挡路的人，"背壶"是指车上可以带暖壶，"双眼"是指双眼雉翎。不入八分指不用在京当差，也不必在京居住。
② 子、男各爵名称系乾隆时更定的汉名，因爵名前后几经变更，以乾隆更定名称为据。

世袭者。咸同以降，由于湘淮军先后镇压太平天国、捻军及平定西北叛乱，军功卓著，曾国藩授封一等毅勇侯；李鸿章授封一等肃毅伯；左宗棠授封一等恪靖伯。

　　蒙古旗人也能承袭清政府的爵位。蒙古的爵位分为：亲王、郡王、贝勒、贝子、镇国公、辅国公、札萨克台吉、一等台吉（塔布囊）、二等台吉（塔布囊）、三等台吉（塔布囊）、四等台吉（塔布囊）、固伦额驸、和硕额驸、郡主额驸、县主额驸、郡君额驸、县君额驸。《蒙古律例》的规定中，最重要的内容是"官衔"。如"将外藩蒙古台吉、喀喇沁、土默特塔布囊等编作四等……其帽顶、坐褥照依头、二、三、四等官用；身故，其职衔只令嫡派子孙胞兄弟承袭罔替"①。但身故，"子嗣承袭"时，"该院（理藩院）必照例奏请：令其减等……以次递减，渐致不能承受国恩"②，减尽了就不能承袭。凡此"官衔"章内的各条规定，都完全体现清朝政府对蒙古族的控制与统御政策。这些官衔还只是封爵空头衔，具体管理行政及其他一切事务的，则是"管旗章京、副章京"③。

　　清朝典章规定，一般爵位均为降级世袭。而在乾隆四十三年（1778），乾隆帝为了褒扬八家入关有功的王爵，恢复礼、肃、郑、睿、豫、庄六亲王，克勤、顺承两郡王的原封号，并决定其子孙可以"世袭罔替"，俗称"八大铁帽子王"。八大铁帽子王分别是：礼亲王代善、睿亲王多尔衮、郑亲王济尔哈朗、豫亲王多铎、肃亲王豪格、庄亲王硕塞、克勤郡王岳托、顺承郡王勒克德浑。后来又陆续加封了四位：乾隆帝封康熙帝十三子怡亲王胤祥，同治帝封恭亲王奕訢，光绪帝封醇亲王奕譞和庆亲王奕劻，都"世袭罔替"。故清朝共有十二家"铁帽子王"。

　　清朝政权以满族贵族为主体，也包括汉族和其他各族上层分子。为保证满族贵族和八旗子弟在政府机构中享有特殊的地位，同时又为了达到联合汉族等各民族上层分子稳固政权的需要，采取从中央到地方多种官缺并存的体制。官缺制度是在统治集团内部分配官职的一种制度，也是清朝行政法在任官问题上的特有内容。凡属满官缺不许汉官补任，但京内外的汉官缺却允许满官补任，以保证满族贵族牢固地控制国家机关。

---

① 中国图书馆文献缩微复制中心：《蒙古律例》，1988年，子七。
② 中国图书馆文献缩微复制中心：《蒙古律例》，1988年，子十五。
③ 中国图书馆文献缩微复制中心：《蒙古律例》，1988年，子三。

清朝入关以来，为了防范地方大吏专权，采取重满轻汉的防范措施。在选任官员上，满人居有优先权。清政府为了选任官员需要，把全国的官缺划分成不同类型。一般划分为宗室缺、满洲缺、蒙古缺、汉军缺、内务府包衣缺和汉缺。不同的官职属于不同的缺分，清朝法律中有着严格规定。如在中央官职中，在侍卫处、宗人府、内阁、六部、理藩院、都察院、盛京各部，都设有宗室缺①。奉天府尹，奉锦、山海、吉林、热河、口北、山西归绥道，各直隶驻防官、理事官、同知、通判，规定由满洲充任。唐古特司业、助教、中书，游牧员外郎、主事，属于蒙古缺。理藩院自尚书起至各等笔帖式，绝大部分为满洲、蒙古专缺。钦天监从六品秩官是汉军缺。

各种官缺也分为满、蒙、汉军、汉四类，涉及军事、皇族、民族事务和钱粮军火等重要职务的官缺，均为满、蒙独占，汉人根本不能染指。旗人的特权，按其不同阶层而有等差。但在官职的升迁上，旗缺制仍然没有改变，满洲缺仍占特殊地位。在内外官的官缺中，有宗室缺、满洲缺、蒙古缺、汉军缺、内务府缺和汉缺，这六种官缺中，有五种属于旗缺的范围。以上所说这些旗缺，在品级上比汉缺高。汉人与旗人做同样的工作，旗人的升迁也快于汉人，如云骑尉改班就是主事，前锋校、护军校、骁旗校改主事即七品小京官，佐领改鸿胪寺少卿。

满缺，是指满洲八旗在政府各机构中所占官职名额。京官，除顺天府尹、丞，奉天府尹及京府、京县无满缺外，大学士以下、翰林院孔目以上皆有满缺。外官，包括领队大臣、办事大臣、奉天府尹、奉锦山海等六道及各省之理事同知、通判等皆为满缺。满族人除授满缺外，还可授汉缺、蒙古缺。

旗缺，是指满、蒙、汉军八旗组织内部的官职名额，皆有定额规定，八旗左右两翼，各有衙署，设翼缺；八旗各有衙署，设旗缺；各旗内参领、佐领，皆各有衙署，亦设官缺；以上官缺，各从所属内拣选任职。另外还有从八旗内通行拣选之缺，又称公缺。以上各员缺，均由旗人担任。京朝武官也有满洲专缺。宗人府堂属全用宗室，内务府、理藩院不用汉人。只有文职衙门堂官满汉并置，但规定"满洲、蒙古无微员（从六品首

---

① 宗室设专缺始于康熙中期。昭梿：《啸亭杂录续录》，上海古籍出版社 2012 年版，第 14 页。

领、佐贰以下官不授满洲、蒙古），宗室无外任（外任道以下官不授宗室，其督抚藩臬由特旨简放者，不在此例）"①。从中央各部官员来看，一般原则上规定是满汉参半。但在实际运作当中，满族大臣所占的比例高于汉族大臣。以中央六部为例，吏部：尚书满汉各 1 人（初时品级满员为一品，汉员为二品），左、右侍郎满、汉各 1 人，堂主事满 4 人、汉 1 人，郎中满 9 人、蒙 1 人、汉 5 人，员外郎宗室 1 人、满 8 人、蒙 1 人、汉 6 人；户部：尚书满汉各 1 人，左、右侍郎满、汉各 1 人，堂主事满 4 人、汉 2 人，郎中宗室 1 人、满 17 人、蒙 1 人、汉 14 人，员外郎宗室 2 人、满 56 人、汉 14 人，其余各部大致相同。再如地方官员，边疆各将军、都统、大臣，按例由满洲或蒙古担任。地方督抚中，只有陕西总督、山西巡抚系满洲缺，其余各省满、汉均可。而实际上，清朝前期仍以满人为主。

以两江总督为例，自康熙四年（1665）设两江总督②直至 1912 年清政府灭亡，共有近 90 人次担任过两江总督。其中康雍乾时期有 48 人，嘉道时期有 13 人，咸同光宣时期有 27 人。其中，康雍乾时期，担任过两江总督的满洲旗人有 25 人，分别是麻勒吉（满洲正黄旗人，任两江总督的时间为 1668~1673 年）、阿席熙（满洲镶红旗人，1673~1681 年）、傅拉塔（满洲镶黄旗人，1688~1694 年）、阿山（满洲镶蓝旗人，1700~1706 年）、邵穆布（满族，1706~1709 年）、噶礼（满洲正红旗人，1709~1712 年）、郎廷极（汉军镶黄旗人，郎廷佐之子，1712 年）、赫寿（满洲旗人，1712~1717 年）、长鼎（满洲旗人，1717~1722 年）、查弼纳（满洲正黄旗人，1722~1726 年）、尹继善（满洲镶黄旗人，四次充任两江总督 1730~1732 年、1743~1748 年、1751~1753 年、1754~1765 年）、庆复（满洲镶黄旗人，1737 年）、那苏图（满洲镶黄旗人，1737~1738 年、1741~1742 年）、德沛（宗室，1742~1743 年）、策楞（满洲旗人，1748 年）、鄂容安（满洲镶蓝旗人，1753~1754 年）、高晋（满洲镶黄旗人，1765~1779 年）、萨载（满洲正黄旗人，1779~1786 年）、书麟（满洲镶黄旗人，高晋之子，先后两次担任，时间分别为 1787~1790 年、1791~1794 年）、富纲（满族，1794~1795 年）、福宁（贝子永固包衣，1795~1796 年）、苏陵阿（满洲旗人，1796~1797

---

① 《大清会典》卷七。
② 顺治十八年（1661）改设江南总督，康熙四年（1665）改名为两江总督。

年)、铁保(满洲正黄旗人，1805~1809 年)、阿林保(满洲旗人，1809
年)、勒保(满族镶红旗人，1811 年);担任过两江总督的蒙古旗人只有
一人:松筠(蒙古正蓝旗人，1809~1811 年);担任过两江总督的汉军旗人
有 6 人，分别是郎廷佐(汉军镶黄旗人，任两江总督的时间为 1665~1668
年)、范承勋(汉军镶黄旗人，1694~1698 年)、范时绎(汉军镶黄旗人，
范承勋之子，1726~1730 年)、郝玉麟(汉军镶黄旗人，1739~1740 年)、
李奉翰(汉军正蓝旗人，1797~1799 年)、百龄(汉军正黄旗人，1811~
1816 年);除此之外，担任过两江总督的民人(基本上是汉人)有 15 人，
分别是于成龙、王新命、董讷、张鹏翮、史贻直、魏廷、高其倬、赵宏
恩、杨超曾、黄廷桂、李世杰、孙士毅、费淳、陈大文、孙玉庭。显然，
清朝中叶之前，担任督抚的旗人占有很大比例[①]。

　　民人不仅在出仕的机会上远逊于旗人，在其他方面，也处处受到牵
制。如若父母去世，民人要罢官回籍，丁忧三年。康熙五年(1666)二
月，下诏规定:自今汉军官丁忧，准解任，持三年丧[②]。而满洲旗人、蒙
古旗人外任，如丁忧，回旗百日后，就可以由本旗引见，回任原职行走。再
如，遇缺进行委署，服阕后满洲旗人、蒙古旗人都实授，如服阕仍未得缺
者，由部以本衙门之缺坐选。另外，关于汉军旗人入仕的待遇问题，也有详
细的规定。康熙三年(1664)六月，规定:以汉军京官归入汉军升转[③]。

　　一般来说，六部长官如尚书、侍郎，满、汉人数均等，而属官则满缺
多于汉缺。各部属官的重要职务，全属满缺。据统计，乾隆时期，中央内
阁和各部院寺监，自堂官至笔帖式，共有满洲缺(包括宗室缺)1705 个，
汉军和蒙古缺 419 个，汉缺 517 个，满洲缺占有明显优势，如果加上汉军
旗人和蒙古旗人等旗缺，竟占去整个官缺的 80% 多。据文献记载，康熙年
间，清代文、武官员(不包括八旗武职)共 15600 人，其中在京正杂大小

---

① 自道光至清末的 87 年间，担任过两江总督的旗人共有 9 人，分别是:琦善(满洲正黄旗人，任职
　时间为:1825~1827 年)、蒋攸铦(汉军镶红旗人，任职时间为:1827~1830 年)、伊里布(满洲
　镶黄旗人，任职时间为:1839~1840 年)、裕谦(蒙古镶黄旗人，任职时间为:1840~1841 年)、
　耆英(满洲正蓝旗人，任职时间为:1842~1844 年)、璧昌(蒙古镶黄旗人，任职时间为:1844~
　1847 年)、怡良(满洲正红旗人，任职时间为:1853~1857 年)、裕禄(满洲正白旗人，任职时间
　为:1887 年)、端方(满洲正白旗人，任职时间为:1906~1909 年)。
② 赵尔巽等:《清史稿》卷六，中华书局 1977 年版，第 170 页。
③ 赵尔巽等:《清史稿》卷六，中华书局 1977 年版，第 172 页。

官 2546 人，直隶及各省正杂文职 6404 人，学官 3001 人，各省武职 2651 人①。道光末年，文职京官 2369 人，外官 8947 人；武职京官 4378 员，外官八旗 2848 人，绿营 7470 人，以上京外文武官共 26355 人②。到了清末，按照光绪《大清会典》的记载，仅在京文职衙门便有官员 3786 人，如果加上机构庞杂的内务府在内，将达到 6700 余人，可见官缺也在不断地增多。

各旗都统的委派，不限本人旗属，满洲八旗可充任蒙、汉旗正、副都统；蒙、汉旗人亦可做满洲旗正、副都统。参领以下，则任用本旗人。因都统的地位很高，实际上多由王公兼任。

据章伯锋先生《清代各地将军都统大臣等年表》一书统计，在清期前期 100 年当中，将军都统、副都统等官职，基本上为满族贵族充任。直至光绪年间，民人才可染指。从郑亲王一族充任汉军都统一职者，就可查其端倪。恪亲王丰讷亨于乾隆三十四年（1769）正月授正黄旗汉军都统。郑亲王乌尔恭阿于嘉庆二十四年（1819）七月为正白旗汉军都统③；其四子端华也曾于道光二十八年（1848）十月授正黄旗汉军都统，于咸丰八年（1858）七月又授镶蓝旗汉军都统；其六子肃顺于咸丰七年（1857）七月授正红旗汉军都统。端华之嗣孙庆至于同治十一年（1872）七月授镶白旗汉军都统。庆至之子凯泰于光绪二十四年（1898）五月授正白旗汉军都统。

曾任都统的满、蒙大员，后来出任朝廷军机大臣、宰辅等职者不乏其人，如乾隆年间，一些都统先后升迁至军机大臣。乾隆十三年（1748）九月，舒赫德以户部侍郎、汉军都统在军机处行走④。乾隆十七年（1752）九月，班第以都统在军机处行走，旋授汉军都统⑤。清中叶之前，汉军都统基本上由满洲旗人担任。道咸同以后，有很多满洲旗人担任汉军都统一职。以《清史稿》所载为例，如道光五年（1825）十一月，以庆祥为喀什噶尔参赞大臣兼镶黄旗汉军都统⑥，庆祥是满洲正白旗人；道光二十八年

① 刘献廷：《广阳杂记》卷一。按：据各类职官细数相加应为 14602 人，与书中记载的 15600 人有出入。
② 钟琦：《皇朝琐屑录》卷四。按：据各细数相加，应为 26012 人，与书中记载数有差别。
③ 赵尔巽等：《清史稿》卷十六，中华书局 1977 年版，第 614 页。
④ 赵尔巽等：《清史稿》卷一百七十六，中华书局 1997 年版，第 6239 页。
⑤ 赵尔巽等：《清史稿》卷一百七十六，中华书局 1997 年版，第 6242 页。
⑥ 赵尔巽等：《清史稿》卷十七，中华书局 1997 年版，第 636 页。

（1848）二月，桂良改正白旗汉军都统①，桂良是满洲正红旗人；咸丰三年（1853）九月，以胜保为汉军都统②，胜保是满洲镶白旗人。

至光绪二十九年（1903），清政府赏赐徐世昌、段祺瑞等副都统衔，是为汉族民人兼八旗官衔之始。光绪三十二年（1906），清政府开始任用汉族民人做正、副都统，刘永庆授镶白旗汉军副都统③，冯国璋署理正黄旗蒙古副都统，以后还有王世珍、王奕楷、秦绶章、葛宝华、张英麟、段祺瑞、恽宝惠等人。

清代地方武职官员的铨补，亦分缺授官。其分缺之法有：一为旗缺。旗缺有多种，八旗缺即统于八旗选补；有于每旗之下复分本参领下、本佐领之缺者，遇缺即于该参领或佐领下选补；有分左、右翼之缺者，遇缺则按左、右翼补之；还有分上三旗缺、下五旗缺者；或分两黄旗缺、两白旗缺、两红旗缺、两蓝旗缺者，遇缺则分别于该旗拟补；又有为八旗公缺者。凡旗缺，八旗满洲、蒙古、汉军分别任用。地方八旗兵，如驻防八旗协领以下，兼用满洲、蒙古、汉军。各都统、副都统，驻防将军、都统、副都统，满洲、蒙古并准开列，汉军只准开列设有汉军营之驻防将军、副都统。驻防总管、城守尉，亦以满洲、蒙古分用，盛京城守尉缺，专用宗室人员。

八旗兵授官之法有两种：开列和连选。一为"开列"，就是八旗副都统以上各官均应开列请旨简放。如京师的步军统领，左、右翼总兵，驻防将军、都统、副都统，如不是奉特旨补放者，均由兵部知照军机处，由军机处开列应补人员请旨。步军统领衙门步军统领一人，满缺，秩从一品，由皇帝特简亲近大臣担任，统辖八旗步军及巡捕五营将弁，以防卫京师，并掌九门管钥、门禁诸务。左、右翼总兵各一人，满缺，秩正二品，佐统领以统率将弁，管理京师地方。左翼总兵统步军营巡捕南、左二营各汛官；右翼总兵统步军营巡捕北、右二营各汛官。二为"拣选"，参领以下各官均为"拣选"。如京师白塔信炮总管以下、各城门领以下，均由各本

---

① 赵尔巽等：《清史稿》卷十九，中华书局1997年版，第703页。
② 赵尔巽等：《清史稿》卷二十，中华书局1997年版，第726页。
③ 刘永庆（1862~1906年），河南项城人，与袁世凯为同乡，曾随袁世凯赴任朝鲜交涉通商等事宜，于袁世凯小站练兵期间主管粮饷后勤事务。光绪三十一年（1905），首任江北提督。次年病逝于提督府驻地清江（宜昌市长阳县）。

旗、本营、本衙门拣选引见；各陵寝守护兵翼长以下，各省驻防协领以下，察哈尔、黑龙江水师、口外牧厂总管以下，均由各处拣选，拟定正、陪，咨送兵部，分别交该旗或值年旗引见；陵寝总管、驻防守尉、陵寝翼长、驻防防守尉，应在该处拟补，若该处不得人，仍应由在京本旗内拣补，或由各旗营公补，均由各旗营大臣选拟引见；等等。

清军入关后，"兵权悉萃于彼族"，以八旗兵"营卫京师，而驻防各省"。为了加强对领土的统治，清政府招降明军、招募汉人组成绿营兵，高级将领如提督、总兵等多由满洲旗人担任，这个现象在太平天国起义爆发之前尤为明显。驻防各地的"驻防兵"，是专为镇压汉人而用。在挑补兵额上，满洲旗、蒙古旗的额数多于汉军旗。宗室、觉罗还有特殊优待，如觉罗亲军的名额，就是觉罗的专缺，待遇也优厚些。在升迁上，汉军旗人也较慢，而汉军人数则多于满洲、蒙古。所以，在汉军旗人中争缺、买缺、行贿之风比满洲旗人、蒙古旗人盛行。

地方督抚之职虽然不限满汉，但康熙时期汉人担任督抚的"十无一二"。乾隆时期，清军入关已经一百多年，尚且巡抚"满汉各半"，而侧重军务的总督还是以满人为主。满缺不能任汉人，但满人可以担任汉缺。

由于满族人较少的缘故，清朝统治者除了要牢牢控制住中央政权外，在地方上则采取较为灵活的办法。在封疆大吏当中，因山西、陕西、甘肃等地担负着保卫京师之重任，督、抚之职起初只由满洲旗人担任。至清中期以后，才有所改变，如曾国荃、左宗棠曾分别担任过山西巡抚和陕西总督。

除了督抚一级，满、汉都可出任外，府州县官一级则基本上由汉人充当。这既有政治上的通盘考虑，用汉人直接管理汉人，也可达到中央集权统治的目的。

州县官一职可用汉人，也可任用旗人特别是满人。依据 1745 年和 1850 年所编两本州县官员名录表，显示当时绝大多数州县官是汉人。旗人，包括满洲旗人、蒙古旗人、汉军旗人，在 1745 年和 1850 年分别仅占知州的 16.7% 和 14.7%，仅占知县的 6.2% 和 7.8%。旗人被任命为知州者比知县多。在出任州县官的旗人中，以满洲旗人为主；而在州县官中，汉军旗人又比蒙古旗人多。

表 2-2　州县官的种族出身①

| 种族出身 | 1745 年 | | | | 1850 年 | | | |
|---|---|---|---|---|---|---|---|---|
| | 知州 | | 知县 | | 知州 | | 知县 | |
| | 人数 | 百分比(%) | 人数 | 百分比(%) | 人数 | 百分比(%) | 人数 | 百分比(%) |
| 满洲旗人 | 14 | 9.7 | 39 | 3 | 11 | 7.7 | 54 | 4.2 |
| 蒙古旗人 | 5 | 3.5 | 4 | 0.3 | 4 | 2.8 | 12 | 0.9 |
| 汉军旗人 | 5 | 3.5 | 37 | 2.9 | 6 | 4.2 | 34 | 2.7 |
| 汉人 | 120 | 83.3 | 1206 | 93.8 | 122 | 85.3 | 1180 | 92.2 |
| 总计 | 144 | 100 | 1286 | 100 | 143 | 100 | 1280 | 100 |

资料来源:《缙绅全书》(1745 年秋编本,1850 年秋编本)。

　　不仅如此,清朝政府还规定,各缺之间可以有条件的互为通融,如满洲京堂以上缺,宗室及汉军得互补;汉司官以上缺,汉军得互补。奉天府府尹,奉锦、山海、吉林、热河、口北、山西、归绥等道缺,各直省驻防官、理事同知、通判缺均为满洲缺。按规定,汉司官以上缺与汉军八旗人员可以互补;外官蒙古八旗人员可以补满缺;满、蒙、包衣皆得补汉缺,可汉人却不得补满缺。另外,顺天府府尹、府丞、奉天府府尹、京府、县官、司坊官均不得用汉人,刑部官不授汉军旗人。外官从六品首领、佐贰以下官不授满洲、蒙古八旗人员,道员以下不授宗室。所以,从全盘利害来看,清朝统治者在定缺、补缺时,优待宗室、满洲、八旗人员的倾向很明显。故有所谓“宗室无外任,满洲、蒙古无微员”的说法。这里的外任,是指不授道府以下官,督抚、布政使、按察使不在其内。至于微员,则是六品以下官,无论是首领或佐贰,不授满洲、蒙古。清代此制是为亲民、理民,官不授满洲、蒙古,原因是他们不懂理民事务。

　　清制规定,授官时需要核查一定条件。按清代铨政,授官时必须核查者有七项,其中一项是要“别其流品”。所谓“流品”,就是指官员的出身。清制规定,入仕必须“身家清白”。凡八旗户下人,汉人家奴、长随,娼、优、隶、卒之子孙,概不准入仕籍。凡八旗另记档案人改入民籍者,如本身系现任职官,则停其升转;若贤能出众者,京官由堂官保题汉缺,外官由督抚具题请旨;其原系旗缺者,出缺后不准再补,原系候补汉缺者,仍准补用,但停其升转。其八旗及汉人之家奴,经伊主放出为民者,

① 瞿同祖:《清代地方政府》,法律出版社 2003 年版,第 39 页。

分别由本旗或督抚咨部存案，俟放出三代后，其子孙方准入仕，但京官不得至京堂，外任不得至三品，等等。

## 二、保举和捐纳

清朝统治者对于官员的保举，有着严格的限制。在清代"任官之法，文选吏部主之，武选兵部主之"，而作为地方或朝廷其他各部大员，只能在某些特定的情况下或一些特殊的地区推选人才。为了保住满族贵族统治的优势，保举的类别有着严格的划分，"凡内外官分满缺、蒙古缺、汉军缺、汉缺"。在不同的补缺方面，各个民族的人获得的补缺权是不平等的。保举官吏的层次也受到一定的限制。《清史稿》记载："顺治十八年，停差巡按，乃定各省巡抚荐举方面有司，佐贰，教官员额。"保举的范围被限制在所辖府、州、县三级衙门的正印、佐杂和教职人员内。保举的人数和时间也有明确的制度规定。初制，督、抚升迁离任时，荐举人才一次。旋即，令督抚每年荐举一次，而后复改两年荐举一次。人数上，所举员额，大省限十人，小省限三四人①。虽然从形式上看，似乎保举的次数和人数都有增加的趋势，但朝廷大臣特别是地方督抚并没有随便选贤任能的权力。另外，作为地方督抚参与朝廷人事问题最主要的形式，题缺选官，亦受到重重的限制，而对于"督抚所辖道府一级官，乃皇帝钦定之缺，不归督抚所用"。总之，在咸同以前，保举制只能作为满族统治者选拔官吏的一种补充。

伴随着湘淮军的兴起和保举制在咸同时的盛行，清朝的官吏成分正在逐步地发生变化。其中，最显著的一个特点就是汉族地主势力在清朝统治阶层中所占的比重大大增加。到咸丰后期以及同治年间，由于湘淮军的不断发展壮大以及在政治上取得越来越多的权力，他们在保举人才方面的权限不断得到加强。通过保举制，汉族地主阶层成功地突破了满洲贵族独居高位的局面，从而影响了晚清双局的走向。

清朝官员入仕的另一途径是捐输。捐输，又称捐例、捐纳、贳选、开纳等，就是由政府制定事例，标出价格，公开进行卖官鬻爵。此举始于秦

---

① 王庆云：《石渠余记》卷一，"纪荐举"，光绪十三年刊印。载赵尔巽等：《清史稿》卷一百零九，中华书局 1977 年版，第 3183 页。

汉，相沿成为一种制度，分为常例捐输和暂例捐输两种，各按"现行事例"和"暂行事例"办理，前者随时可报捐，后者俗称"大捐"，在国家财政紧急时临时开捐。顺治时期，开始有捐纳入监之制。士人捐纳粟米，即可入国子监学习。康熙十三年（1674），因三藩战起，急需军费，开始有捐纳文官之例。捐纳钱米可得官缺，等候选授。康熙十六年（1677），左都御史宋德宜奏称："开例三载，已捐知县五百余人，请予停止。"清兵攻占云南后，停止捐例。到康熙末年，又曾恢复。国子监生和知县官缺，可用钱米捐纳而得，事实上是对科举制度的一个冲击。咸丰年间太平军兴起，清政府财政拮据。咸丰七年（1857）三月，咸丰帝令行"捐借兼行"之法，捐借较多者，或赏给盐运使衔，或赏给副将衔，或加衔之外另赏花翎，或赏给举人一体会试。而对于不愿请奖者，令地方督抚按数给予借资印帖，从咸丰八年（1858）起分年给还。而实际上，多不能给还，这是一种强行勒捐的办法。咸丰元年（1851）罢职的穆彰阿于咸丰三年（1853）捐备军饷，得赏戴五品顶戴。

# 三、旗人不占鼎甲和八旗教育

满官主要来自八旗贵族，由皇帝"特简"（任命）或"会推"（推举）。汉官虽也有特简与会推，但主要来源是科举。汉人的选官取士仍然是以科举为主。通过科举入仕，被汉族官员视为"正途"，而满官由科举出身者甚少，这与满人、汉人受教育的程度、方式有关，也可反映出清政府对满人、汉人入仕的不同限制。

因为满、蒙人口在整个国家中的比例过于稀少，清政府保留科举制度，使其作为选拔中下层官员的手段和笼络怀柔汉人知识分子的工具。清代的科举，可谓八旗制度下的科举。清入关以前，清太祖努尔哈赤对汉族知识分子十分痛恨，认为"种种可恶，皆在此辈"。①努尔哈赤之子皇太极继位后，为了发展和壮大自己的力量，对汉族知识分子开始有所重视。天聪三年（1629）八月，皇太极颁谕：

朕思自古及今，俱文武并用，以武威克敌，以文教治世。朕今欲兴文

---

① 王先谦：《清东华录全编》"天聪三年"条，学苑出版社2000年版。

教，考取生员。诸贝勒府以下及满、汉、蒙古家所有生员，俱令赴考，家主不许阻挠。考中者，则以丁偿之。①

　　同年九月，仿明朝科举制开科取士，从"隐匿得脱"的大约300名汉族知识分子中选取了200名生员，免除其奴隶身份，并依考试成绩分一等、二等、三等予以奖励，一等赏缎2匹，二等、三等赏布2匹，俱免2丁差徭，并听候录用。天聪八年（1634）四月，礼部主持开科取士，对通晓满、蒙、汉书文化的知识分子进行考试，考取"通满洲、蒙古、汉书文义者为举人"，最后取中16人。每人赐给衣服一套，免除4丁徭役，并于礼部赐宴以示嘉奖。其中，举人查布海、恩格德"满洲习汉书"，宜成格为"汉人习满书"②。当时迫切需要翻译人才，这3人因为精通满、汉文翻译才中举。实际上，汉人举人中懂满文的不仅有宜成格，另外8名"汉人习汉书"的举人也有懂满文的记录。如《清史稿》中有事迹可查的马国柱、罗绣锦、雷兴、王来用4名举人，"入关后，皆至督抚，而（马）国柱、（罗）绣锦、（雷）兴又同值文馆"③。汉人入文馆者必须懂满文，文馆又称书房，"日记皆是金字（满文）而无汉字"④。王来用，曾任工部启心郎，专事翻译，精通满语自不待言。这两次考试和明朝的科举制度虽不相同，尚未成为一种制度，亦可说明皇太极对汉族知识分子的重视，他认真听取汉官儒臣的各种政治见解，采纳他们的建议，对明朝原有的选举制、官制等进行了一系列改革，并把汉族官僚地主拉拢过来，为清朝效力。

　　清政权入关后，完全承袭明朝科举制度。然而，满族人参加科举考试，却经历禁止、限制以及汉族一体应试的曲折过程。清政权为了保持八旗军力，维系满族固有的"国语骑射"，最初禁止满族参加科举考试。顺治帝登基时颁诏"开科举，八旗子弟不与"⑤。在顺治二年、三年（1645、1646）的两次科举考试中，旗人均不参加应试。顺治八年（1651），在吏部官员的建议下，才允许八旗子弟参加乡试、会试，应试者为八旗生员，即秀才。八旗生员由本旗各佐领考试录取，只是一种形式，时举时停。起

① 王先谦：《清东华录全编》，"天聪三年"条，学苑出版社2000年版。
② 《清太宗实录》卷十八。
③ 赵尔巽等：《清史稿》卷二百三十九，中华书局1977年版，第9520页。
④ 《天聪朝臣工奏议》卷上，《杨方兴条陈时政奏》。
⑤ 赵尔巽等：《清史稿》卷一百零八，中华书局1977年版，第3148页。

初，旗人参加乡试，只在文字上加以限制，满洲八旗和蒙古旗人乡试，要求用满文或蒙文作文一篇，会试时加倍。汉军旗人则要求写书艺两篇、经艺一篇。

清初，有两次满汉分榜，一次是顺治九年（1652），满榜状元是麻勒吉，第二次是顺治十二年（1655），满榜状元是图尔宸。其中麻勒吉官至广西巡抚，图尔宸官至工部侍郎。还有一个蒙古状元崇绮，其女儿阿鲁特氏嫁于同治帝。同治帝病死后，阿鲁特皇后受慈禧太后百般羞辱，遂不食而死。这位蒙古状元在八国联军侵华时离开京师，在保定自杀。康熙二十六年（1687），取消满汉分榜制度，八旗子弟与汉族一体乡试，并规定满人要使用汉文。所不同者，旗人考生有固定的录取名额，顺天乡试额定录取满洲、蒙古10名，汉军5名，大多可中取①。早在顺治十四年（1657）正月，顺治帝曾颁谕称：今八旗人民，"皆由限年定额，考取生童，乡会两试，即得录用，及各衙门考取他赤赤哈哈番、笔帖式，徒以文字得官，迁转甚速，以故人乐趋之"②。清朝统治者允许满人应考，并明确要求使用汉字考试，是从政治现实出发作出的明智选择，也是清代关内满族与汉族融合的突出标志，从而使科举考试成为满族汉化的重要途径。与此同时，正因为旗人乐此不疲，致使不喜武事。为此，顺治帝称："今八旗人民，怠于武事，遂至军旅隳坏，不及曩时。"③

旗人有很多途径可以当官，科举之名逐渐让于汉人，即"旗人不占鼎甲"。据统计，清朝历届殿试前三名共计324名，其中江苏117名，浙江76名，安徽20名，江南三省共占63%，而满蒙子弟只有3名。清朝，任用的大学士、尚书、侍郎等朝廷高官中，汉人有140名，占1/4。汉人出任高官，要有进士出身。但旗人无此条件所限制，在420名旗人高官中，也只有寥寥的几个进士出身。乾隆一朝60年中，选拔大学士60人，其中汉人25名，全部是进士出身，而旗人35名中，只有4个是进士。④

入关之初，清朝统治者就宣布承认明朝的举人、秀才身份，并允许他们参加清朝各级的选官考试。顺治时期已实现科举考试。顺治二年（1645）八月，浙江总督张存仁以地方上存在着"反顺为逆者"，建议清朝

---

① 徐凯、张婷：《满洲本部构成与八旗佐领分布》，《清史论丛》2007年号。
②③ 赵尔巽等：《清史稿》卷五，中华书局1977年版，第148页。
④ 林白、朱梅苏：《中国科举史话》，江西人民出版社2000年版，第69-70页。

政府"速遣提学，开科取士，则读书者有出仕之望，而从逆之念自息"①，以开科取士的方法来达到笼络人心、巩固统治的目的。张存仁称这种办法为"不劳兵之法"。同时，范文程也提出："治天下在得民心，士为秀民。士心得，则民心得矣。"②"宜广其途以搜之。"③他建议依明朝科举制实行乡试、会试，以选拔优秀士子充实官僚机构，被清政府所采纳。当年八月，举行乡试。接着，顺治三年（1646）三月，在北京会试天下举人，命大学士范文程、刚林、冯铨、宁完我为会试总裁官。四月，举行了殿试，并规定："嗣后以子、卯、午、酉年乡试，辰、戌、丑、未年会试。奉特旨开科，则随时定期。"④清代选官制度由此开始。同时，清政府还宣布承认明朝的举人、秀才身份，允许他们参加清政府所举行的各级科考。清初，汉族知识分子正处于"寇难以来，士子无不破家失业，衣食无仰"之际⑤，清政府开科取士，使"读书者有出仕之望"，从而得到一些知识分子的拥护。顺治二年（1645），在全国大部分地区仍处战乱的情况下，便举行初次科考。顺天乡试，"进场秀才三千"，多尔衮惊叹："可谓多人！"⑥科举考试吸引了一批知识分子，在一定程度上缓和了不少汉人的反抗情绪，巩固了满洲贵族统治者的政治基础。

康熙时期，满洲贵族对全国的统治已经基本确定下来，为了进一步缓和民族矛盾，争取更多汉族知识分子的支持，康熙帝多次颁令征召才学兼优的汉人来做官。他在六次南巡途中，经常召见各地知名学者，有时不经考试就赐给他们"出身"，收罗了一大批汉族知识分子。康熙十七年（1678），举行"博学鸿儒"科，为科举定例之外特设的"制科"。正规的科举考试，每三年举行一次。先在各省城考试，称为"乡试"。参加乡试者必须是府州县的生员，通称诸生（秀才）。生员参加乡试得中，称为举人。举人可于第二年到京师礼部应考，称为会试。会试合格的人为贡士。贡士再赴太和殿应试，称为殿试或廷试，由皇帝出题策问。殿试发榜分三甲，一甲为状元、榜眼、探花三人，二甲和三甲人数不定。二甲赐进士出

---

① 《清世祖实录》卷十九。
② 赵尔巽等：《清史稿》卷二百三十二，中华书局 1977 年版，第 9353 页。
③ 《清史列传》卷五，中华书局 1987 年版。
④ 《钦定大清会典事例》卷三百三十。
⑤ 曹溶：《条陈学政六事》，载罗振玉等：《皇清奏议》卷一，上海古籍出版社 1996 年版。
⑥ 有为血胤等：《多尔衮摄政日记》，广文书局有限公司 1976 年版，顺治二年闰六月二十一日。

身，三甲赐同进士出身，统称为进士。殿试后状元授职翰林院修撰，榜眼、探花授职翰林院编修。进士还要在保和殿进行朝考，名列前茅者被选为翰林院庶吉士，称为"馆选"。庶吉士在庶常馆读书三年，考试散馆。成绩优秀者留为翰林院编修、检讨，其余分别授官，可迁至高位。

和雍正帝一样，乾隆帝对满洲官僚染上汉习也不以为然，曾在进士出身的福建巡抚钟音所上密折上批道："大约尔等满洲进士出身者，无一好者，戒之。"①明确表示：八旗"有托名读书，无知妄作，自蹈嚣凌恶习者，朕必重治其罪"。②汉人在入仕与升迁机会上，比满人困难得多。汉人要经过科考正途才能入仕，满人可不通过科考，可通过捐笔帖式、袭荫等方式入仕，且较汉人容易得多。"满洲本性朴实，不务虚名；即欲通晓汉文，不过于学习清语技艺之暇，略为留心而已。近日满洲熏染汉习，每思以文墨见长，并有与汉人较论同年行辈往来者，殊属恶习！……（鄂昌）又以史贻直系伊伯父鄂尔泰同年举人，因效汉人之习，呼为'伯父'，卑鄙至此，尚可比于人数乎！？此等习气，不可不痛加惩治。嗣后八旗满洲须以清语骑射为务……如有与汉人互相唱和、较论同年行辈往来者，一经发觉，决不宽贷！著通行晓谕部院八旗知之。"③从此，八旗满洲连作诗学文也要犯罪，和汉人文字往来、朋友交契、论弟称兄，都是"国法"所不容的。封建统治者就是这样挑拨离间满、汉之间的关系的。例如，皇族爱新觉罗·舒坤在批注《随园诗话》时说："时帆诗才，为近来旗人中第一。尝以京察引见，高宗（乾隆）恶其沾染汉人习气，不记名。"时帆，指的是内务府包衣法式善（1752~1813年），蒙古正黄旗人，是旗人中较有名的诗人之一。其实，要讲"沾染汉人习气"，乾隆帝自己无时无地不在题诗作字。其中不仅是"只许州官放火，不准百姓点灯"，而是有更深层次的政治考虑。清代对文人管理严格，汉人官员处于欲自称"奴才"而不得的境地。乾隆帝六下江南，奢侈腐化，"花的银子跟海水似的"，满汉官员无人敢直谏规劝。侍读学士纪晓岚曾略露不满，便遭到乾隆帝的呵斥："朕以汝文学尚优，故使领《四库》书馆，实不过以倡优蓄之，汝何敢妄谈国事！"④从中可见汉族士人真实的生存处境。

---

① 《宫中档乾隆朝奏折》第40辑，第554页。
② 《乾隆朝上谕档》，乾隆二十三年三月二十七。
③ 《清高宗实录》卷六百九十八。
④ 天嘏：《清代外史》，载《清代野史》卷一，巴蜀书社1998年版。

　　八旗的教育事业，在顺治年间就已兴起。清代专为八旗子弟举办的官办学校有义学和官学之分。入关后，建立起专供八旗子弟读书的各种官学，学成肄业期满后就可授予一定的官职。八旗教育中有许多优待措施，如八旗世职官员及世管佐领等，年幼未上朝者，送入各旗官学读书，学习清、汉文与骑射。"如有越旗居住，原就附近官学肄业者，由该旗行文，准其在就近官学读书。其世职学生内，有习于便安懒惰者，驳回该旗，止领半俸，效力当差，如行走劝谨，三年无过，该都统等据实奏闻，准支全俸。"①

　　八旗官学。顺治元年（1644）十一月，国子监祭酒李若琳奏请："满洲八旗地方，各觅空房一所，立为书院，将国学二厅、六堂教官，分教八旗子弟。"②次年五月，清政府正式设立八旗官学，每两旗设 1 所学校，在京城内设八旗左右翼官学 4 所，专收八旗子弟为学生，学习满、汉文兼习骑射。学生名额，初为满、蒙、汉军每佐领 1 人；后改为每旗百人，满洲旗人 60 人，蒙古旗人、汉军旗人各 20 人。

　　雍正五年（1727），根据国子监祭酒孙嘉淦的建议，清政府准将八旗官学改为每旗设 1 所学校，在北京共设 8 所八旗官学。从招生情况来看，"一旗额设官学生一百名，分派满洲六十名，约三十名习满文，三十名习汉文；蒙古二十名；汉军二十名"③。由此来看，在 8 所八旗官学里，共有学生 800 名。其中满洲学生 480 名，蒙古学生 160 名，汉军学生 160 名。雍正时，八旗官学学生人数约有 80 人。嘉、道以后，此学渐废弛。光绪二十八年（1902），改并为学堂。

　　宗学。顺治十年（1653），清政府决定："每旗各设宗学，每学选取满洲生员一人为师，给予七品顶戴。凡宗室子弟十岁以上，俱入宗学，教习清书（满文），其汉书听自延师教习。"④后来，宗学隶属宗人府管理，按八旗左右翼分设两所宗学。其学生人数，前后屡有变化，如嘉庆时定为左右翼各 100 人。

　　景山官学。康熙二十四年（1685），康熙帝针对内务府人员文化落后的状况指出："看来内务府竟无能书射之人，应设学房，简选材堪书射者，

---

① 杨一凡：《中国珍稀法律典籍续编》，黑龙江人民出版社 2002 年版，第 66 页。
② 《清世祖实录》卷十一，第 15 页。
③ 《钦定大清会典事例》卷一千一百零一，中华书局 1991 年版，第 18071 页。
④ 《大清会典事例》（光绪）卷三百九十三。

令其学习。"① 根据这一谕旨，清政府于次年在北上门两旁官房设景山官学，分成满学 3 个班、汉学 3 个班。到嘉庆年间，镶蓝旗、正白旗的名额均是 124 人，正黄旗名额为 140 人。

此外，八旗官学陆续设立，还有觉罗学、咸安宫官学等。京西的外火器营、圆明园护军营、健锐营和京东密云的军营也均设有随营官学，均教授清文（满文）、汉文和骑射。起初，官学强调学习满、汉两种文化。康熙二十六年（1687），清政府规定满族使用汉文应试后，各类八旗官学均以学习汉文化为主，使满族人学习汉文化成为主流。满族人震钧在谈到八旗官学的作用时说："八旗子弟无虑皆入学矣。至近数科，每一榜出，官学人才居半。"② 八旗官学生的科举功名之盛可以证明，满族人的汉文化水平与汉族已经没有太大差别。

雍正二年（1724）闰四月，雍正帝"特立义学"，"教训宗室子弟"，旨在"鼓舞振兴，循循善诱"，"使之改过迁善，望其有成。"③ 雍正六年（1728）设立咸安宫官学，挑选"包衣佐领内管领之子弟，并景山官学生内"颖秀者"入学肄业"④。雍正七年（1729），设觉罗学，"觉罗子弟八岁至十八岁，入学读书习射，规制略同宗学。学成，与旗人同应岁、科试及乡、会试，并考用中书、笔帖式"⑤。其中，在名额分配上，镶黄旗 61 个，正黄旗 36 个，正白旗、正红旗各 40 个，镶白旗 15 个，镶红旗 64 个，正蓝旗 39 个，镶蓝旗 45 个。满、汉教习，除镶白旗 1 人外，每旗各 2 人。通过教育满洲贵族子弟，对于限制诸王、旗主权力起到一定辅助作用。

八旗义学，建于北京城内，专收满洲及蒙古八旗子弟入学。康熙三十年（1691）创办，初置时每旗各建校 1 所，每佐领限送 1 名 10 岁以上幼童入学，习满汉文兼习骑射。雍正二年（1724），合并为 2 所，限家贫不能延师者入学。雍正六年（1728），复增设 5 所，规定 10 岁以上、20 岁以下的八旗子弟均可入学。光绪二十八年（1902），改并为学堂。盛京八旗义学，主要招收家境贫寒而无力入官学读书的八旗子弟，创设于康熙三十

---

① 《大清会典事例》（光绪）卷三百九十三。
② 震钧：《天咫偶闻》卷四，北京古籍出版社 1982 年版。
③ 《清世宗实录》卷十九，第 5 页。
④ 《清世宗实录》卷七十五，第 7 页。
⑤ 赵尔巽等：《清史稿》卷一百零六，中华书局 1977 年版，第 3111 页。

年（1691），于盛京八旗各设 1 所，共 8 所。

八旗考试分为童试、乡试、会试、殿试。

八旗童试创立的时间是顺治八年（1651），清政府下令准八旗满洲等旗人子弟考顺天府学。应考者无论年龄大小，均称童生。考中者称生员。初行此制，时举时罢。至康熙六年（1667），始准八旗满、蒙编满字号，汉军编合字号，与汉人一体应试汉文。自此，遂成定制。中额，初为满、汉军各 120 名，蒙古 60 名。康熙二十三年（1684），改为满、蒙各 60 名，汉军 30 名。至光绪三十一年（1905）废止。

八旗乡试，则是逢子、卯、午、酉年为正科，遇庆典，皇帝加恩为恩科。顺治八年（1651），令满洲八旗等旗人子弟应乡试。满、蒙八旗应试子弟须试满、蒙文一场，属汉军的须试汉文三场。揭晓时，满、蒙另出一榜，汉军附于汉榜。顺治十四年（1657）停试。康熙八年（1669）复行，令满、蒙编满字号，汉军编合字号，与汉人一体试汉文，同榜揭晓。乡试中额，八旗满洲初为 50 名，后减至 33 名；蒙古初为 20 名，后增至 33 名；汉军初为 50 名，后减至 16 名，光绪三十一年（1905）废止。

八旗会试，清代旗人科举考试名目之一。逢辰、戌、丑、未年举行，若乡试有恩科，则次年亦举行会试。满洲八旗等旗人举人应会试，始于顺治九年（1652）。满、蒙八旗应试者须试满、蒙文一场，汉军试汉文三场。揭晓时，满、蒙另出一榜，汉军与汉人同榜。顺治十四年（1657）停。康熙九年（1670）复行，与汉人一体试汉文，同榜揭晓。会试中额，初为满洲、汉军各 25 名，蒙古 10 名。康熙三十五年（1696 年）后，视应试人数，临时定额。光绪三十一年（1905 年）废止。

八旗殿试是皇帝对会试被录取的贡士亲自策问的考试，亦称廷试。应试中者，赐甲第，称进士。初为四月举行，后改为五月。顺治九年（1652），始令八旗满洲等旗人贡士应殿试。八旗满、蒙归满榜，兼试满文；汉军归汉榜。顺治十二年（1655）乙未科仍分榜，顺治十四年（1657）停。康熙九年（1670）复行，满、汉一体试汉文，同榜揭晓。至光绪三十一年（1905）废止。

驻防八旗的科举也包括乡试、会试等名目。嘉庆二十一年（1816）以前，各省驻防八旗之生员和贡生、监生，须赴北京乡试。从嘉庆二十一年（1816）开始，清政府准许八旗满洲等驻防旗人子弟于各驻防省份单独乡试，另编"旗字号"，随同当地汉人一起乡试。规定 10 人取中 1 人，大省不许逾 3 名，陕西、甘肃两省不许逾 2 名。道光二十四年（1844），停止驻防八旗文试，只准应翻译乡试。咸丰十一年（1861），恢复驻防文试。嘉庆二十一年（1816），允许各驻防省份单独乡试后，中举者赴北京与京旗举人一体应会试。唯试卷弥封处用驻防戳记，另定中额，发榜时，注明驻防字样。到光绪三十一年（1905），随着科举考试的停止，乡试和会试同时废止。

在吉林、黑龙江将军辖区内，清政府将当地满族以及东北其他少数民族编入八旗，在各驻防城陆续设立了专门学习满文的学校，反对汉族官员提出的科举考试要求，禁止满族人参加科举考试。

清政府之所以在吉林和黑龙江设立满文学校，与清朝统治者重视东北边疆有密切关系。顺治时期，东北全境八旗兵 2403 名，至康熙前期，增至 9454 名。康熙二十八年（1689），中俄两国签订《尼布楚条约》后，虽然两国关系渐趋缓和，清政府仍继续加强在吉林、黑龙江的设防，驻兵持续增加，急需大批官员管理地方事务。当时，关内一些满族官员渐习汉语，生活渐趋汉习，加上贪图享受，几乎无人乐意前往赴东北任职。在此形势下，清政府采取措施，建立满文学校，就地培养人才。

吉林将军辖区的满文学校有①：①吉林乌拉城（今吉林省吉林市）。八旗左右翼各设 1 学，康熙三十二年（1693）公捐营建，校舍"左右翼官学各十间"。每学设助教官 1 人、教习 4 人。八旗每佐领每年学生额 4 人，吉林乌拉城八旗驻防计 48 佐领，每年入学人数为 192 人。②伯都呐城（今吉林省松源市）。八旗左右翼各设 1 学，雍正四年（1726）公捐营建，校舍 5 间。"委教习二人，每旗学生额六名"。八旗合计每年入学人数为 48 人。③三姓城（今黑龙江省依兰县）。八旗左右翼各设 1 学，"雍正五年（1727）事中王锦奏准设立，无品级满学官一员"。校舍共有 6 间，委教习 2 人。八旗每佐领学生额 4 人，三姓城八旗驻防计 15 佐领，每年入学人数为 60 人。④宁古塔城（今黑龙江省宁安市）。八旗左右翼各设 1 学，雍正六年（1728）公捐营建，校址位于城内东南隅，校舍共有 6 间。"每学教习笔帖式一员，八旗每佐领学生额六名"。宁古塔城八旗驻防计 15 佐领，每年入学人数为 90 人。⑤阿勒楚喀城（今黑龙江省阿城市）。

① 长顺修、李桂林：《吉林通志》卷四十九，载《学校志》，吉林文史出版社 1986 年版。

雍正五年（1727）公捐营建，校舍最初 3 间，后增为 5 间。"教习笔帖式一员，八旗每佐领学生额三名"。阿勒楚喀城八旗驻防计 7 佐领，每年入学人数为 21 人。⑥珲春（今吉林省珲春市）。雍正五年（1727）八旗兵营建，校舍 3 间，学生人数文献没有明确记载。珲春八旗驻防计 3 佐领，若按每佐领学生额 4 人计算，每年入学人数应为 12 人。⑦乌拉城（今吉林省永吉市北乌拉街）。八旗左右翼各设 1 学，雍正七年（1729）公捐营建，校舍 6 间，"每岁额送学生四名"。乌拉城八旗驻防计 8 佐领，每年入学人数为 32 人。⑧拉林堡（今黑龙江省五常市拉林乡）。乾隆二十一年（1756）公捐营建，校舍 5 间，"每佐领名下额送学生三名肄业"。拉林堡八旗驻防计 6 佐领，每年入学人数为 18 人。⑨额穆赫索罗（今吉林省敦化市额穆乡）。八旗兵营建，"教习笔帖式未设，生徒无定额"，校舍 3 间。清政府在当地驻防八旗兵 120 人，学生人数若按每佐领 3 人计算，每年入学人数应为 9 人。

黑龙江将军辖区的满文学校有：①墨尔根城（今黑龙江省嫩江县）。校址位于城内八旗公署后，校舍 3 间，八旗每佐领下每年选送 1 人入学。②齐齐哈尔城（今黑龙江省齐齐哈尔市）。校址位于齐齐哈尔城东门外，校舍 5 间，八旗每佐领下每年选送 1 人入学。③黑龙江城（今黑龙江省黑河市）。校址位于黑龙江城八旗公署南，校舍 6 间，八旗每佐领下每年选送 1 人入学。④呼兰城。学校建于道光十四年（1834），校址位于呼兰城内城守尉府，八旗每佐领下每年选送 1 人入学①。

吉林和黑龙江各驻防城的学生，由协领或佐领根据名额选送，每年春季入学，"教授悉用清文"②。清政府虽然也强调骑射，但重点是学习满文，因为建立满文学校的主要目的就是为当地培养所需要的文职官员。如乾隆八年（1743），清政府令值年御史赴黑龙江各学校，"查考所教生徒，内有清文通顺，字画端楷者，准按名记档。如遇堂库各司办事乏人，挨次顶补，不堪造就者，除名"③。由此可知，学生只有掌握满文，才能有机会充当地方官员。

旗人人口少，做官机会又较多，加之清政府积极鼓励满人踊跃应考，

---

① 《呼兰县志》（民国）卷二，中华书局 1994 年版。
② 西清：《黑龙江外纪》卷三，中国方志丛书本。
③ 《清高宗实录》卷一百九十五。

在科举录取人数上予以优待，于是出现了旗人踊跃应举的局面。清代通过童生考试进入府州县学读书的士人，被称为生员。童试是科举的初级考试，竞争最为激烈。汉族人一般是50名童生录取1名生员，旗人则相对容易。据记载，嘉庆初年"在京八旗满洲、蒙古童生，额进六十名，核计近年应试人数，均在五六名内取进一名"①。录取率若按5∶1计算，旗人童生录取率是汉族的10倍，实际录取率则高于此数。生员参加各省乡试，取中者称举人。清代，各省录取举人有固定名额。乾隆初年，顺天地区名额最多，为135人；贵州名额最少，仅36人。旗人在顺天考场参加乡试，清初录取举人曾一次达50人之多。康熙二十六年（1687），旗人与民人一体乡试，旗人录取举人名额为10人，到乾隆初年大致固定为27人。当时，民人生员中举人的比例各省不同，如顺天地区为80名取1名，旗人若按生员考试取60人计算，则仅是生员录取名额的1/3，较汉族大为容易。清代各省举人到北京参加会试，中试者经殿试取中后，分别赐为一甲、二甲、三甲进士。顺治九年（1652），旗人首次参加会试。当时，旗人文化教育水平远远低于汉族，因而采取满汉分榜取士办法。从康熙五十二年（1713）癸巳恩科起，确立会试分省定额制度。此科取中进士186名，八旗子弟仅6名。后来人数不断上升。乾隆元年（1736）丙辰科，取中进士300名，八旗子弟占14名。咸丰二年（1852）壬子科，取中进士244名，八旗子弟占14名②。科举考试，会试中额前十名的第四、第五、第六名例应留给满族子弟，他们的试卷也单独另出，以示优待。清朝统治者对满洲旗人之特殊关照，于此可知。

科举考试的过程，除了要求旗人必须使用和精通汉文之外，更为重要的是，它对加速民族融合的进程。有着潜移默化的影响。为了应试，旗人要熟读四书五经，开始接受孔孟之道。通过科举考试，还使旗人与民人，或结成同年之谊，或产生师生之情，进而密切了他们的关系。

---

① 《大清会典事例》（光绪）卷三百八十一。
② 《大清会典事例》（光绪）卷三十五。

# 第三章 司法

为了巩固满族在清政权中的核心地位，清朝最高统治者坚持"首崇满族"的原则，并以法律的形式确认和保护满族贵族和旗人享有司法特权，享有高于其他民族的优越地位。虽然清朝没有公开制定一个类似元代"四等人"的民族歧视法，但"八旗制度下"的法令，只是表面上的法令公平，在实施中，在奖惩各级官员和旗人时，就对汉族官员特别苛刻，对满洲官员特别优待；遇到旗人犯罪，定罪量刑，与汉人亦不相同，以示种族有别，充分体现出清朝是以满族贵族为主体的封建王朝。在司法控制上，旗、民是两个并列的管理系统，满族享有的司法特权，主要表现为审判机关、诉讼、量刑处罚、监狱等多个方面。

## 第一节 审判机关

### 一、皇族司法制度

清代皇族是满洲贵族的核心。清代皇族内部的血缘关系有亲疏远近，明确规定："凡天潢宗派以显祖宣皇帝（塔克什）本支为宗室，伯叔兄弟之支为觉罗，宗室系金黄带，觉罗系红带。"[1]作为"天潢贵胄"，享有许多特权，依照清代皇族最初的立法体系，国法、军法与家法是相通的。天聪四年（1630）审理的贝勒阿敏案，就是按照家法与军法合并论罪。

---

① 《康熙会典》卷一，《宗人府》。《钦定历代职官表》，卷六十四。

有关皇族立法，是以皇帝谕旨、臣僚议奏等形式，逐渐形成和确定下来的，最初载入《康熙会典》、《雍正会典》。其后，在乾隆时期，将自清初以来陆续形成的谕旨和案例纂修成《宗人府则例》。该律例包括：宗室、觉罗犯罪按例分别折罚科断，宗室犯斩绞罪名分别实缓，宗室不准抗传不到，宗室、觉罗不知自爱者以凡论；王等不应擅传示谕，宗室、觉罗禁例，府署例禁，宗室、觉罗呈送忤逆等 26 条款。《宗人府则例》是宗室、行政、民刑合体的行政法规，历经数朝，多次修订附例等，其主旨始终维护皇族特权和利益。

为了避免清初"罪宗"及其子弟削除宗籍之事接连发生，统治者还专门制定了"宗室犯罪停止革去宗室"的律文①。在诉讼方面，据《会典》记载，宗室犯罪，最严重不过夺去黄带子，发遣宁古塔（今黑龙江省宁安县）效力，不会处以死刑。一般旗人与民人发生争讼时，在法庭上，民人跪着，旗人则站着。旗人犯笞杖者照数鞭责；军、流、徒之罪也免发遣，分别用枷号来代替。康熙八年（1669）题准：宗室有过犯者，轻重议处其革去宗室之例，永行停止②。凡宗室有犯情罪重大，除奉特旨革去宗室，作为红带子始应黜宗室，若由本府曾同大理院定拟，各案件均不准酌拟革去宗室。

清朝统治者为制止宗室、觉罗违法乱纪，采取了各种措施，但效果不佳。嘉、道以降，宗室、觉罗内违法案件层出不穷。部分宗室、觉罗在社会上横行不法，败坏社会风气，引起百姓不满，故统治者对于这类不争气的族人，也分别视情节轻重加以惩治。乾隆二十一年（1756），宗室子弟长智戮伤民人宋天祥，致其身死，将军清保上奏朝廷，乾隆帝认为长智的行径有玷皇族颜面，应"较常人加倍治罪"③。嘉庆十三年（1808），正蓝旗宗室敏学带领家人，醉酒后与卖白薯的民人斗殴，殴伤街上士兵。嘉庆帝命交宗人府会同刑部秉公审讯，并将总族长、族长、学长一概查明，严加议处④。

清朝优待宗室、觉罗，但有些宗室、觉罗子弟上街寻衅闹事时不系

---

① 《宗人府则例》（光绪）卷三十，第 21 页。
② 杨一凡：《中国珍稀法律典籍续编》第 6 册，黑龙江人民出版社 2002 年版，第 425 页。
③ 《清高宗实录》卷五百一十二，第 2 页。
④ 《清仁宗实录》卷一百九十六，第 9 页。

黄带、红带。对于这类子弟，《宗人府则例》定有"不知自爱者应以凡论"专条。乾隆三十年（1765），觉罗寅住未系带上街斗殴受伤，乾隆帝命将其照例治罪，而殴伤他的家奴德清则照殴民人例治罪①。乾隆四十三年（1778），对殴伤宗室、觉罗较殴伤民人加倍治罪旧律附加了更严格的条件，即不但不系腰带被殴伤的宗室、觉罗"以凡论"，对于那些径入茶楼、酒肆滋事，与人殴斗先行动手的宗室、觉罗，不论曾否腰系黄带子、红带子，均照寻常斗殴案审理。清朝中叶以后，宗室子弟习于骄纵的日益增多。清朝皇帝对少数横肆街市、伤人毙命的凶恶之徒，通常惩治不贷。②

《宗人府则例》在定罪和诉讼等方面，维护皇族特权，严格规定有异于民人的内容。宗室、觉罗犯罪，须将所犯事情实封奏闻。宗室、觉罗犯罪，除十恶外，可以折罪和免死。宗室、觉罗犯罪，应先革去顶戴，实行跪审；犯笞杖罪名，实行责打；军、流、徒罪，免发遣，分别枷号，实行圈禁换刑和减刑的优待。宗室、觉罗告诉之案，必须与本人有干系之事，否则不予受理。

旗人的诉讼自成一套系统，首先表现为，从中央到地方都设立专门审理旗人诉讼的专门司法机关，一般司法机关无权过问。审理满族贵族宗室、觉罗诉讼案件的司法机关，主要有宗人府、内务府慎刑司和户部现审处。其中，宗人府主要负责审理满族贵族宗室、觉罗诉讼案件，内务府慎刑司专门审理内务府管辖的上三旗或宫廷太监案件，户部现审处负责审理八旗地亩等民事案件。

清朝入关以后，顺治九年（1652）设立宗人府，凡有与宗室、觉罗即皇族民事纠纷和刑事诉讼案件，统一由宗人府会同户部或刑部在宗人府主持或参与审理。"户婚田土之讼，系宗室，由府会户部；系觉罗，由户部会府。人命斗殴之讼，系宗室，由府会刑部；系觉罗，由刑部会府。犯事到案，无论承审者何官，俱先摘去顶戴，与平民一体长跪听审，结案时，如实系无干，奏明给还顶戴。"③"事涉贝勒以下者，承审官可以直接传问；昔系亲王、郡王，则行文讯问，只有奏明皇帝批准后，才能传问。宗室犯

① 《宗人府则例》（光绪）卷三十一，第2页。
② 刘小萌：《爱新觉罗家族全书·家族全史》第1卷，吉林人民出版社1997年版，第319页。
③ 《大清会典》（光绪）卷一，《宗人府》。

法，宗人府会同刑部审理，由宗人府主稿；觉罗犯法，刑部会同宗人府审理，由刑部主稿。涉及户婚田土案件，宗室由宗人府会同户部审理；觉罗由户部会同宗人府审理。如果判其有罪，轻则折罚，重则施惩，而加圈禁，若罪大则奏闻皇帝以定裁决。"①这个贵族司法体系，一直持续到清末司法改革。

内务府是管理宫廷内部事务的机构，由满洲上三旗（镶黄、正黄、正白旗）的 15 个包衣佐领、18 个旗鼓佐领、2 个朝鲜佐领、1 个回佐领、30 个内管领的包衣人组成。内务府府属三旗的司法交慎刑司审理。凡内务府佐领、管领下人获罪及互控，由各部院衙门咨送审议者：判罪在杖100 以下的，由慎刑司结案；判罪在徒以上的，移送刑部定案；其军、流、徒罪折枷及本罪应枷之犯，皆送刑部枷示，满日仍由刑部责放，应刺字者与此相同。"凡审理重案有应夹讯者，移咨刑部，取用刑具并取用刑人役；有应检验尸伤者，移咨刑部，委司官率领仵作稳婆会同检验。"只有应杖责、鞭责者，由慎刑司的 6 名鞭吏掌刑。"凡奉特旨交讯，及首告机密，事干职官，奏请推鞠之案，罪应死者，皆会同三法司会审，由内务府主稿具题，得旨后，再交刑部依原题治罪。"②

内务府慎刑司设于顺治十一年（1654），初名尚方司，后改称尚方院，康熙十六年（1677）更名慎刑司。设郎中二人及员外郎等员。凡审办案件，笞杖者，自行处理；徒罪以上者，咨送刑部；奉旨交审重案时，则会同三法司定拟题结。文武官员因事处分，各自依照吏部则例和兵部则例办理；太监如犯罪，则比照刑律定罪；赃款、罚款及赎款，则上缴广储司。遇到旗人、民人之间发生诉讼之事，如在京师，旗人可向该管佐领起诉，民人则向主管衙门起诉，然后各自机关将原告口供、证据详情转告户部，查明后结断。如发生在地方，虽由州县审理，但无权对旗人作出判决，只能将证据和审判意见转送满人审判机关处理。如必须将旗人监禁，也不关入普通监狱，贵族宗室关入宗人府空房，一般旗人关入内务府监所。

---

① 《大清会典》（光绪）卷一，《宗人府》。
② 《大清会典事例》（光绪）卷一千二百一十二，第 12 册下，《内务府》，《刑制》，第 1047、1048 页。

## 二、审判旗人的司法机构

审判旗人的司法机构，从中央到地方都有专门特设。其中，负责京师所在地普通旗人诉讼案件的机关，是步军统领衙门；负责京外省区一般旗人案件的机关，是将军、正副都统衙门；专门审断盛京地区旗人的机关，是盛京（今沈阳）刑部。另外，旗营驻防地旗人之间出现诉讼，则由驻防八旗的理事同知审理。旗人实行特别的司法管辖，管理旗人民事刑事案件的是理事厅，官员为通州理事通判①。

京师旗人案件中，京师旗人的田宅、土地案件由所属牛录的佐领（及其上司）审理。清律第三百三十二条（越诉）（乾隆四十八年定例）附例规定："八旗人等，如有应告地亩，在该旗佐领处呈递。如该佐领不为查办，许其赴部及步军统领衙门呈递。其有关涉民人事件，即行文严查办理。"本附例前段均指旗人。另外，还有应议者犯罪，宗室负欠逞凶行殴，酌加枷责，监禁已革宗室，恳暂行出监，犯罪、免发遣等条款②。

各省旗人与民人之间发生的案件，如系刑事案件，则由维护旗人司法特权的理事厅会同州县审；如系民事案件，则由州县审理。故清律规定：

凡各省理事厅员，除旗人犯命盗重案，仍照例会同州县审理外，其一切田土、户婚、债务细事，赴本州县呈控审理。曲在民人，照常发落；曲在旗人，录供加看，将案内要犯审解该厅发落。③

旗民之间的诉讼，普通司法机关虽有受理权，但无判决权。只能将旗人的口供及审拟意见转送各专门司法机关处理。旗民官员犯罪，须先呈报皇帝请旨，司法机构不得自行提审。内务府慎刑司专理上三旗案件。其他汉人官衙不得审判旗人。地方府县审理旗人案件无权判决，须呈报旗人将军、副都统、理事同知审处。地方官员可以审理涉及旗人的地方案件，但无权判决，只能提出审理意见，交由相应的旗人审判机关——理事厅处理。如皇族的旗地案件，"不准在外州县呈控"④，由宗人府或户部受理，

① 中国第一历史档案馆：《顺天府全宗》档案，第12号、第66号、第177号。
② 《大清律例》卷三十，《诉讼》，《越讼》。
③ 《大清律例》卷三十，《诉讼》，《军民约会词讼》，雍正七年定例。
④ 《宗人府则例》卷三十一，《宗室不准在外州县呈控地亩》，光绪二十四年刻本。

"如庄头、民人等抗租霸地，准其在户部具呈，官为查办"。<sup>①</sup>凡与军事有关的案件，按《大清律例》中《兵律》、《军政》规定处理，士兵可由军官审判，军官交吏部、刑部议处治罪。在京师的旗人，与民人发生户口、田房等案，民人向本地方官府呈递，旗人先向该佐领呈递，如该佐领不为查办，则可向户部或步军统领衙门呈递<sup>②</sup>。最后，这类案件仍由州县衙门与理事厅会审。至于盛京地区，与直省地方不同，"无论单旗单民交涉，与会旗查勘之案，均令州、县自行审理"，"旗员不得干预"<sup>③</sup>。民事案件，由州县结案；人命盗窃刑事案件，则由州县审转有关道员，送至盛京刑部；吉林、黑龙江的案件也由盛京刑部主管。

表 3-1　《中科院近史所藏一史馆刑科题本目录》<sup>④</sup>

| 序号 | 时　间 | 官　司 | 责任者 | 案　由 |
|---|---|---|---|---|
| 1 | 道光元年二月十八 | 大学士管理刑部事务 | 戴均元等 | 题为京师旗民吉尔章阿因续鸡奸珠尔汉议准枷鞭事 |
| 2 | 道光元年四月二十一 | 大学士管理刑部事务 | 戴均元等 | 题为京师旗民庆连殴伤伊妻那氏身死议准绞监候事 |
| 3 | 道光元年五月初十 | 大学士管理刑部事务 | 戴均元等 | 题为盛京奏旗民黄二因图鸡奸砍伤朱小潘阳身死议准斩立决事 |
| 4 | 道光五年十一月初七 | 大学士管理刑部事务 | 戴均元等 | 题为京师旗民百明殴伤伊妻于氏身死议准绞监候事 |
| 5 | 道光五年十一月初七 | 大学士管理刑部事务 | 托津等 | 题为蒙古三座塔旗民孟森强奸奴妇得几特玛已成伤咽喉身死议准斩立枭示决事 |
| 6 | 道光十年八月二十 | 盛京兼署刑部侍郎事务 | 凯音布等 | 题报奉天府辽阳州旗民王明举戳伤伊妻张氏身死拟绞监候事 |
| 7 | 道光十一年十月二十七 | 大学士管理刑部事务 | 卢荫溥等 | 题为吉林旗民讷苏肯殴伤伊妻伊尔根觉罗氏议准绞监候事 |
| 8 | 道光十一年十二月十九 | 盛京刑部侍郎 | 凯音布等 | 题报辽阳州旗民苏潮作等戳伤图奸伊妻之王得壮身死拟绞监候事 |
| 9 | 道光十一年十二月十九 | 大学士管理刑部事务 | 卢荫溥等 | 题为直隶热河旗民色向导特因续奸将本夫塔几嘎尔勒殴身死议准斩立决事 |

① 《户部则例》卷一百，《现审田房词讼》，同治十二年刻本。
② 《大清律例》卷三十，《诉讼》，《越讼》，乾隆四十八年定例。
③ 祝庆祺等：《刑案汇览》卷五十九，《断狱》，《有司决囚等第》，光绪十九年上海鸥文书局刊本（下同）。
④ 中国台湾《中科院近史所藏一史馆刑科题本目录》，汉籍电子文献库，http://www.sinica.edu.tw。

| 序号 | 时　间 | 官　司 | 责任者 | 案　由 |
|---|---|---|---|---|
| 10 | 道光十四年三月十二 | 盛京刑部侍郎 | 祥康等 | 题报宁运州旗民江谷训故杀伊妻魏氏身死拟绞监候事 |
| 11 | 道光十四年三月十二 | 盛京刑部侍郎 | 祥康等 | 题报新民厅旗民周恒玉因进继周刘氏二子遭拒戳伤堂侄周碌身死拟绞监候事 |
| 12 | 道光十四年五月二十八 | 盛京刑部侍郎 | 祥康等 | 题报广宁县旗民那清等钩殴与那于氏通奸之子士秀身死拟绞监候事 |
| 13 | 道光十四年六月十八 | 户部尚书管理刑部事务 | 王鼎等 | 题为满洲旗民兴宝咬伤伊母那关氏手腕议准革去候补笔帖式发边当差事 |
| 14 | 道光十四年六月十九 | 户部尚书管理刑部事务 | 王鼎等 | 题为盛京宁海县旗民韩兆升殴伤未婚妻王氏身死议准绞监候事 |
| 15 | 道光十四年十一月十四 | 户部尚书管理刑部事务 | 王鼎等 | 题为盛京广宁县旗民那青等钩伤与于氏通奸之于士秀身死议准绞监候事 |
| 16 | 道光十五年二月初一 | 户部尚书管理刑部事务 | 王鼎等 | 题为吉林旗民恩特和莫棒伤伊妻牛格勒氏身死议准绞监候事 |
| 17 | 道光十五年十一月初六 | 大学士管理刑部事务 | 王鼎等 | 题为盛京旗阿令阿强奸旗人小令不遂女不令不遂用刀杀死议准斩立决事 |
| 18 | 道光二十五年三月初十 | 刑部尚书 | 阿勒清阿 | 题为吉林旗民七十一故杀伊妻张氏身死议准绞监候事 |
| 19 | 道光二十六年二月二十七 | 盛京刑部侍郎 | 广林等 | 题报凤凰城旗民艾德锦布等轮奸旗民李添亮幼女小东身死拟斩立决事 |
| 20 | 道光二十七年十月二十八 | 大学士管理刑部事务 | 宝兴等 | 题为京师东城旗民祥着与韩幅姐儿通奸诬告他人议准杖流事 |
| 21 | 道光二十八年十二月十一 | 兼署刑部侍郎 | 灵桂等 | 题为奉天府海城县旗民吴尚柏等揪按奸拐妻母之张荣撴永受伤身死拟绞监候事 |
| 22 | 道光三十年四月十二 | 盛京刑部侍郎 | 景淳等 | 题报海城县旗民杨站树踢伤伊妻张氏身死拟绞监候事 |
| 23 | 道光三十年六月十七 | 刑部尚书 | 阿勒清阿 | 题为吉林旗民泳升商同和兴勒死令王氏卖奸索银之曹发议准绞监候事 |
| 24 | 道光三十年六月二十二 | 刑部尚书 | 阿勒清阿 | 题为京师旗民□春因疯刀伤伊妻关佳氏身死准监禁五年事 |
| 25 | 同治五年八月二十 | 大学士管理刑部事务 | 周祖培等 | 题为吉林旗民姜得海戳伤斥奸之赵连住身死议准绞监候事 |
| 26 | 同治五年十一月二十六 | 大学士管理刑部事务 | 周祖培等 | 题为热河承德府旗民江通奸占张帼城之妻张邴氏等议准杖流事 |
| 27 | 同治六年三月初十 | 大学士管理刑部事务 | 周祖培等 | 题为黑龙江旗民哈拉吉善殴伤伊妻雅克萨氏身死议准绞监候事 |

| 序号 | 时间 | 官司 | 责任者 | 案由 |
|---|---|---|---|---|
| 28 | 同治八年九月初一 | 大学士管理刑部事务 | 官文等 | 题为吉林旗民丁景琛与伊妻共殴伤拒奸之周氏身死议准绞监候事 |
| 29 | 同治八年十二月十六 | 大学士管理刑部事务 | 官文等 | 题为京师步军统领旗民诚详扎死伊妻刘氏议准绞监候事 |
| 30 | 光绪五年四月初十 | 刑部尚书 | 文煜等 | 题为盛京兴京厅旗民纪明杨戳死图奸伊妻张氏之李有幅议准绞监候事 |
| 31 | 光绪五年十月二十八 | 刑部尚书 | 文煜等 | 题为吉林旗民关傅氏与姜四通奸谋死本夫格绷额议准斩立决事 |
| 32 | 光绪六年四月初三 | 盛京将军 | 岐元等 | 题报金州旗民阎邦鼐因与许氏通奸谋死本夫李汶斗拟斩立决事 |
| 33 | 光绪六年四月初三 | 盛京将军 | 岐元等 | 题报铁岭县旗民李进得与雷氏通奸砍本夫陈文身死拟斩立决事 |
| 34 | 光绪六年九月二十一 | 刑部尚书 | 文煜等 | 题为盛京铁岭县旗民李进得与陈雷氏通奸谋砍本夫陈汶身死议准斩立决事 |
| 35 | 光绪六年十一月二十六 | 盛京将军 | 岐元等 | 题为辽阳州旗民刘芒与曹马氏通奸被获本夫戳死奸妇拟绞监候事 |
| 36 | 光绪六年十二月初二 | 刑部尚书 | 文煜等 | 题为吉林旗民苏甸沈与陈谷氏通奸谋死本夫陈合议准斩立决事 |
| 37 | 光绪七年五月二十七 | 刑部尚书 | 文煜等 | 题为盛京辽阳州旗民刘芒因通奸致奸妇曹马氏被本夫发奸所登时杀死议准绞监候事 |
| 38 | 光绪七年六月初四 | 刑部尚书 | 文煜等 | 题为吉林旗民妇赵吴氏商从奸夫谋杀本夫赵哑巴身死议准凌迟处死事 |
| 39 | 光绪七年七月二十一 | 刑部尚书 | 文煜等 | 题为京师旗民玉升用枪扎伤伊妻德氏身死议准绞监候事 |
| 40 | 光绪八年二月十四 | 协办大学士管理刑部事务 | 文煜等 | 题为吉林旗民杜青山因疑奸故杀胞弟狗剩及伊妻李氏子群住各身死议准绞监候事 |
| 41 | 光绪九年四月十八 | 协办大学士刑部尚书 | 文煜等 | 题为热河承德府旗民余氏因口角致伊夫桑多尔集服洋药身死议准绞监候事 |
| 42 | 光绪九年四月二十 | 盛京将军 | 崇绮等 | 题报直隶热河承德县旗民陈泳畛因通奸独自起意谋杀本夫胡汶才身死拟斩立决刺字事 |
| 43 | 光绪十五年七月十三 | 暂署盛京将军 | 定安等 | 题报辽阳州旗民英甸起因调奸马任氏起衅戳伤王普云身死拟斩监候事 |

　　《大清律例》规定的各种刑罚，除了死刑外，皆可换刑。凡旗人在京城内及在地方区划，均有特别的裁判所，分为在京旗人裁判所和在外旗人裁判所。在京旗人的特别裁判所，是都统衙门，"杖"以下，可专决；

"徒"以上，移于刑部。关于民事者，小事专决之，大事移于户部。而于刑部，徒流之罪判决之，死罪送于三法司会审。故都统衙门掌控京旗人之第一审裁判，户部、刑部掌第二审之裁判，三法司掌终审之裁判。在外省，有旗人之裁判权的是将军及副都统。但二者驻在别地时，各以单独之名义行其裁判权。徒罪以下，判决之；流以上，以二者之连衔拟律上报。而承将军及副都统之指挥监督、直接管理事件的是理事同知。

## 三、宗室、觉罗的法律地位

清代宗室、觉罗具有特殊的法律地位。宗人府制定了宗室、觉罗刑罚《律例》，是为科断宗室、觉罗犯法之专门律条。宗室、觉罗犯法，不准在营城司坊呈控，均应控于宗人府，违者先责 40 板；宗室出京城，亦不得在州县诉讼，必回京呈控，违者亦按违例惩处。重大死刑案件，由宗人府会同刑部审理；田产等事，会同户部审讯，先照刑律科断罪名，后按宗室本例抵折。一般的案件均由宗人府审理刑罚，由宗人府执行责罚；须收管者，由宗人府派令皂役与该族族长、学长在署中看管；宗人府设有"空房"，为圈禁宗室、觉罗之所，凡宗室、觉罗犯有枷徒流军等罪者，按例折圈，即在空房内圈禁；犯绞监候等罪者，亦监禁于空房；其应流军者，即发盛京等处，亦由宗人府择地。按宗室、觉罗《律例》规定，凡亲王、郡王遇有过犯，应行文该王门上，即在该王府讯问，不得擅行传问。若犯有大罪，必须传至宗人府问者，须奏闻后再行传唤。对宗室、觉罗犯罪的处罚极为宽宥。按《律例》规定，王公以下及宗室有过犯，或夺所属人丁，或罚金，不加鞭责，非叛逆重罪，不拟死刑，不监禁刑部；如罪情重大，除奉旨革去宗室，作为红带子，宗人府会同刑部定拟各案，均不准酌拟革去宗室；若因犯案斥革后尚有余罪，毋庸按刑律议以加责实责，如按刑律应科以笞杖枷徒军流罪者，即分等折罚养赡钱粮，或折圈禁。[①]正是由于宗人府直接参与对皇族民事、刑事案件的审理，往往使皇族人员得以逃避法律的制裁。

---

① 《大清会典事例》卷十。（日）织田万：《清国行政法》，中国政法大学出版社 2003 年版，第
　　458 页。

清代宗室在刑法上享有诸多特权。《王公处分则例》载："王公处分，由府议；不入八分公以下处分，归部议。"文中的"府"是指管理皇族事务的宗人府，主事者为宗室王公。亲王以下至入八分公在行政方面的过失，由本家族之人议罪处分。不入八分公以下，则归"部"即刑部或吏部等议罪处分。皇家贵族还享有"八议"特权，"八议"，即议亲、议故、议功、议贤、议能、议勤、议贵、议宾，所谓八议，即规定了这八种人特殊的法律地位。凡皇族及其亲属、故旧，或为其统治立有大功、具有辅佐才能、勤于奉公者，以及爵秩一品、文武官员三品以上等人，若有犯罪，理刑衙门不得擅自过问，只能叙明情由，议其犯罪，并叙明是亲、是故、是功等，实封上奏。若皇帝谕令推问，即取招状，开具应得之罪，先奏诣令八旗都统与议政王大臣、内院及三法司提议，奏请皇帝定夺。应议者之父、祖、妻、子、孙有犯，亦如之。又如，八旗官员，除谋反、杀亲等罪外，其余有犯死罪者，查其亲祖、父、伯、叔、兄、弟等有阵亡之功者，或自身出征有重伤者，准免死一次。同时规定，文武官员犯罪不准锁禁、锁拿；若犯笞、杖等罪，系因公，准收赎；若私罪，则降职、解任或罢职。

乾隆四十七年（1782）议准：王、贝勒、贝子、公以及现任职官，若革职尚有余罪者，均照闲散宗室之例，视其轻重分别办理。旧例：闲散宗室如犯子、徒、流等罪，例折圈禁空房，期满释放。三年无过，准其开复原官顶。如再有过犯，不论近支、远支，均革去官顶，不准戴用。乾隆四十八年（1783），乾隆帝颁发谕旨："上年加恩宗室一体给予四品顶戴，原所以示优容而昭劝励。今明乃贪利妄控，实属不知自爱，若仅照例圈禁一年，无以示警。明定著革去顶戴。嗣后宗室有似此犯圈禁之罪者，即革去顶戴。"嘉庆二十四年（1819）五月十九日，嘉庆帝颁谕：

近来宗室中屡有不顾行检、干犯法纪之人，叠经训诫，总未悛改。推其原故，皆因宗室犯事到官，向不跪讯，遂有所恃，而不知畏惮。伊等既如此不知自重，朕挽除颓习，亦不能再援议亲之典。嗣后宗室犯事到案，无论承审者何官，俱先将该宗室摘去顶戴，与平民一体长跪听审。俟结案时，如实系无干，仍奏明给还顶戴。似此稍示裁抑，庶共知戒惧。可冀犯法者日少也。①

---

①《清仁宗睿皇帝实录》卷三百五十八，第15页。

宣统三年（1911）三月十四日奏准：宗室犯罪，分别应否摘顶跪审。凡宗室、觉罗同如犯案到府，应免其不问是否无干，俱先摘顶跪审，至审明属实不在此例。旧案：宗室犯案罪名在圈禁以上者，即行革去顶戴，以后不准再行戴用。原注为：如王、贝勒、贝子、公、世职、章京、职任官员，内有缘事斥革后尚有余罪，应照闲散宗室之例圈禁者，亦不准戴用四品顶戴。

在缉捕传讯及刑罚执行方面，宗室、觉罗和旗人也享有各种优待。如亲王、郡王不可随意传讯到庭。《宗人府则例》规定："亲王、郡王犯法，不能传问，只能行文该府门上讯问。"① 这样，亲王、郡王犯法可以不被审讯。宗室、觉罗犯罪，有司不得锁禁锁拿，如有必要传讯或锁拿，必须上奏皇帝批准。若官吏将旗人擅自夹责，要受到降级、调用的处分。另外，清朝法律还规定，犯斩监候、绞监候的宗室、觉罗，准予减等或缓决，然后再折罚圈禁，期满释放，即犯死罪犹可减死。尤其是皇室贵族享有"八议"特权，纵使杀人劫掠也难判死罪。《宗人府则例》规定：

宗室滋事送府暂行收管。凡宗室在外滋生事端，应行送府收管者，无论何处送到，总以该族出具认识报本，实系该族宗室，由本府当月官员派令皂役及该族族长、学长在署中看管，不准自行出入，常来人看视。如该宗室家属来看，经该族学长回明当月官员，实系伊家亲丁，方准往看。看视后即令来看之人出署，不准在署久停。倘有收管之宗室案情重大，或在署不遵约束，应由当月官员禀明本府各堂，咨送锁铐，即将该宗室拘管方为严密。如未经定案之前，无论案情轻重，罪非定至圈禁者，不得率行送入空室，以明法律。若各族中有宗室妇女犯案，送府看管者，查本府空室房间无多，而又无女差看守，似属不成事体，应即仍交该族领回，设法安置。如有宗室妇女情罪重大，族中不能领回，必须在署看管，应先行禀明各堂，由法部咨送取伴婆二三名。俟伴婆送到，再将该妇女设法收管。其余犯寻常案件之宗室妇女，不得擅行收管，以靖府署而归定制。②

宗室犯服制、谋杀等重大情节命案，"应照刑律定拟，恭候钦定"，寻常命案"应先行革去宗室顶戴，照平人一律问拟斩绞、分别实缓"。③ 宗室

① 《宗人府则例》（光绪）卷二十九，第21页。
② 杨一凡：《中国珍稀法律典籍续编》第6册，黑龙江人民出版社2002年版，第432页。
③ 《宗人府则例》（光绪）卷三十，第2页。

命案一般不能宽免或换刑折枷、囚禁，但也有曲从宽宥的案子。乾隆四十七年（1782），奉恩将军、宗室伊冲额殴死雇工，起初宗人府会同刑部仅拟折圈禁 80 日。按清律，雇主殴死雇工人，按律拟徒 3 年，伊冲额是宗室可换刑，改为圈禁 80 日。乾隆帝认为"未免太轻，不足以示惩"，遂改圈禁 1 年。① 中央监狱以刑部监为中心，另有盛京刑部监、宗人府空房、慎刑司监和步军统领衙门等特设监狱。刑部监属刑部提牢厅和司狱直接管理，设提牢主事满、汉各一人，司狱包括满四人，汉军旗人、汉人各一人。地方监狱与地方行政区划一致，设置于省、府（厅）、州、县各级衙门。各监狱之内，多有内监、外监、女监之别。另外，班房也逐渐演变为一种特殊的监狱。

　　盛京刑部监是盛京（入关前的沈阳）特别地区的监狱。盛京刑部专门审办盛京旗人和边外蒙古的狱案，每年重犯秋审时，还会同盛京户、礼、兵、工四部侍郎及奉天府尹审议汇题；奉天府的重犯秋审，也由刑部会同酌定具题。所设监狱由满、汉司狱二人掌管，囚禁盛京地区旗人、蒙人及民人与旗人交涉的案犯及干连佐证。

　　慎刑司监是监禁内务府管辖的旗人、太监、匠役罪犯的场所。慎刑司是内务府下设诸司中负责审理府属上三旗（满洲八旗中由皇帝亲统的镶黄旗、正黄旗和正白旗）刑事案件和处分本府官员、匠役、太监以及监禁、发遣有关犯人的机构。所审犯人收禁在本司监狱，男女有所区别，每日派三旗章京等十一人轮班看守监禁人犯，女犯"移付内管领处，传该管领下年老妇人看守"。②

　　步军统领衙门监狱是监禁京师所在地满人和八旗军人罪犯的处所。步军统领衙门有权自行完结一般杖罪以下案件，徒罪以上，录供后送刑部定拟。对于八旗满、蒙、汉军犯奸案件和流罪以下也有自行完结权。监狱事宜由司务厅专管，监狱分设于崇文、宣武、朝阳、阜成、东直、西直、安定、德胜八门各一所，各门监狱依次监禁镶白旗人、镶红旗人、正蓝旗人、镶蓝旗人、镶黄旗人、正黄旗人、正白旗人、正红旗人（一门监一旗）。另外也羁押刑部拟定的枷示或该衙门奏明永远枷示的旗人罪犯。

　　宗人府的"空室"（空房），是专门监禁宗室、觉罗罪犯的处所。清入

① 《宗人府则例》（光绪）卷十九，第 5 页。
② 《钦定大清会典》卷九十五。

关前，宗室贵族犯法，原有"囚禁高墙"之刑，实即软禁。置司狱二人，由宗人府长官委派。宗室、觉罗犯罪，"轻则折罚"，"重则责惩而加圈禁"（徒罪以上），"圈禁皆于空室"。①据《清史稿·刑法志三》称："高墙拘禁之条，至乾隆年时俱废。"②事实上，圈禁空室软禁的对象由少数皇帝近族扩大到皇族全体人员。③由于所禁犯人的身份绝非一般，宗人府空房实际成为优待皇族犯人的特殊监狱。辛酉政变后，怡亲王载垣、郑亲王端华被赐死，就是在宗人府的"空房"中执行的。而闲散宗室、赞襄政务大臣肃顺则被押到菜市口行刑，亦是一特例。

宗室、觉罗被圈禁的空室，长期不设禁卒，出入比较自由。每日支给饭食、银两。有的家中还送来美味佳肴，有的竟敢冒着杀头之罪在空室吸食鸦片。连皇帝本人都承认："宗人府空室有名无实。"光绪年间，空室管理已形同虚设。御史贯贤奏称："（空室）从前监禁宗室，尚只踰垣宵遁，近更肆无忌惮，白昼游行街市，甚至持枪在内仓左右轰击飞鸟，居人侧目，无敢谁何。"④皇族的"监狱"竟成了他们的"世外桃源"。

在清代，上至皇族，下至一般的旗人，都享有不同程度的司法特权。仅当某些皇族和旗人利用特权违法乱纪，从而损害统治阶级的根本利益时，统治者才会采取措施对某些特权加以限制，甚至取消，以维护皇权的至高地位。例如，原先宗室犯事到案并不下跪。嘉庆二十四年（1819）规定："嗣后宗室犯事到案，无论承审考何官，但先将该宗室摘去顶戴，与平民一体长跪听审。"⑤以前，旗人徒、流、军、遣罪可以得到折枷免发遣的优待，至道光五年（1825），规定一律发配，不计折枷⑥。这等于在一般的刑事案件上，对旗人"直以民人待之"⑦，取消其特权。只有宗室犯罪仍折圈禁，不发遣。总之，清统治者对于皇族既保证其特权，又使其特权不超出国家法制的范围。

在各种不法行为之中，惩治最严的是所谓的"大逆不道罪"。嘉庆十

①《钦定大清会典》卷一。
②赵尔巽等：《清史稿》卷一百四十四，中华书局1977年版，第4212-4213页。
③奕赓的《管见所及》中记载："宗人府之高墙，沿明旧称也，至乾隆末年，渐改呼为空房。"《佳梦轩丛著》，北京古籍出版社1994年版，第104页。
④《宗人府则例》卷三十，光绪二十四年刻本，第40页。
⑤《宗人府则例》卷二十九，《宗室犯罪分别革上顶戴》，光绪二十四年刻本。
⑥《大清律例》，《名例》，《犯罪免发遣》。
⑦薛允升：《读例行疑点注》卷二，中国人民公安大学出版社1994年版。

八年（1813）九月，林清领导的天理教徒攻打紫禁城，其中有宗室贵族海康、庆遥、庆丰等人，从而极大地震惊了皇室家族。嘉庆二十二年（1817），嘉庆帝称：

> 我朝自开国以来，宗室中贤才辈出，虽支分派别，谱系蕃衍，其中贤愚不一，然从未有干名犯法，如海康、庆遥之自外生成者。该二犯拜奸民为师，学习邪教，已属玷辱宗支，乃海康于十八年八月经逆犯刘得山告以九月十五日起事，将伊算入之言，其时刘得山之父逆犯刘兴礼，尚为伊身系宗室，从旁阻止，不意该犯竟冀图得受伪职，甘与谋逆。庆遥身系奉恩将军，经海康将滋事日期向告，约令入伙，亦即允从。①

海康、庆遥原拟凌迟处死，但嘉庆帝以"究属宗支，不忍处以极刑"的理由，改为绞立决，派奕颢将海康等带至伊祖父坟前监视勒毙，并将该两犯埋葬在伊家坟园。

至清朝中叶以后，旗人享有的一些司法特权逐渐丧失。光绪末年的司法改革中，针对皇族审判机制严重滞后的局面，沈家本等遵旨议定满汉统一刑罚，宗室犯人特权有所减少。如奉天模范监狱署成立后，"京师发出宗室人犯，均交收管"。宣统元年（1909）十二月二十八日，即《法院编制法》正式颁布之日，清政府特降谕旨：嗣后宗室、觉罗案件，由审判衙门钦遵法律独立审判，毋庸由宗人府会审。"其有关宗室、觉罗案件，著（宪政编查馆）另订细则办法，奏明请旨。"②

可到了宣统二年（1910），清政府又重新规定宗室案件由宗人府管辖，企图恢复旧有的司法体系。五月二十日，宪政编查馆拟定《宗室、觉罗诉讼章程》。十月二十日，宗人府律例馆奉旨修订《宗人府则例》。十二月二十二日，宗人府奉旨修订《宗室、觉罗律例》，专门制定《有爵宗室诉讼章程》六条，明确规定：有爵宗室之刑民案件管辖之权，由本府判决执行，并载入《宗室、觉罗律例》中正式颁行。它的出台，从一定意义上讲，是为了重建旧的司法控制体系。

宣统三年（1911）四月二十日，清政府将修订后的《宗人府则例》更名为《宗室、觉罗律例》，初步建立起宗室、觉罗诉讼制度。宪政编查馆在拟定《宗室、觉罗诉讼章程》后，奏请清政府批准，称：

---

① 奕赓：《东华录缀言》，载《佳梦轩丛著》，第56页；《清仁宗实录》卷三百三十四，第5-6页。
② 《宣统政纪》卷二十八，第28页。

　　窃维诉讼者，为保障臣民身命财产之端，审判者，为维持国家安全秩序之要政。宗室、觉罗同是臣民，其得享受法定裁定之权，自属毫无疑义，惟事涉宗支，究与齐民有别，故各国多设皇族诉讼之特法，而中国亦有议亲之专例，虽未便强同，义例不难一贯。现在朝廷预备立宪，于筹备审判各端，推行不遗余力，其会审旧制，均已奉旨一律废止。匪特事势所趋，亟应及时通变，抑且法权所在，尤宜日进大同。揆诸现今立宪精神，实应采因时制宜之善法，臣馆既奉明谕，另订办法，遵即督饬馆员，上稽我朝旧制，旁采列国良规，谨将有关宗室、觉罗案件各办法，厘定为宗室、觉罗诉讼章程。①

　　这部皇族诉讼法规共有6章37条。第一章通则，规定宗室、觉罗民刑案件诉讼适用范围。第二章管辖权，明确了审理宗室、觉罗民刑案件衙署的管辖权限，申明上告、再审、再诉有关规则。第三章民刑案件的起诉办法。第四章传唤、讯问、证人、证据、搜查等相关规定。第五章审问、移交、报解。第六章执行与刑制。《宗室、觉罗诉讼章程》的颁行，调整了以往皇族诉讼审判机制，具体表现在皇族司法审判权限、皇族问罪和诉讼制度、皇族刑罚制度的变化上。

　　《宗室、觉罗诉讼章程》调整了皇族司法审判管辖权限，下放了部分司法审判权限，规定：宗室之间的民事案件，由宗人府审理；爵宗室与闲散宗室及觉罗、旗民间的民事案件，由京师高等审判厅审理。宗室之刑事案件，徒、遣以上由大理院审理；徒罪以下及觉罗有犯，由高等审判厅审理，如不服判决，得上诉大理院，或由大理院行非常上告，或再审、再诉。凡宗室、觉罗不得为被告之参加人，有爵宗室犯徒、流以上，须经奏闻后再行传唤到庭，以维护宗室贵族的诉讼特权。属于大理院之事件，经判决之后，可在本院行使非常上告，或再审，或再诉。属于京师高等审判厅之事件，经判决后，而不服者，可在本厅行使第二审，其第三审则属于大理院，大理院为终审判决。东三省宗室、觉罗诉讼审判权属于该省之高等审判厅，审判办法依通常审判诉讼章程进行。宗室、觉罗如犯有应按《现行刑律》以外之法令治罪者，经该管衙门判决确定后，即由该管检察厅监察执行。例如，宗室、觉罗如违反警律，由该管巡警官署按律判断执行。

---

① 中国第一历史档案馆藏：《宪政编查馆档案》卷五十二。

总的来看，《宗室、觉罗诉讼章程》对原先的皇族司法审判权限作了调整，但仍保留了宗人府对有爵宗室之间民事案件的管辖权，依旧执行司法审判中诸王毋得擅行传唤制度。这些做法，实为维护皇室尊严与利益，保留了封建皇族的司法特权①。

宪政编查馆在拟定《宗室、觉罗诉讼章程》中，对皇族问罪办法予以规定：宗室、觉罗犯案应按《现行刑律》治罪者，无论呈诉、告发、现犯，由该总检察厅或高等检察厅照章搜查证据，先行讯问，依法在3日内起诉。经审判衙门判决确定后，均由该管检察厅分别报解法部、宗人府存查，并依法监察执行，只有宗室犯服制并情节重大及杀人者，才定拟请旨钦定。将从前犯案不问是否无干俱先摘去顶戴，实行跪审的做法取消，并删除了从前笞杖枷号等罪名。对于宗室、觉罗以不干己事具控诈骗者，如审明借此讹诈属实，应按照《现行刑律》办理，毋庸按照违制律重科。皇族问罪和告诉制度在形式上较之从前发生了很大变化，但因事涉宗支，究与旗民有别。关于皇族诉讼，依然遵循"议亲"之专条。

为变通刑制中的苛酷条令，光绪三十一年（1905）六月，清政府批准刑部所奏，同意在州县刑名案内把笞杖改为罚金。光绪三十四年（1908），法部拟出了罚金章程和具体实施办法。宣统二年（1910）十二月二十八日，清政府批准宗人府所奏，同意酌情修改宗室、觉罗笞杖等罪，将笞杖、枷号等罪名一律改为按日折罚养赡钱粮。其中，罚金刑共分十等，罚银五钱至十五两不等，因宗室、觉罗的养赡银数目不尽相同，所罚期限从五日至四百五十日不等。宗室、觉罗妇女，减半折罚。宗室、觉罗犯徒流内遣等罪，皆依原例减等，改折圈禁，如：徒二年以下罪者，折圈禁三个月；徒二年半及三年罪者，折圈禁九个月；流二千里者，折圈禁一年二个月；流二千五百里及三千里罪者，折圈禁一年八个月。初次犯极边军罪者，折圈禁二年；犯烟瘴安置军罪者，折圈禁二年半。宗室、觉罗二次犯徒者，折圈禁二年；一次犯徒、一次犯流，圈禁二年；二次犯流，或一次犯徒、一次犯遣及三次犯徒者，实发盛京；二次犯徒、一次犯流者，实发吉林；二次犯遣，或三次犯流，实发黑龙江。宗室犯死罪未经秋审遇赦减等，或缓决一次、二次者，均发往吉林；三次以上者，发往盛京。宗室、

---

① 屈春海：《清末司法改革对皇族司法制度之影响》，《历史档案》2001年第2期。

觉罗妇女犯徒流以上罪名，依《现行刑律》之规定，一律改收习艺所，按工作期限加倍折罚养赡钱粮。此外，宗人府律例馆遵照《现行律例》还对宗室、觉罗死罪、遇赦减等、圈禁后复滋生事、涉讼地亩案件等条款进行了改纂；增订了宗室分产、冒领恩赏、诈生子女、禁烟条例等条款，进一步丰富了皇族司法改革的内容。①

宣统二年（1910）五月二十七日，清政府就拟定《宗室、觉罗诉讼章程》一事，发布上谕：

嗣后宗室、觉罗案件，即照此次定章办理。其在新章以前未结之案，概由宗人府分别咨交各该衙门审讯。至有爵宗室民事案件，仍由该府审理，并著该官另拟章程奏请施行外，其宗室、觉罗刑事案件，定案时由大理院咨行宗人府、法部查核后，由大理院具奏。②

从中国第一历史档案馆所藏宗人府刑罚档案中可以看到，《宗室、觉罗诉讼章程》及相关律例制定后，各审判衙门已开始着手实行对宗室、觉罗的处罚。然而，更多的皇族民事、刑事案件，还未及照新章办理，清朝即告灭亡。

清末皇族司法制度改革中，拟定了《宗室、觉罗诉讼章程》，修订了《宗室、觉罗律例》。然而就在《宗室、觉罗诉讼章程》经奏准不到20天，宣统二年（1910）六月十四日，清政府又发出上谕："所有新定宗室觉罗诉讼章程，著俟新定法律实行，及将来皇室大典并民刑诉讼法颁布后，再行会同奏明实行。现在宗室觉罗诉讼一切事宜，著暂行仍照向章办理，毋庸按照新章更改。"③ 至于《宗室、觉罗诉讼章程》暂停实行的原因，有学者分析认为，除新的诉讼办法为传统的司法制度所不能接受外，尚有该法推行会破坏传统的行政司法合一的审判体制，根本原因在于，清政府并不甘心因司法改革而使保护封建君主专制和维护皇族权益的旧制度受到破坏，在宗室及主张维护皇族司法特权权贵们的竭力反对下，《宗室、觉罗诉讼章程》最终被搁置起来④。

在清朝统治结束的前夕，清朝集中改革皇族司法制度，它反映了历史进步潮流对封建法律的猛烈冲击，它既是统治阶级与各种社会政治力量相

①④ 屈春海：《清末司法改革对皇族司法制度之影响》，《历史档案》2001年第2期。
②《大清宣统政纪》卷三十六，第39-40页。
③《大清宣政纪》卷三十七，第10页。

互斗争角逐在司法制度上的表现，也是清朝统治集团在危亡迫近的形势下所进行的一次自救活动。

1912 年 2 月 12 日，宣统帝宣布退位，清朝统治结束。5 月 25 日，中华民国政府宣布废除皇族诉讼制度，打破维系皇权的司法控制体系，并试图建立一种民主的司法体系。在这个规定中，详尽地叙说了废除这套司法体系的根由，即"宗室、觉罗同是国民，则法定裁判之权利，自应一律享有，其从前施行之各项法律、章程中有关宗室、觉罗之特别规定者，概行作废。嗣后宗室、觉罗遇有民刑诉讼，应分别案情轻重大小，照章在所属之地方或初级审判、检察厅起诉，经判决而不服者，可层递上诉。各审判衙门，法庭秩序及该管检察厅暨司法警察官署法定职权，宗室、觉罗应一体遵守。各审判衙门对于宗室、觉罗案件，应依法律独立审判，所有例应会鞫及行文、传、质、遣抱等故事，概从取消。审判衙门确定判决后，民事由该管审判衙门执行；刑事由该管检察厅监察执行。所有从前送交宗人府治罪及改折圈禁等，特例概应废止。未经审结之宗室刑事案件，系赦免条款不准除免者，及民事案件，应由宗人府分别咨交该管审判、检察厅审办"①。至此，由宗人府主持或参与的皇族司法审判制度宣告终结。

1924 年，溥仪被冯玉祥驱逐出紫禁城，宗人府的历史使命最终结束，维护皇族尊严的宗法制度彻底消亡。沈家本等人当初设想"旗民一体同科"的愿望得以实现。当然，这已不是清末皇族司法制度改革的成果了。

# 第二节　旗人诉讼

## 一、民事诉讼法规

康熙十二年（1673），清政府颁行《六部题定新例》，这是清朝第一部较为完整的则例书，其目的是使"用法者唯其所从"，"奏法者"能有"所

---

① 中国第一历史档案馆藏：《宗人府档案》，《刑罚类》卷一千七百二十一。

守"。康熙帝十分重视编纂则例的立法工作，经常命"将所察则例开入本内"①，在涉及旗人、民人之间的民刑立法时，尤为慎重。如康熙十八年（1679），讨论修订法律时，当时旗、民之间的案件由刑部审结，左都御史魏象枢建议"斗殴小事，悉归州县审结，大事方将赴刑部告理"，康熙帝称，从前旗、民案件归州县审理，"遂有言庄屯受屈者"，后归章京审理，民人又多苦累，"故立法甚难"，遂令九卿等确议具奏②。《户部则例》的多次编纂，不仅适应了这一发展要求，而且就其内容及条目而言越来越具有"民法"的性质。有些较《大清律例》更为明晰具体，如户口门的"继嗣"条，区别旗、民，分别制定了不同的规定，而《大清律例》牵混一处；有些则较《大清律例》详尽，如田赋门（卷十）关于撤佃条款、出旗带地、置产投税、旗民交产、违禁买卖（附押借长租）、重复典卖、认卖认赎、盗卖盗耕等；尤其是对汉族与少数民族之间的经济民事立法，更补《大清律例》此前所未有的条款。而载入《通例》"现审田房词讼"的，达24条之多，堪称是清代的民事诉讼法规。

旗人案件之管辖分为京师旗人及各省驻防旗人案件。乾隆四十四年（1779），乾隆帝下令将地方司法审判权归州县后，一直到道光时期均没有变化。乾隆五十四年（1789），乾隆帝令将东北城守尉俱改为宗室缺，"官阶同于道府"。遇有旗、民案件，欲进行干涉，州县官员也无可奈何。道光元年（1821），奉天将军奏请"单旗事件即令旗员办理"，遭到批驳。咸丰四年（1854），又有人提议在将军衙门内设立谳局，又被批驳，严令遵循乾隆时期定章。

晚清司法改革中，建立了新的司法体系，包括建立大理院作为全国最高审判机关，京师和各省省城建立高等审判厅、县级设初级审判厅。在司法上，对旗人案件审理进行改革。所有旗人案件，"统归各级审判厅审理，其审判厅尚未设立省份，概归各州县审理，毋庸再由理事同知、通判等官会审"；"驻防旗人应入秋审人犯，亦请改归各督抚汇入民人秋审册内一体办理，毋庸再由各将军、都统审核"。

清代听讼之法各有分司，实行分理词讼。民间的词讼、外省轻罪之寻常案件，由州、县地方官详审确拟，招解按察司，若有情罪不符可疑者，

① 中国第一历史档案管理：《康熙起居注》第二册，中华书局1984年版，第1947页。
② 中国第一历史档案管理：《康熙起居注》第一册，中华书局1984年版，第544页。

驳令再审一次；重案则归抚按监司审理。京内寻常案件，有顺天府、大宛二县及五城察院司坊；徒、流以上重案，审录口供，移送刑部问拟。又有因身份不同而分理者，如宗室、觉罗过犯，由宗人府或会同刑部审理；驻防旗民词讼，驻防将军、副都统等官会同地方官审理，畿辅旗下人犯盗案，应解刑部审理，若旗下人告民人，或民人告旗下人，内通政司准状送刑部审理；如旗民互讦及旗下人告外州县民人者，仍许赴部投讼。也有因事分理者。如争告房产及争辩主权、投充并隐漏关税等项，俱归户部审理发落，凡告发无引私监，应由刑部收审等。如有冤抑，地方经州县初审不服，可控府、道、司、院，亦准赴通政司投控，均各按责分理。

满洲人对汉人的管理可谓"上严下宽"，对反逆、士人压制较严，对基层社会比较宽松。康熙五十一年（1712），清政府确立"盛世滋丁，永不加赋"的原则，将人头税总额固定下来。雍正元年（1723），正式在内地各省陆续推行"摊丁入亩"，取消人头税，其税额合并到土地税中一并征收，统称"地丁银"。"摊丁入亩"彻底放弃了人口限制，成为清代基层较前朝比较宽松的重要原因。

## 二、太监、奴婢的管理

在对太监的管理上，清政府吸取历代的教训，对太监干政防范极严，违者处以重刑。顺治十年（1653），顺治帝规定：

凡系内员，非奉差遣，不许擅出皇城，职司之外，不许干涉议事，不许招引外人，不许交结外官，不许使弟侄亲戚暗相交结，不许假弟侄等人名置买田屋，因而把持官府，扰害人民。其在外官员亦不许与内官互相交结，如有内外交结者，同官觉举，院部察奏，科道纠参，审实一并正法。

后来又为此"特立铁牌，世世遵守"，并下令将"十三衙门尽行革去"。①

宫内太监犯赌博、窃盗、酗酒、失火等罪，俱比照刑律核议。其初次私逃后又自行投回者，责60板，减赏银半年，仍准回宫当差。以后，随

---

① 《大清会典事例》（光绪）卷二千二百一十六，《内务府》，《太监事例》。

着逃走次数增多，清朝统治者也就加重了处罚。例如，五次逃走者，责100板，发黑龙江给官兵为奴，四年后释回，拨外围当差；如果该犯释回后复逃，或四年之期未满即潜逃，则将其永远枷号。太监在宫内无心遗失金刃者，责40板，充当苦役；太监在宫内用金刃自伤者，判斩立决；太监在宫自缢自尽，经人救活者，判绞监候；太监在宫自缢自尽身死者，将尸骸抛弃荒野，其亲属发往新疆伊犁给兵丁为奴。宫女用金刃自伤，其罪与太监同，唯宫女在园庭欲行自缢自尽经人救活者，其罪准收赎。

在奴婢的管理上，清政府专门制定了《逃人法》，以加强对奴婢的管理，《逃人法》是保护满洲贵族利益、镇压奴隶的专门法。清政府对逃人的处置极为残酷，天命十一年（1626）谕令，凡逃人已经离家而被执者即处死。顺治初年议准：各旗下逃人，第一次鞭100，第二次处死。康熙初年，逃者三次正法，第一、第二次鞭责，并于左、右面刺字。至康熙二十五年（1686）始定，逃者三次，免交刑部正法，交户部给宁古塔穷兵为奴。清朝统治者认为，旗下奴隶逃走，皆因有容留之处，故对窝隐逃人者治罪极严。顺治五年（1648）题准：凡窝家正法，妻子、家产籍没给主；相邻十家之家长等各责40板，流徙边远。顺治九年（1652）议准：窝家，责40板，同妻子一并流徙；两邻各责40板。顺治十年（1653）题准，窝逃之人并家产给予逃人之主为奴，房地入官。后屡有变更，至顺治十四年（1657）题准：窝犯免死，责板40，面上刺字，并家产人口给予八旗穷兵为奴。康熙四年（1665）以后，窝犯免刺字，并停给旗下为奴，流徙尚阳堡。若汉官窝逃者，本人并妻子流徙；旗下人窝逃，鞭100，罚银5两。出于清政府对逃人以及窝藏逃人处治极严，常有捏指民人为逃人而行诈或唆逃行诈者，亦有假称逃人而诈窝家者，或结伙指称隐窝，索诈财物者。故逃人法中亦列有对行诈科罪之律条。

清代八旗的家奴称户下，又称家下、家人、包衣。其中，满洲王公之奴仆编入包衣佐领，一般旗人之奴仆编入本主户下。又凡旗下家人之子随母改嫁于另户，民人之子随母改嫁于旗下家人及家人抱养民人之子者，均于丁册内注明，身份与之相同。在旗籍管理方面，新修订的法律本身又形成对旗人新的束缚。如刑律有："凡旗人因贫糊口，登台卖艺，有占旗籍者，连子孙一并销除旗档，毋庸治罪。"占旗籍之例文，是道光五年（1825）因英和上疏而订立的。乾隆五十四年（1789），正白旗人昆英在"京城内外逐日短雇"，打短工两年有余，在山东德州被获，乾隆帝以其

"系正白旗人，因其叔萨克进布责打，离家出走，不知自爱"，"实属下贱，不顾颜面"，命"销去旗档，发往配所"。谕"嗣后刑部遇有此等案件，即照此办理"①。刑部遵旨定例："在京满洲另户旗人，于逃走后甘心下贱，受雇佣工不顾颜面者，即销除旗档，发遣黑龙江等处严加管束。毋庸拨派当差，转令得食饷养赡。其逃后讯无受雇庸工、甘心下贱情事者，仍依本例办理。"乾隆五十一年（1786），旗员傅篙安及家人百缓因"家贫"私自出京，希望"向伊同年借贷"，被"拿获后解送刑部治罪"。②乾隆时期，虽也有开除旗档而发遣之定例，但开除旗档仍针对个别犯罪行为。乾隆二十四年（1759）清政府颁布《八旗家人赎身例》，进一步将赎身制度规范化、法律化。此例规定：

凡八旗户下家人，不论远年旧仆，如实系本主念其数辈出力，情愿放出为民；或本主不能养赡，愿令赎身为民者，呈明本旗，咨部，转行地方官，收入民籍，不准求谋仕宦。至伊等子孙，各照该籍民人办理。倘有借他人名色认买，私自出旗，或将子孙改姓，潜入民籍者，照例治罪，断归本主。有钻营势力，欺压幼孤，赎身为民者，倍追身价给主，将人口赏给各省驻防将军、副都统为奴。如系本身得银放出，潜入民籍，止科其不行呈报之罪，仍准为民。③

此条例解除了契买与年限以及是否配有妻室等限制，而将准否赎身的主动权完全交给家主。"凡八旗白契所买家奴"，如本主不能养赡，或念有微劳，情愿令其赎身者，仍准赎身外，如本主不愿，自道光五年（1825）定例后，旗人有犯，"直以民人待之矣"。销除旗档，是对旗人最严厉的处分，它意味着不再享有旗人待遇，不是统治民族之一员。对旗人而言，它在心理上的影响甚至要超过徒、流实发这些主刑。道光五年定例的另一个重要变化是，开除旗档几乎作为徒流军实发的先决条件。即是说，开除旗档后才可执行主刑。

清代"雇工"和"雇工人"是两个不同概念，原先凡是受雇于人的人均称为雇工人，除了宋代一度取得和雇主"视同平人"的法律待遇之外，基本上都低雇主一等。清代将从事农业的佃户、"短工"和从事商业的

①（清）沈之奇：《大清律辑注》，法律出版社2000年版，第3、第30页。
②薛允升：《读例存疑点注》卷六，中国人民公安大学出版社1994年版，第105页。
③《清朝文献通考》卷二十，《户口考二·奴婢》。

"店铺小郎"等依照契约存在的雇佣者统统称为"雇工",不再承担契约之外的义务,和雇主的法律地位完全平等,一旦契约结束,"工满即为凡人",人身依附关系已经非常淡薄。只有从事家庭服务业,也就是俗称"伺候人"的家庭仆役仍然称为"雇工人",有所谓"主仆名分",相互之间的法律关系还存在着一定程度的不平等。"匠户"的特殊户籍也于顺治三年(1646)被正式取消。士、农、工、商四良民,在民事方面的法律区别已经接近于无。民事主体的人身权也有所发展。清律沿袭明律而"参以国制",仍然维护残存的满族奴隶制度,以保护奴隶主对奴隶的统治。家生奴仆及契买奴仆,须世世为奴。奴婢不能与良人通婚。奴婢殴打主人处死。但主人杀奴婢,处杖刑或徒刑。这较之主人可以任意杀死奴婢的奴隶制度来,多少有所限制。

奴婢可以自己赎身,即"赎身为民",就是奴婢通过向家主交纳一定的"身价银",在得到官方认可之后,获得一般民人的身份地位。奴婢贱民阶层也获得一定程度的解放。康熙二十一年(1682),制定最早的奴婢赎身法,"定旗下印券所买之人及旧仆内有年老、疾病,其主准赎者,呈明本旗,令赎为民"。后代又逐渐发展,渐渐去掉诸多限制,普通奴婢经过主人允许可以自赎。在籍奴隶,也可以获得一定程度的人身权,即"开户"。赎身和开户的奴婢在民事能力上还有相当限制,也不能出仕,但较之于前代,已有了些许的进步。这种宽松是有条件的,就是以不突破皇权为底线。

沈家本在西方天赋人权思想的影响下,奏请《禁革买卖人口变通旧例议》和《删除奴婢律例议》,要求取消践踏人权的法律条款。他抨击"以奴婢与财物同论,不以人类视之"的《大清律例》,谴责"官员打死奴婢,仅予罚俸;旗人故杀奴婢,仅予枷号,较之宰杀牛马,拟罪反轻",是粗暴地践踏人权,"殊非重视人命之义"。他进一步论证说:"奴亦人也,岂容任意残害。生命固亦重,人格尤宜尊,正未可因仍故习,等人类于畜产也。"

宗室、觉罗的私生子女,虽未被黜夺族籍,照例也要载入另册。律例规定:凡宗室、觉罗私生子女,由族查出呈报到宗人府,或因案发觉,除将该宗室、觉罗照例科罪外,其所生子女宗人府另档存记,宗室之子给予红带,觉罗之子给予紫带,交旗编入佐领安置。其目的是为了"尊本系而重天潢"。私生子女比他们的生父身份各降一等,交旗安置,像其他普通旗人一样生活，不再享受宗室、觉罗应有的待遇。

清朝制定法律维护尊长对卑幼的权威。雍正帝道：讲孝道，是为"移孝作忠"。[①] 清政府实行了一系列鼓励孝道的政策，并对所谓"忤逆"的不肖子孙加以惩治。《大清律例》还赋予宗室、觉罗将不肖子孙呈送宗人府惩办的权力。嘉庆十七年（1812），嘉庆帝颁谕：嗣后宗室、觉罗，经父母、祖父母呈送子孙违犯者，核其情节之轻重、次数之多寡，以分别其圈禁之年限，或三年，或六年，或永远圈禁；至于原判永远圈禁，释放后仍不知悔改再犯者，改发盛京永远监禁。[②] 以后，在京圈禁又改为发遣盛京交将军严加管束。不过，对某些初犯者，若仅一时语言偶犯、情节较轻者，仍由府酌量惩责，交该族长领回管束。

## 三、蒙古及东北的旗民诉讼问题

在蒙古八旗与民人的法律诉讼关系上，体现出旗人与民人的不平等。顺治三年（1646），清政府颁发《大清律集解附例》，其中有"化外人有犯"条，规定："凡化外人犯罪者，并依律拟断。"其注："化外人既来归服，即是王民，有罪并依律断，所以示无外也。"所谓"化外人"，就是包括满、汉民族以外的蒙古族等所有已经归附清朝的少数民族。康熙二十五年（1686）十一月，规定凡蒙古人有擅杀内地民人者，不论几人俱斩，其妻子牲畜入官。窃盗民人牲畜者，为首二人俱绞，余鞭一百，罚三九牲畜。又，凡蒙古私入边游牧，虽不为盗，台吉罚三九牲畜，平人鞭五十[③]。按蒙古则例规定："雍正元年（1723）以后者，准审理；以前者不准审理。"[④] 在《断狱》中采用了属地主义，规定："蒙古人在内地犯事，照内地律治罪，民人在蒙古地方犯事，照蒙古律治罪。"[⑤] 在诉讼中，对蒙古旗人与对民人是有区别的。《蒙古律例》规定："凡蒙古族人偷窃汉人牲畜者，将已正法贼人妻子，不给事主（汉人），赏给蒙古内公事效力台吉等为奴。"在"增

---

① 中国第一历史档案馆编：《雍正朝汉文谕旨汇编》，雍正元年五月二十一日谕，广西师范大学出版社 1993 年版。
② 《宗人府则例》（光绪）卷三十，第 53 页。
③ 《清朝通典》卷八十一，商务印书馆 1935 年版，第 2615 页。
④ 《清高宗实录》卷一百二十七，第 13 页。
⑤ 中国图书馆文献缩微复制中心：《蒙古律例》，1988 年，亥二。

纂"的《蒙古律》中还规定："蒙古地方寄居汉人，责成该处驻扎司员及该地方官将所属汉人拣其良善者，立为卿长、总甲、牌头，专司稽察有纵迹可疏之人，报官究办，递回原籍……其记名佣工之外来民人，一概逐回内地；如实系至亲近戚，依赖为生者，取具容留人之甘结存案，如有述犯，一并治罪。"① 然而，据当时蒙古社会经济生产发展的需要，招来内地的汉人从事农业及其他手工业等各种生产劳动，已是蒙古人中的普通要求，法律亦须适应社会的发展而不能强行阻止。

东北地区的旗、民会审问题。乾隆四十四年（1779），东北旗民司法审判制度调整后，旗民会审问题在理论上已不存在。光绪元年（1875），崇实重提"旗民会审"问题，表明当时旗员干预州县司法审判的情况，还是存在的。崇实的改革方案，主要表现在东北旗、民双重管理体制高层权力的整合，使奉天将军总揽奉天的政治、军事、经济大权，府尹次之，二者都可以兼管旗、民事宜。如此一来，旗民两个原来并列的管理系统，在高层打通了。崇实对于涉及旗官的问题，改革还是极其温和的。只是提出对于旗官处分应"与州县等官一律轻重"。而本城旗人尤须再申定例，不许任本届武职。对于各处城守尉，建议嗣后简放时，择宗室中谙练政事之员，如"其才力不胜，允许将军随时甄别，以免贻误地方"。崇实在处理城守尉宗室专缺问题上，表现得极为谨慎。对驻防八旗官制的改革，也是十分温和的。但其改革，不失为有清以来对旗、民双重管理体制最为深入的革新。1912 年中华民国建立以后，东北实行省、道、县三级制，裁撤旗署。不过，各地旗署裁撤的时间并非划一。如盖平县，民国初年即将旗署裁撤，义州城守尉是民国三年废除的，而辽阳城守尉是民国六年废止。民国建立后，在东北实行了两百多年的旗民双重管理体制，终于在民国建立后逐渐废除，实行单一的州县管理制度。

---

① 蔡志纯、洪用斌、王龙耿：《蒙古族文化》，中国社会科学出版社 1993 年版，第 382 页。

# 第三节　量刑处罚

## 一、八旗处分条例

清朝入关之初，对旗人犯罪的处罚，仍沿用后金（清）时期的法律，即重罪处死，轻罪用鞭扑，没有所谓"五刑"之等差。顺治元年（1644）规定，旗人有犯"悉遵旧例，仍不许用杖"。[①]这里的旧例，即"国初定，旗下人有犯，俱用鞭责"[②]。顺治三年（1646）五月，几乎完全因袭明律的《大清律》颁行全国，旗人立法也开始有等差。至顺治十三年（1656）六月，刑部在议奏更定律例四事时，以"旗下人犯军、流、徒罪者，止行鞭责，以致奸宄无所惩创"为由，明确提出折枷免遣制，即今后犯军罪者，枷号三月；犯流罪者，枷号两月；犯徒罪者，枷号一月。顺治帝以所奏"有裨锄奸去恶，著即遵行，永著为例"。[③]顺治十八年（1661），清政府对徒、流内的等级（徒分五等，流分三级）如何折枷予以具体规定："旗下人犯徒一年者，枷号二十日。"以上每一等递加五日，"徒一年半者，枷号二十五日。徒二年者枷号一月。徒二年半者，枷号三十五日。徒三年者，枷号四十日。犯流二千里者，枷号五十日。"以上每一等递加五日，"三千里者，枷号两月。军罪仍枷号三月，杂犯死罪准徒五年者，枷号三月十五日"。[④]

清律沿袭明律，刑罚条例的分类仍以笞、杖、徒、流、死五刑为主刑。笞，是用小竹板责打 10 下至 50 下，分五等。杖，是用大竹板打 60 下至 100 下，分五等。徒，是自杖 60 板、徒一年至杖 100 板、徒三年，分五等。流，是流放二千里至三千里，分三等。死刑分绞、斩两等。五刑共分 20 等，称为刑等。处刑时依据罪情轻重来减等或加等。资产阶级革命派曾指出，在法律上，"凡酷刑苛律，皆专为我民族而设，而五刑之中，

---

① ②《大清会典事例》（光绪）卷七百二十七，《刑部·名例律·犯罪免发遣》第九册上，第 39 页。
③《清世祖实录》卷一百零二。
④《大清会典事例》（光绪）卷七百二十七，《刑部·名例律·犯罪免发遣》第九册上，第 40 页。

其不适用于满人者凡四"①，对汉人处罚严酷而对满人则尤轻。主刑之外，较斩刑尤重者，有凌迟、枭首示众、戮尸诸刑。较流刑为重者，有迁徙（安置远地不准回籍）、充军（二千里至四千里分五等）、发遣（发至边地军中为奴）诸刑。

八旗处分条例是清代对八旗各级将吏的处分条例，原为八旗满洲而设，后通行于八旗骁骑、前锋、护军、步军、火器、健锐、圆明园护军各营，以及各省驻防，銮仪卫满洲官与白塔信炮官，蒙古、汉军世职官之处分等。八旗在京参领以下、在外驻防三品以下应自行检举，各按应处分减议；副都统以上自请检举或属员检举，各按处分条件及宽免之处商议请旨，其事出于营私，或经发觉，罪已论决，虽检举亦不准宽减。犯有公罪准以所立功绩加级记录抵销；私罪除皇帝特旨降罚外，不准抵销。派往出兵及新疆驻扎屯防各官，遇有罚俸者，于事竣补罚；降调者，带所降之级仍留效力，准食原俸，至事成之日请旨上调；革职者，以应否开缺或罚作兵丁效力请旨；停开缺者，准食半禄。戴罪图功人员，因公革留于地方效力；留辑人员，如有政绩则开复。

对旗人的处罚，始终以"从轻发落"为基点。旗人在处刑时优于汉人，可依律"减等"或"换刑"。在对旗人执行处罚时也多予以从宽。汉人犯流、徒罪的照律充发，旗人可改为枷号或杖责结案，实际上是从轻发落。皇族犯罪，轻者可以折罚，如判笞20、30、40、50板，杖60、70、80、90、100板者，分别折罚其养赡银1月、2月、3月、4月，6月、7月、8月、10月、1年。皇族犯罪，重者，则责罚而加圈禁，判枷、徒以上至军流者，皆折以板责、圈禁；若罪大，则奏闻候旨。所谓板责，即由宗人府堂官负责监视，由效力笔帖式掌板。圈禁，就是犯罪的皇室关押在宗人府的空室内。旗人判处徒、流、军、遣者，可以折枷，如徒1年可折枷号20日，流二千里可折枷号50日，流三千里可换枷号60日，极边充军可换枷号90日。此外，旗人案犯死罪也可折枷。《大清律·名例》规定："凡旗人犯罪，笞杖，各照数鞭责。充军留迁，免发遣，分别枷号。"具体枷号折抵法则是相当轻的，比如仅次于死刑的充军，折抵枷号70~90日，甚至旗人犯死罪也可以折枷。《大清会典》中指出："其犯笞、杖、徒、流等

---

① 精卫：《民族的国民》，《民国》第二号，第13页。

罪,审系不安本分者,分别枷责实发。"①《大清律例·名例》中具体规定:如应判枷罪者,责20板,圈禁1日,抵枷1日;应判徒1年、1年半、2年者,责25板,圈禁3月;应判徒2年半、3年者,责30板,圈禁9月;应判流二千里者,责30板,圈禁1年零2个月。凡罪至圈禁者,皆革除其官顶。"若宗室酿成命案,按律应拟斩、绞监候者,宗人府会同刑部先行革去顶戴,照平人一律问拟斩、绞,分别实、缓,仍由宗人府进呈黄册。"②八旗折刑,是清代对八旗满洲等旗人实行的减刑特殊待遇,在处刑上与民人有所区别。旗人犯法,除死罪外,均准折刑,即减刑。

旗人犯罪还享有"减等"和"换刑"的特权。如犯答、杖罪可以用鞭责来代替;犯充军、流、徒之罪,可以免于发遣到远地服役,只在当地枷号。另外,对于盗窃犯,依法律规定应当处绞监候,但对旗人特别规定:赃在50两以下者只发宁古塔(辽宁)当差而已。宗室、觉罗犯罪可以用"折罚"代替刑罚。清代五刑:答罪5等,每答10折责4板,除零而计,答50者折责20板。杖罪5等,自60板至100板,四折除零与答同。徒罪5等,自1年至3年,每加半年为1等。流罪3等,自二千里至三千里,每加五百里为1等。死罪2等,即绞刑和斩刑。凡徒者、流者,还要受杖刑,杖罪情重者,则枷号示众。流者,重则充军或发遣黑龙江、吉林、伊犁、迪化(今乌鲁木齐)等边远处为奴。而汉族官员犯罪多不能抵刑折罚。如道光四年(1824)十二月,已革江南河道总督张文皓因修筑堤坝应闭时不闭,五坝应开时不开,致所蓄清水过多,堤坝溃决,被判处在河堤服枷刑一个月,满月后遣戍新疆服刑。

表3-2  旗人换刑

| 本刑 | | 换刑 | |
|---|---|---|---|
| 答杖 | | 鞭责 | |
| 徒 | 一年 | 枷号 | 二十日 |
| 徒 | 一年半 | 枷号 | 二十五日 |
| 徒 | 二年 | 枷号 | 三十日 |
| 徒 | 二年半 | 枷号 | 三十五日 |
| 徒 | 三年 | 枷号 | 四十日 |

---

① 《大清会典》(光绪)卷一,《宗人府》。
② 田涛、郑秦:《大清律例》,法律出版社1999年版。

续表

| 本刑 | | 换刑 | |
|---|---|---|---|
| 笞杖 | | 鞭责 | |
| 流 | 二千里 | 枷号 | 五十日 |
| 流 | 二千五百里 | 枷号 | 五十五日 |
| 流 | 三千里 | 枷号 | 六十日 |
| 附近充军 | | 枷号 | 七十日 |
| 近边充军 | | 枷号 | 七十五日 |
| 沿海边外充军 | | 枷号 | 八十日 |
| 极边充军 | | 枷号 | 九十日 |

满洲旗人等犯笞杖者可照数改为鞭责、军流、徒、免发遣，分别枷号。如判徒1年者，枷号20日，每等递加5日。流二千里者，改折枷号50日，每等亦递加5日。充军附近者，折枷号70日，近边者为75日，边远者为80日，极边烟瘴者为90日。罪至销除旗籍者即将旗人降为汉人，依律发遣。

《大清律例》中明确规定了社会不同阶层在法律上的不平等。如皇亲与非皇亲、旗人与民人、官员与百姓、主人与奴仆、长辈与晚辈等，虽犯有同罪，但在刑罪上轻重悬殊。例如，奴婢殴家长者皆斩；奴婢谋杀家长者皆斩，过失杀者绞。如家长故意杀奴婢，罪杖70并徒一年半；过失杀者勿论；若奴婢"违犯教令"如依法处罚致死者，勿论。官员殴死族人奴仆者，降1级留任；故杀者降1级调用；持刀杀死者革职、鞭100折赎；等等。八旗官兵如犯徒流罪，仅鞭责而已，免于监禁和发遣，以保证军队的编制和战斗力。宗室、觉罗除享有法定的减免特权外，还可以暂时革去钱粮来赎罪。雍正四年（1726）十月十六日，雍正帝称："满洲、蒙古、汉军等生理迥别，念其发往汉人地方，较之汉人更苦。"故不能处以同样的刑罚[1]。后来，乾隆帝称，旗人换刑是"京师多留一人，即得一人之用，自宜格外培养"[2]。

宗室、觉罗涉讼多免于刑讯。犯笞杖罪名用"养赡银"代替，即从笞10板到笞50板，折罚养赡银1~4个月；杖60板至杖100板，折罚养赡银6个月至1年（但"情罪可恶者"按其应得笞杖罪名实行责打，不准折罚

---

[1] 鄂尔泰等：《八旗通志》（初集）卷六十七，东北师范大学出版社1985年标点本，第1298页。
[2] 《清高宗实录》卷六百六十四，第9页。

钱粮)。一般旗人犯徒、流、军遣罪，折枷号示众，与民人相比已属优待。凡宗室、觉罗，则以折圈代替枷号，不示众，但要依罪行轻重加责数十板。如初次犯徒3年及2年半者，由宗人府圈禁1年，责打25板即可开释；初次犯流三千里及二千五百里罪者，折圈禁2年，责打30板；初次犯边远及极边烟瘴军罪者，折圈禁3年，责打40板。①

内务府所属庄头、海户、鹰户、庄屯旗人和王公各处庄头，如犯军、流、徒罪，照民人例定拟，不准折枷；唯有内管佐领及旗鼓佐领下人，犯有军流、徒罪者，准照八旗汉军例折枷。犯徒罪者，汉军奴仆问拟实徒，徒满押回该旗，交主人管束；满洲、蒙古奴仆，照旗下正身例，折枷鞭责。凡满洲、蒙古、汉军奴仆已入民籍者，俱照民人办理。至于已赎身但未报明部旗之人，无论主人曾否收得身价，仍作为原主户下家奴，犯军流等罪照例问发。旗人及旗奴，犯笞杖，照数鞭责；应处徒刑或充军、流放者，免发遣，徒一年可处以枷号20日，以次递增至五年者枷号60日，处附近充军者枷号70日，极边充军者枷号90日。乾隆二年（1737年）规定：告发主人与内务府所属庄头、鹰户人等的旗奴不准折刑。

对罪犯的定罪量刑，主要规定在户律、兵律、刑律三篇。据《光绪会典》记载，在《大清律例》中有143项发遣罪名②。这些罪名大多是危害社会秩序和人身生命财产安全的严重刑事犯罪，如伤人、杀人、放火、强盗、窃盗、抢夺等项罪行。由于清律律文没有规定发遣，所以对发遣案件审判时定罪量刑的依据就是发遣条例。发遣条例是清代律例的组成部分，是辅助律例的单行法规。发遣例在判案时可以直接适用。以乾隆四十四年（1779）刑部奏准的新例为例，当年将新疆改发内地十六项人犯仍发新疆，其中八项为原发极边烟瘴：抢窃满贯拟绞，缓决一次者；窃盗三次，赃至五十两拟绞，秋审缓决一次者；积匪滑贼，并回民结伙三人以上，及执持绳鞭器械犯窃者；行窃军犯，在配复窃者；奸妇抑媳同陷淫邪，致媳情急自尽者；盛京旗下家奴为匪逃走，犯至二次者；发遣云、贵两广之刨参人犯，在配脱逃者；三犯窃盗计赃五十两以下至三十两者。这八项人犯除脱逃罪名外，抢窃、窃盗、人命等在任何社会都是情节严重的刑事犯罪。对人犯定罪以后，即要量刑。根据犯罪情节的严重程度，对罪犯处以不同等

---

① 《宗人府则例》（光绪）卷二十九，第10-11页。
② 《清会典》卷五十四，中华书局1991年版。

级的处罚。"同一遣罪，又分数等，有到配种地者，有当折磨差使者，有给披甲人为奴者。"① 以上八项人犯，因为情节严重，被发往伊犁、乌鲁木齐等处给丁为奴，而另外八项人犯，原发、附近、近边、边远充军，情节稍轻的，发新疆酌拨种地、当差。在具体量刑时，对罪犯注意区分首从。一些犯罪行为多为从犯发遣，主犯处以更严厉的处罚。如强盗律第一条例：强盗杀人、放火、烧人房屋、奸污人妻女、打劫牢狱、仓库及干系城池衙门，并积至百人以上，不分曾否得财，俱照得财律斩，随即奏请审决枭示；若只伤人而未得财，首犯斩监候，为从发新疆给官兵为奴。在发遣例中，类似的规定还有很多。为从人犯与主犯相比，罪行较轻，自不应与主犯一体同罚。无论当时是否罚当其罪，这样区分首从的规定，是较为公平的。

乾隆元年（1736），刑部议准定例：发遣黑龙江等处为奴人犯，有被伊主图占其妻女，因而致毙者，将伊主照故杀奴婢例治罪。倘为奴人犯有诬捏挟制伊主者，照诬告家长律治罪。对此，光绪朝刑部尚书薛允升认为："此条与徒流人有犯罪例文未符，似应移入于奴婢殴家长门，与家主将奴仆之妻妾行占夺一条修并为一……此云照故杀奴婢例治罪，彼云发黑龙江当差，轻重殊不划一。"②

在发遣条例中，还为发遣旗人迎娶妻室家口设定了专门条例。乾隆三十二年（1767），乌鲁木齐办事大臣上奏定例，即满洲、蒙古、汉军发往新疆当差人犯，如有情愿携带妻室家口者，官为资送，到发配地后不得同罪犯一例羁管。乾隆三十七年（1772）和嘉庆六年（1801）有所改定。当时因为新疆屯垦缺人，故将此等人犯发往新疆，但后来旗人均发吉林、黑龙江等处，并不发往新疆③。显然，与此例不符。发遣地的改变，也是对旗人的一种优待。嘉庆中期，内务府包衣海寿因违反其父教令被发往黑龙江当差，在配所不服管束，被销除旗档，改发云贵两广，与民人一体管束。嘉庆二十五年（1820）赦回后，仍不知悔改，其母恳求再发遣，内务府遂将其发往新疆为奴。这里内务府的决定仍按发遣条例，即"旗下另户人等因犯逃人匪类及别项罪名发遣黑龙江等处，即销除旗档，改发云贵两广与民人一体管束。又触犯父母发遣之犯，遇赦释回后再有触犯，复经父

① （清）刘锦藻：《清朝续文献通考》卷二百五十，商务印书馆 1955 年版，第 9956 页。
② 薛允升：《读例存疑点注》卷三，中国人民公安大学出版社 1994 年版。
③ 薛允升：《读例存疑点注》卷二。

母呈送，发往新疆给官兵为奴"①。通过以上案例，可以看出，在律例无规定的情况下，发遣条例得到了切实的适用和执行，亦体现出条例的灵活性和变通性。

在发遣条例中，优待旗人的办法之一就是，发遣期满后可以及时入伍当兵。为优待旗人，清政府规定：旗人发遣年限一般是3年或5年，较民人为短。八旗原是兵民合一的组织，旗人在发遣限满后，一般就入于当地八旗驻防当兵。乾隆三十年（1765），根据黑龙江将军的奏请，制定条例："旗下另户人等，因犯逃人匪类及别项罪名发遣黑龙江等处，并奉天、宁古塔、黑龙江等处旗人发遣各处驻防当差者，三年后果能悔罪改过，即入本地丁册，择其善者挑选匠役披甲，给与钱粮。"②乾隆三十二年（1767），规定发往新疆的满族、蒙古旗人，定限三年或五年，"即交伊犁驻防处所编入本地丁册，挑补驻防兵丁，食粮当差"③。乾隆三十五年（1770）定制，对于发往伊犁的八旗兵丁，在三年期满后，"满兵驻塔尔巴哈台为兵，汉军入绿营为兵"④。另外，在战争中立有战功的遣犯，不拘年限，经皇帝批准，也可以成为八旗兵丁。雍正九年（1731），准噶尔部围攻北路查克拜达里克城，该地种地遣犯"跟随官兵守护城垣，竭力捍御，甚属可悯……除其罪名，令充绿旗兵丁，入伍效力"。⑤乾隆三十年（1765），新疆乌什维吾尔人反清，12名伊犁遣犯冒死登城，夺取城池，乾隆皇帝进行奖赏，"即令补充绿营兵丁"。⑥不过，像这样因立功而入伍的情况并不多见。

清朝末年法制改革中，沈家本利用各种机会建议旗人、民人在法律上应该平等。他提出，在刑法方面："旗人遣军、流、徒各罪照民人实行发配折。"这次改革中，将旗人犯罪折枷各制，以及"满汉罪名畸轻畸重，及办法殊异之处"，共删除、移改、修改、修并五十条（删除律文一条，删除例文四十条，移改例文一条，修改例文七条，修并一条），"旗人犯罪俱照民人各律本例科断"⑦。沈家本提出了旗人与民人法律平等的原则：

① 《刑案汇览》卷一。
② 薛允升：《读例存疑点注》卷六。
③ 《大清律例通考》卷四。
④ 《清高宗实录》卷八百七十五。
⑤ 《清世宗实录》卷十二。
⑥ 《清高宗实录》卷七百四十三。
⑦ 沈家本等：《遵议满汉通行刑律折》，修订法律馆编：《寄簃文存》，光绪三十三年聚珍版。

窃维为政之道，首在立法以典民……臣默觇世运，慨念时艰，欲筹挽救之方，不得不变通办理。拟请嗣后旗人犯遣军、流、徒各罪，照民人一体同科，实行发配。现行律例折枷各条，概行删除，以昭统一而化畛域。[1]

沈家本在这个奏折中提出，对于不同民族、不同阶级、不同社会政治地位和不同等级的同一类犯人，要采取平等的量刑和法律待遇，试图建立体现法律面前人人平等的资产阶级法制原则，取代等级特权制的法制原则[2]。

## 二、斩监候罪

满、汉官员在处罚的轻重上有悬殊之别。道光八年（1828），宝华峪陵墓工程出现质量问题，陵墓定位不妥，加之追赶进度，对施工中出现的问题不及时纠正解决，造成陵寝质量低劣、出现浸水等问题。九月十二日，道光帝命剥夺原大学士戴均元的职务及已降授的三品顶戴。二十三日，又命将其逮捕，并将其家产查抄没收。同一案中的原任尚书、协办大学士英和因宝华峪陵墓工程质量低劣问题应判处死刑，但道光帝念其曾任一品大员，且未贪污，被判处发往黑龙江充当苦差，服劳役，这是以充军抵死罪。汉人官员却不能享有此种换刑待遇。

在对汉人、旗人执行斩监候罪时，也有不同。旗人多能豁免死罪，而有的汉人则执行死罪，如道光年间容安治疆不得力，咸丰年间的耆英议约违旨、何桂清弃城等就是几例明证。

道光十一年（1831）七月，参赞大臣、副都统容安在南疆变乱中因分兵乌什，以致喀什久围不解，城虽未丢，最后被判处斩监候，并罚缴军需，远戍吉林。

咸丰八年（1858），钦差大臣耆英授命前往天津与英法联军议和，议约不成，违旨私自回京，史称"耆英议约违旨案"。此案发生后，恭亲王奕訢认为耆英回京是恐怕抚局决裂，不同于擅离其位者，而且"遍查律例，并无大员奉使擅自回京，作何治罪专条"。其他王大臣也多奏"议以绞监候"。将耆英定为斩监候，实际上是暗中为他开脱。按照常规，斩监候不久就能开释复官。署工部尚书肃顺单衔奏请将耆英即行正法，"乃甫

---

① 李光灿：《评〈寄簃文存〉》，群众出版社 1985 年版，第 197 页。
② 李光灿：《评〈寄簃文存〉》，群众出版社 1985 年版，第 5 页。

抵天津，一经夷人虚言恐吓，不顾大局，遽尔奔回，又捏称有面行陈奏之事情。今奴才见耆英亲供内，多系饰词，亦并无不可陈诸奏章者，是其畏葸无能，居心巧诈"。他认为如果不将耆英即行正法，恐不合国法：

> 仅议绞监候，转令苟延岁月，遂其偷生之私。倘幸以病亡，获保首领，国法何申？官邪何儆？况今尚有办理夷务之臣，若皆相率效尤，畏葸潜奔，成何事体……即行正法，以儆官邪而申国法"。①

咸丰帝虽斥责肃顺"其言过当"②，但认为耆英擅离差次之罪小，而诿过卸肩之罪大，最后仍"赐其自尽，以全法外之仁"③。派宗人府左宗正仁寿、左宗人绵勋、刑部尚书麟魁将耆英送至宗人府空室令其自尽。奕訢等进奏将耆英定为斩监候，实际上暗中为他开脱，咸丰帝也有此意，只可惜宗室肃顺执意按法处理，才使耆英丢了性命。实际上，耆英为满洲正蓝旗人。这起有代表性的满族官员刑事案，充分反映出清朝皇帝对满族官员的偏袒，以及清朝律令维护满族权贵的特点。当然，耆英被最后处死，与肃顺重典治国立策也有很大的关系。

咸丰八年（1858），两江总督何桂清畏惧太平军，弃常州城池狂逃而去，史称"何桂清弃城案"。何桂清率部队逃离常州时，许多绅民顶香跪留，堵塞道路，何桂清竟"遽令开洋枪纵击，死者十九人"④。到了常熟十里亭，何桂清所带亲兵又放火抢掠。何桂清弃城一案发生后，江苏巡抚薛焕、浙江巡抚王有龄为其庇护，借口正与英法交涉，拒不将何桂清送解北京，而将其滞留上海，直到同治元年（1862）五月，何桂清才被押至京城，关入刑部大狱⑤。刑部以情节较重，"请于斩监候律上，从重拟以斩立决"⑥。可清政府发下一上谕："以何桂清曾任一品大员，用刑宜慎。如有疑义，不妨各陈所见。"⑦此上谕无疑暗示可为其翻案。朝中不少大臣遂乘机为何桂清求情，前后至少有 17 人上奏为其申辩，其中有大学士祁寯藻、工部尚书万青藜、通政使王拯、顺天府尹石赞清等人。大学士、礼部尚书

① 《筹办夷务始末》（咸丰朝）第 3 册第 26 卷，第 969 页。
② 赵尔巽等：《清史稿》卷三百八十六，中华书局 1977 年版，第 11699 页。
③ 夏燮：《中西纪事》卷十四，岳麓出版社 1988 年版，第 183 页。
④ 一说"11 人"，见郦纯：《太平天国军事史概述》下编第 1 册，中华书局 1982 年版，第 145 页；《清史稿》卷三百九十七，采"死十余人"之说，第 11803 页。
⑤ 印鸾章：《清鉴》（下），中国书店 1985 年版，第 667、第 668 页。
⑥ 《清穆宗实录》卷三十一，第 10 页。
⑦ 薛福成：《书两江总督何桂清之狱》，载《庸庵海外文编》卷四。

祁寯藻援引嘉庆帝"刑部议狱，不得有加重"，"引律断议，不得于律外又称不足蔽辜及从重等字样"的谕旨①。慈禧太后同意将何桂清改为斩监候。同治元年（1862）为新帝登基之年，照例停止处决人犯，奕䜣等人都认为何桂清能侥幸活命。而御史卞宝第极力抗辩，提出道光年间提督余步云、咸丰年间巡抚青麟都以失陷疆土处决。太常寺少卿李棠阶又上一密疏，谓："刑赏大政，不可为谬悠之议所挠。今欲平贼，而先庇逃帅，何以作中兴将士之气？"何桂清提出，他逃离常州是江苏司道官员所请，是为了保住饷源重地。慈禧太后令两江总督曾国藩调查此事，曾国藩疏称：

苏常失陷，应卷宗无存，司道请移之禀无可深究。疆吏以城守为大节，不宜以僚属一言为进止；大臣以心迹定罪状，不必以云禀有无为权衡②。

慈禧太后亦认为有理，于同治元年（1862）十月二十六日以同治帝名义发布谕旨将何桂清处死，援引乾隆朝停止处决人犯年分遇有情罪重大案犯可由刑部开单另行奏请正法的成案，认为：

将该犯比照带兵大员失陷城寨本律，予以斩监候，秋后处决，已属格外之仁，今已秋后届期，若因停勾之年，再行停缓，致情罪重大之犯，久稽显戮，何以肃刑章而示炯戒，且何以谢死事诸臣，暨江南亿万被害生灵与地下！③

当日，清政府派大学士管理刑部事务周祖培、刑部尚书绵森监视行刑，处死何桂清。何桂清被处死，除了有失地的缘故外，最主要的还是与当时湘军集团势力的增长及慈禧太后杀人以立威等因素有很大的关系。

中法战争中，云南巡抚唐炯、广西巡抚徐延旭多次贻误战机，为此清政府于光绪十年（1884）十二月十二日下旨将两人皆判斩监候。在狱中近两年后，唐炯、徐延旭分别被发戍云南、新疆。当年十二月二十六日，三品大员张佩纶、何如璋与法国作战时逃遁，清政府下旨剥夺其职，并遣戍流放。同样是汉族大员，前后处罚亦有不同的情况，则多是与当时的政治环境相关的。

在其他方面，旗人也有优等减免权。道光年间，钦差大臣林则徐因力主抗英，被流放发戍到新疆。而爱新觉罗家族的奕氏三兄弟——奕山、奕

---

① 《清穆宗实录》卷三十一，第12页。
② 曾国藩：《曾文正公奏稿》卷十六。
③ 《清穆宗实录》卷四十七，第21页。

经、奕纪则因出身皇室虽屡罪亦屡免。

奕山（1790~1878年），康熙帝裔孙，镶蓝旗人。道光年间宗室奕山率军进攻英军，私自签订《广州和约》，却讳败为胜。鸦片战争后被革职拿问，圈禁于宗人府空室。道光二十三年（1843）释放，先后出任和阗办事大臣，累迁至伊犁将军。咸丰五年（1855）命在御前大臣前行走，不久外任黑龙江将军。他屈服于沙俄军事压力，咸丰八年（1858）与沙俄签订割地赔款的中俄《瑷珲条约》，被清政府革职。不久又补为正红旗蒙古都统、御前大臣。同治年间，封一等镇国将军。一生中，先后奉特旨优叙六次，死后谥庄简。

奕经（1791~1853年），成亲王永瑆之孙，乾隆帝第三子永璋之嗣孙。鸦片战争时也掩败为胜，力主对英求和，被以误国殃民之罪名革职圈禁。战后，复起用为新疆叶尔羌帮办大臣，后又调伊犁领队大臣，后又因查讯政治案件时妄断错判，不予纠正，又被革职，发往黑龙江充当苦差。道光三十年（1850）释归。咸丰年间，先后授为工部、刑部侍郎，署步兵统领，赐紫禁城骑马。

奕纪（1797~1863年），奕经之弟。道光年间历任总管内务府大臣、理藩院尚书、户部尚书、御前大臣等职。道光二十年（1840），呼图克图入京擅用旗缯，他作为理藩院尚书未能具奏，罢免御前大臣、户部尚书、总管内务府大臣职。不久，又因承受他人馈送银两，存至八日，方始退还，未能正言拒绝。事后，拟发往黑龙江充当苦差。时英国侵扰沿海，乃改发天津海口效力。接着，以讳匿他罪事发，从重发往盛京当差。道光三十年（1850）以其命巫医在家求雨事发，发往吉林编管。咸丰元年（1851）随吉林将军团庆巡查，获罪。咸丰三年（1853）释归，又赴河南军营，后带兵赴天津，与都统胜保等围攻太平军大胜，以功赏三等侍卫。不久，因故革职回旗。同治二年（1863）去世。

清代的法律秩序，维护旗人尤其是满族贵族的特权，并极力控制下层民人的反抗。这一套控制体系，依附于政治体系，并与政治体系相辅相成，成为维护满洲旗人政治统治的工具。

# 第四章 "旗民交产"的开禁

## 第一节 对旗人财产权的保护

### 一、"现审田房词讼"

清代就民事主体而言，主要包括旗人与民人两大主体。从严格意义上说，二者的法律地位不同，同罪异罚较为普遍，在《大清律例》中有明显反映。但由于律例没有对民事行为主体加以严格区分，因此执行上带来相当不便。《户部则例》在这方面显示出立法技术的完善。《户部则例》"通例门"中"现审田房词讼"，共有 24 条例文，内容极为丰富，涉及旗民争控户田案件、旗民互控案件、部审旗民互控事件、旗人之间的田地案件等方面，而且对于管辖与受理衙门、诉讼程序、审判权限、审结时限、"报告代审"，以及监督等，均作出详细规定。凡"应批断者即行批断，应送部者必查取确供确据，叙明两造可疑情节，具结送部"。如两造隐情不吐，"必须刑讯者，会同刑部严审"。这种限制规定是有别于刑事诉讼的。如需实地勘察应将当事人"押发州县，令会同理事同知查丈审结"。并规定八旗现审处办理旗民交涉案件自人、文到部之日起，限 30 日完结。总之，"现审田房词讼"是旗民财产关系不断发展的产物，是清代的民事诉讼法。

旗民之间的民事案件主要指旗民交产等引起的民事纠纷。以旗民交产禁令开禁为标志，分为前后两个阶段。旗人的旗地、旗房、旗人财产继承权等均受到《大清律例》的特殊保护。"旗民不交产"，主要指的是旗地与民地不得随意买卖等问题。清朝法律严禁民人典买旗地、旗房。对于典买、典卖者，双方都要治罪，交易银没收，甚至失察的管辖官也要受到严厉议处。

京师涉及旗人户口、田房案件，依据《大清律例》乾隆四十八年（1783）定例及《户部则例》的规定，对于涉及旗人之户口、田房案件，在京师实行两级审判。对于旗人所在旗分佐领处具呈未获查办或审断不公者，可以再赴步军统领衙门呈控，然后再送户部，如此形成三级审判。不过，由于户部对于京师涉及旗人之案具有终审权力，步军统领衙门和八旗并无上下级关系，故一般将此类案件的审判分为两个审级。其初审衙门包括八旗、步军统领衙门、五城察院、内务府等。在外州县的各旗庄头人等，如有地亩案件，倘其业主在京，仍照例在户部或该旗控告，如系内务府庄头人等，可在内务府呈控。由于此类案件一般无关罪名或只系笞杖轻罪，以上衙门均可拟断。

步军统领衙门或五城收到涉及旗人户口、田房的词讼之后，可以自行拟断，如不能拟断者则送户部。如涉及皇族，应将案件咨送到户部和宗人府会审；如果涉及上三旗包衣，则咨送内务府处理。步军统领衙门、五城以及内务府等衙门审理此类案件，有罪可科者亦照《大清律例》拟断。若系土地、田租案件，涉及外州县者，一般需要咨文直隶总督或是顺天府等处协同办理。如果案情特殊，或是涉及罪名在徒以上者，应送交刑部审理。乾隆三十八年（1773），发生叶天德呈控刘思远拖欠卖房银两不还一案。民人叶天德买鼓楼大街内务府官房（此房出售已经奏准），但叶天德因不能按时交清银两，经内务府郎中明山家人陈四说合，将房屋转卖给刘思远。因怕叶天德反悔，在交契时，多写虚银五百两。随后陈四回明其主人，将房屋直接由内务府售予刘思远。次年（1774），叶天德向内务府控告，要求刘思远还钱。经内务府慎刑司审断，此房交易已与叶天德无关，断房屋归刘思远拥有；此案内务府亦接受民人呈控，应与涉案之房屋本归内务府属有关。对此判决，叶天德不服，又向中城察院呈控。中城察院正在查卷传问时，叶天德听说此案又欲送慎刑司办理，又赴步军统领衙门控告。步军统领衙门立即上奏皇帝请交刑部审理。刑部拟将叶天德依不应重律杖80板折责30板，陈四因与叶天德私立典契、虚写价银，照不应重律杖80板，系旗下家奴，鞭80。乾隆三十九年（1774）十月二十六上奏，准依其议执行。①

## 二、户部办理田房案件

京师涉及旗人户口、田房案件,如八旗、内务府、五城御史、步军统领等衙门不能拟结,则送户部审理。早在康熙年间,就已有户部办理田房案件。康熙二十二年(1683)四月二十七,户部议民人刘裕封等以庄头霸占土地叩阍(按:京控)一案,请农忙后再议,康熙帝认为应即审明完结②。尽管此案系京控案件,但只系田土细故,由户部审理。康熙五十二年(1713),议定凡在外民人与在京居住旗人为地方房产、主仆名分等事,册籍皆在户部,外省不便完结者,应听户部审理。其中有互相斗殴重伤或抢夺等情,户部会同刑部审结。雍正七年(1729),议准"户部八旗司审理旗民房地、家产、主仆争告之案,亦照刑部现审之例限一个月完结"。乾隆四年(1739)奏准:旗人争控户口、田房等事于该旗具呈,该旗察明册籍,讯明佐证,出具印甘各结,将人及原呈一并送户部定拟完结,旗人控民人亦在该旗具呈。如有民人控旗人者,在该管地方官处呈告,即该令地方官取具原告确供及印甘各结,转详咨户部。乾隆十三年(1748),设户部现审处,办理八旗户口、田房案件。现审处设有郎中、员外郎、主事等官,均由户部堂官委派,无定员。步军统领衙门、五城察院或是内务府等机构如有涉及旗人且不能断结之案,可录供后送户部审理。对于宗室旗人收取屯庄地租,如有庄头、民人等抗租,准其在户部具呈。一般说来,户部办理案件需要和八旗都统衙门以及直隶等处地方官发生密切联系。户部提拿旗人,验明房契、地契都必须行文八旗或内务府等机构。在案件拟律之后,土地在外州县也须在地方官的参与下执行,但最终结案权仍在户部。

《户部则例》中"现审田房词讼"涉及的规定,也全部涉及旗人,对于京师民人与民人之间的户口、田房案件,如罪在徒以下,当按《大清律例》,和外地各州县一样,由五城察院或步军统领等衙门自理③。

---

① 中国第一历史档案馆:《内务府·刑罚类》,第 0406 号。
② 中国第一历史档案馆:《康熙起居注》第 1 册,中华书局 1984 年版,第 998 页。
③ 《大清律例》第 37 卷,第 639 页。

虽然《大清律例》禁止旗人前往地方官处呈控，但如确有旗人前往具呈，地方官必须将人犯和原呈一并解送户部处理。地方官将案件详送到户部后，户部仍照常审理。若地方官擅自承办，其与其上司也将一并交户部议处[1]。

# 第二节 "旗民交产"的出现

## 一、旗人生计问题的出现

清朝一直实行"以旗统民"的政策，即军民合一的八旗管理体制，"八旗子弟，国之世仆"[2]，故清政府"皆以国力豢养之"。大臣允禄曾言：朝廷对八旗兵丁"若父母之育子，保惠殷勤。税赋则屡免再三，特赏则动盈千万计，其衣食发内帑以资生赡，其喜丧裕公储以待用"[3]。清政府不仅在政治上给予旗人很大特权，在经济上也给予旗人优于民人的待遇和特权，主要表现在八旗恩养制度、圈地、占房、食粮饷等各个方面。旗人生计主要依赖于皇帝的特别恩赐，有丰厚的定量俸米、饷银。八旗的薪给不称之为"钱粮"或"饷银、饷米"，而是称之为"俸银、俸米"[4]。旗官与旗兵都是按季发放饷米。顺治二年（1645），清政府制定了赈济八旗的条例。据统计，雍、乾两朝，清政府用于"赈济"八旗的银两超过2000万两。清政府规定：宗室贵族7岁以上的食全俸，7岁以下的给半口，即减半给粮。这种优厚的粮饷待遇，"核其数，则数口之家，可以充足矣"[5]。仅甲米（兵米）一项，前锋、护军、领催、马甲每人每年领46斛（合23

---

① 中国第一历史档案馆：《内务府·刑罚类》，第0406号。咸丰年间曾准许民人典买旗地，光绪十五年又加以禁止。薛允升：《读例存疑点注》第10卷，中国人民公安大学出版社1994年版，第204页。
② 刘锦藻：《清朝续文献通考》（下）第74卷，上海古籍出版社1988年版，第7771页。
③ 胤礼等：《上谕八旗》，清朝刻本，印年不详。
④ 刘小萌：《八旗子弟》，福建人民出版社1996年版，第34页。
⑤ 贺长龄：《皇朝经世文编》卷三十五，上海久敬斋书店光绪二十八年石印本。

石），最低的步甲领 22 斛（11 石）。当时，七品官员的俸禄是每年银 45 两、米 22.5 石，八品官是银 40 两、米 20 石。故雍正帝曾坦率地告诉八旗兵丁：他们的收入，实际上已多于七品、八品官的俸禄①。八旗官兵所领俸米、甲米的市价应高于与之对应的俸银、甲银。如道光二十八年（1848）八月十一日载："三旗营总清平应领本年二月季三色俸米二十五石，派本营官人持票赴仓关领，卸交兴隆碓房温仓铺内，价钱十一万三千一百五十文。"② 这二十五石俸米约值 11 万文，合 100 多两银子。清政府把米价定高，以便兵丁变卖余粮，作为一项善家的辅助收入。

清朝入关后，八旗人丁都由政府分拨旗地，名为"壮丁地"，均免除赋税。京营旗丁的旗地由圈占的畿辅地（距京师 500 里以内的地区）中拨给。各省驻防和东北等地驻防旗丁也各自从所驻地附近圈拨旗地。为了保持旗人永久的经济优势，清政府实行旗地"永昭世守"的子孙承袭制和"永停输纳"的免赋税制。另外，每名八旗额兵都发给优厚的饷粮。清朝前、中期，一个马甲的粮饷能养五口之家，还不时"添俸加银"。雍正帝曾称：

从前满洲人等虽不能咸个饶裕，凡遇出征、行走俱系自备，并无遗误之处，皆足自给。今兵丁等较前增加一两，又有马银，计其所得，已多七、八品之俸禄。即此有能谋生之人，尽足具用矣。③

清政府给予八旗兵丁优厚待遇，既是为了保障八旗的军事实力，又是为了防止旗人过多接触汉人导致旗人"汉化"，显然具有民族隔离的性质。如《大清律例》中规定：旗人不准随便离京和移居外城。凡出京务必请假，出京里数限于二十里以内；凡违禁私出，各有罚例。旗人不准做工、务农、经商，更不准卖艺、演戏；违抗者，则销除旗籍④。另外，对八旗兵丁的活动也作了明确的限制，在京旗兵不得离城四十里，驻防旗兵不得离城二十里，违例者严加处罚，在京旗兵销除旗档，驻防旗兵则予以"治罪"。这样，八旗兵丁除了履行兵差之外，成天无所事事，便游手好闲，

① 《八旗通志初集》卷六十七。
② 中国第一历史档案馆：《内务府慎刑司呈稿》，道光朝刑第四十七卷，转引刘小萌：《清代北京旗人社会中的民人》，载故宫博物院、国家清史编纂委员会：《故宫博物院八十华诞暨国际清史学术研讨会论文集》，紫禁城出版社 2006 年版，第 104 页注②。
③ 鄂尔泰等：《八旗通志》（初集）卷六十七。
④ 滕绍箴：《清代八旗子弟》，中国华侨出版公司 1989 年，第 282 页。

在茶馆、酒店和戏园子里消磨岁月，最终成为一群"不士、不农、不工、不商、不兵、不民"的群体①。旗人长期征战，不善农耕，且生活奢侈。据王庆云《熙朝纪政》卷四载：

康熙四十九年（1710）正月，颁谕：八旗治生苟且靡费极多。官兵所给之米，辄行变卖。而银两耗去，米价又增，于是众悔无及。朕每日进膳二次，此外不食别物。烟酒槟榔等物，皆属无用，众人于此，辄日费几文。甚者贫而效富，用必求盈，中人之产，不久即罄矣。②

到17世纪末，居住在北京等城市的满族官员，生活上"居家弹筝击筑，衣绣策肥，日从子弟宾客饮"。③雍正帝曾斥责贵族纨绔子弟说：

平居积习，尤以奢侈相尚，居家器用，衣服饮馔，无不备极纷华，争夸靡丽，甚且沉湎梨园，遨游博肆，饮酒赌博于歌场戏馆……不念从前积累之维艰，不顾向后日用之艰难，任意靡费，取乐目前，彼此效尤，其实莫甚。④

当时，八旗官员生活腐化，而一般旗人家境日渐没落。按照清制，"闲散宗室，准用四品官顶，并四品武职补服，始于乾隆四十七年（1782）。其有官而职分小者，亦准用四品顶戴"⑤。这就更进一步加剧了他们好逸恶劳的习气和自视高贵的心态。肃顺极为讨厌满人的诸多恶习，认为"满人糊涂不通，不能为国家出力，惟知要钱耳"⑥。许多旗兵"于关领钱粮后稍有敷余，惟图目前一饱，不复顾及身家"⑦。整日嗜酒沉湎，以玩乐为时尚，或沉湎梨园，遨游博肆，或斗鸡、鹌鹑、蟋蟀之戏，或提笼架鸟，养花吃烟，泡茶馆。这种风气更加剧了宗室子弟的贫困化。"盖宗室习俗倨傲"，"惟市井小人日加谄媚，奉为事主，宗室乐与之狎"，"其俗日渐卑恶也"⑧。八旗兵丁的恶习，既使其军纪政风日益败坏，旗民横行不法之事屡有发生，也削弱了八旗军的战斗力。咸丰八年（1858）七月初一，有一佐领宗绪发放制钱之时，该佐领下属的四品宗室恒惠向其借钱。宗绪回

---

① 沈起元：《拟时务策》，载《皇朝经世文编》第35卷，第10页。
② 中国人民大学清史研究所、中国人民大学档案系：《清代的旗地》，中华书局1989年版，第1334页。
③ 李燕光、关捷：《满族通史》，辽宁民族出版社2003年版，前言第2页。
④ 鄂尔泰等：《八旗通志》卷首，《敕谕》，东北师范大学出版社1985年版，第9页。
⑤ 吴振棫：《养吉斋丛录》第22卷，北京古籍出版社1983年版，第135页。
⑥ 黄濬：《花随人圣盦摭忆》，上海古籍出版社1983年版，第497页。
⑦《清朝续文献通考》下卷，第7770页。
⑧ 昭梿：《啸亭杂录》，第494—495页。

答无钱借给，恒惠即将宗续应发放众宗室的制钱抢去 4 份，逃之夭夭①。宗室兴宝多行不法，聚集无赖，开场窝赌②。宗室秀宽因坟茔失火，将过路丐妇侯氏烧死③。贝勒永珠指使太监将侧室吴氏殴打致死④。诸多此类案件的发生，都影响着京师的社会稳定。

自康熙朝开始，旗人人口增多，但征兵有定额，发饷有定数，"佐领丁壮虽增，而兵额不增"⑤。同样数量的粮饷分发到增长的旗人手里，就开始捉襟见肘了。随着时间的推移，"壮丁地"与八旗人丁之间的矛盾愈显尖锐。清朝开国之初，披甲当差的仅是一小部分人。据估计，清太宗时期是七丁一兵，乾隆二十二年（1757）是十丁一兵，道光二十九年（1849）增加到十五丁一兵。这样，一家几口甚至数十口只凭一份额兵俸禄度日，颇显艰难，加上清政府不许旗人另谋生路，势必造成旗人的生活愈加困难。到乾隆初年，"八旗生计"问题因而出现。乾隆三年（1738），御史赫泰在《复原产筹新垦疏》中说："当顺治初年到京之人，此时几成一族。以彼时所给之房地，养现今之人口，是一分之产而养数倍之人矣。"⑥京旗所分之地，到乾隆初，已典卖大半，只有靠俸饷生活。而一月的饷银常常不敷数日之需，有的将一年的饷米领出粜给米商，银两用光时，米价又涨了，只好再借明年的饷银，或典当度日。大家熟知的《红楼梦》的作者曹雪芹此时也结束了"锦衣纨绔之时，饫甘餍肥之日"的生活，生活日益拮据。乾隆时期，开始出现八旗人丁因生计问题而逃避他乡的现象。如乾隆六年（1741），吉林乌拉满兵"贫苦逃走者甚多"⑦。乾隆十年（1745），山海关、热河、古北口、张家口等处驻防官员，"一年之内，各处报逃之案，竟有二百五十余起之多"。⑧关于八旗兵额，据道光二十九年（1849）《抄折》所记，京营 149425 名，东三省 52512 名，各省驻防 85219 名，三项合计 287196 名⑨。因为八旗兵额，历代未尝有大幅度

① 《宗人府来文》，《赓瑞为呈送事》，引自刘小萌：《爱新觉罗家族全书》第 1 册，吉林人民出版社 1997 年版，第 398 页。
② 《清宣宗实录》卷一百二十八。
③ 《清宣宗实录》卷九十一。
④ 《清宣宗实录》卷二百九十二。
⑤ 魏源：《圣武记》卷十一，古微堂刊本，中华书局四部备要本 1984 年版，按顺治四年（1647）规定，嗣后新增人丁不再添给旗地。
⑥ 《皇朝经世文编》卷三十五。
⑦ 《清高宗实录》卷一百五十五。
⑧ 《清高宗实录》卷二百四十四。
⑨ 不著撰者：《国朝事略》第 8 卷，光绪末年江楚书局排印本，第 10—11 页。

的增减，"其额数常不过三十五万"①。若按十五丁一兵计算，满族总人口应有四五百万左右②，且多居住于京师重地，自然加大了国家的财政负担。正如魏源所说："聚数百万不士、不农、不工、不商、不兵、不民之人于京师，而莫为之所，虽竭海内之正供，不足以赡。"③康雍乾年间的八旗生计问题，主要指北京满洲旗人的生计。到了嘉道咸时期，八旗生计问题就扩张到了整个八旗。"咸同以降，北京旗人生计之窘迫，难以言喻"④。当时，京城物价上涨，"旗饷月三两，改折钱十五千，致无以自活"⑤。咸丰十一年（1861）六月时，北京米价每石涨到钱票六七十千文。而一般旗人每日所得不过几百文，亦只能购得一二升米⑥。原在康雍乾时期尚可维持生计的养赡银米，这时就更加捉襟见肘了。

## 二、解决八旗生计问题的举措

清朝中期以来，清政府通过赏赐银两、增加兵额和京旗移垦等措施，以图解决旗民生计问题。清政府组织京师旗人移垦，但很多人由于长期脱离农业生产，加上城市生活的影响和守卫京师的责任，多不愿参加劳作。清政府一贯采取的各种救济措施，不但未收到预期效果，反而增长了旗人依赖政府的心理。

由于连年战争和巨额赔款，国家财政困难日趋严重，国家对旗人的一切优恤待遇，到咸丰年间几乎全部停止了。面对清政府财政拮据的局面，为节银筹饷，肃顺建议采取措施，削减满族皇粮⑦。当时，由于漕运阻塞，清政府将正项饷米改征折色，兵丁饷米只发二成实米，其余折银钱发放。对八旗兵丁也施以"减成发放"饷银、搭配制钱之策，实际上减发了官兵的收入。咸丰二年（1852），清政府将八旗饷银折发制钱，并搭发"铁制

---

① 《清史稿》卷一百三十一，第 3901 页。
② 王钟翰：《"国语骑射"与满族的发展》，载《满族史研究集》，中国社会科学出版社 1988 年版，第 205 页。
③ 魏源：《圣武记》，古微堂刊本，中华书局四部备要本 1984 年版，第 563 页。
④ 小横香室主人：《清朝野史大观》，《清宫遗闻》，中华书局民国四年版，第 104 页。
⑤ 赵尔巽等：《清史稿》卷四百二十二，中华书局 1977 年版，第 12178–12179 页。
⑥ 中国人民银行总行参事室金融史料组：《中国近代货币史资料》第一辑上册，中华书局 1964 年版，第 581 页。
⑦ 高中华：《从肃顺削减旗人薪俸看晚清北京旗人生计》，《北京档案史料》2006 年第 1 期。

钱二成"，其后又屡屡减饷。咸丰三年（1853）八月二十四，户部奏请变通俸饷发放数量，并搭放饷钱。从十月开始，以制钱两串折银一两发给。不仅八旗兵丁的饷银减成发放，就连王公大臣的俸两也是如此。咸丰四年（1854），清政府令减半支放王公大臣本年秋季的俸银。"世家自减俸以来，日见贫窘，多至售房。能依旧宇者极少。"①

咸丰三年（1853），清政府为解决财政危机，滥发大钱大钞，致使银贵钱贱，造成恶性通货膨胀。按旧例，旗兵饷银每石米只折给京钱2400文，而实际米价达20余吊（一吊约千钱）不止。随着米价腾贵，银价日增，钱法壅滞，旗人生计维艰。咸丰八年（1858）正月，清政府颁谕内阁："因米价昂贵，八旗生计维艰，著再行展赈接济。"②咸丰九年（1859）一年之中，清政府又不得不接连几次采取多种措施改善旗人生计，如加赏成色米，加放实银。同年（1859）四月，为减缓兵丁困难，清政府曾下令从次月开始搭放实银三成③。七月，再下令从次月起搭放实银五成，规定另五成发放铁制钱二成，当十铜钱八成④。十一月，清政府准许所有兵役白事赏银和养赡孤寡钱粮，仍按银七钱三支给，应发放的各处公项、寺庙香灯等款，一律改放实银，至于零星岁修工程，准许发给实银八成，搭放钞票大钱二成⑤。至咸丰十年（1860），情况变得更为糟糕。为节减开支，该年二月初九，清政府以物价仍未平减，京城各旗营兵饷，除二成钱、四成实银照旧放给外，从三月开始，将应折四成票钞改放三成实银。不久，清政府规定减成发放骁骑校等官兵的饷银，按四成实银、二成钱折发放，技勇养育兵等按五成实银、二成钱折发放⑥。旗民兵丁领发的粮食常常质量低劣，"米色霉变，且多土砾，实不堪食用"⑦。并时时受到上层旗人的肆意盘剥，领放时被多层克扣，不足额数，这从客观上加剧了旗人内部的分化。早在道光年间，北京就发生过八旗"兵丁聚集数百人或千数百人可恃众入仓"，以抗议米不堪食用之事⑧。不仅如此，在兑放八旗银饷

---

① 震钧：《天咫偶闻》，北京古籍出版社1982年版，第60页。
②《咸丰朝上谕档》，咸丰八年正月十九日，档案号：1194-1，缩微号083-0838。
③《清文宗实录》卷二百八十一。
④《清文宗实录》卷二百八十九。
⑤《清文宗实录》卷三百零一。
⑥《大清会典事例》卷二百五十四，光绪十二年石印本，中华书局1991年版，第6页。
⑦⑧ 中国历史第一档案馆：《八旗都统衙门档》，《旗务财经类》。

时，官商勾结，"任意扣折，搀用小钱"。①这对于依靠兵饷为生的旗民来说，无疑是雪上加霜。由于财政拮据，清政府还降低了八旗驻防的一些日常费用。道光二年（1822），清政府下令削减京外各驻防旗人的官婚丧祭费。咸丰三年（1853），清政府下令将宗室、觉罗现任食俸人员本身红白喜事暨闲散宗室、觉罗红白事的恤赏银"均暂停止"，将闲散宗室、觉罗白事恤银"暂停一半"②。次年（1854），清政府下令将本年秋季王公大臣俸银减半支放，待"军务告竣"，财政稍有转机，再全额补足③。咸丰五年、九年，清政府还先后规定，以后旗人婚娶不再给予补助，各地驻防旗人要节约使用纸墨费用等。

同治二年（1863）四月，西安驻防满洲官兵因缺饷日久，饥寒交迫而毙命者多达两千人④。青州驻防旗人因粮饷缺乏，将所有用物悉数变卖，最后无可折卖，只好到周围农村乞食，死者甚多⑤。北京旗人中，"家人多有衣不蔽身、食不果腹者。隆冬饥寒交迫，流离载道；堆卡几为虚设，毁房拆屋，难图一饱。只靠城内各处粥厂分赈，尚可偶（苟）延残喘"⑥。足见旗人生活之艰难。

在旗人作家老舍的自传体小说《正红旗下》中，有多处关于清末北京旗人生计的描述，兹摘录几段⑦：

大姐的婆婆口口声声地说：父亲是子爵，丈夫是佐领，儿子是骁骑校。这都不假；可是，她的箱子底儿上并没有什么沉重的东西。有她的胖脸为证，她爱吃。这并不是说，她有钱才要吃好的。不！没钱，她会以子爵女儿、佐领太太的名义去赊。她不但自己爱赊，而且颇看不起不敢赊，不喜欢赊的亲友。虽然没有明说，她大概可是这么想：不赊东西，白作旗人！

对债主子们，她的眼瞪得特别圆，特别大；嗓音也特别洪亮，激昂慷慨地交代："听着！我是子爵的女儿，佐领的太太，娘家婆家都有铁杆儿

---

① 《清文宗实录》卷九十七，第49页。
② 《大清会典事例》（光绪）卷六，中华书局影印本1990年版，第98页。
③ 《大清会典事例》（光绪）卷二百四十八，中华书局影印本1990年版，第4页。
④ 《清穆宗实录》卷六十三。
⑤ 《清穆宗实录》卷八十八。
⑥ 王云五：《道咸同光朝奏议》，台湾商务印书馆1970年版，第2044页。
⑦ 老舍：《正红旗下》，载《老舍全集》卷八，人民文学出版社1999年版。

庄稼！俸银俸米到时候就放下来，欠了日子欠不了钱，你着什么急呢！"

以我们家里说，全家的生活都仗着父亲的三两银子月饷，和春秋两季发下来的老米维持着。多亏母亲会勤俭持家，这点收入才将将使我们不至沦为乞丐。二百多年积下的历史尘垢，使一般的旗人既忘了自谴，也忘了自励。我们创造了一种独具风格的生活方式：有钱的真讲究，没钱的穷讲究。生命就这么沉浮在有讲究的一汪死水里。是呀，以大姐的公公来说吧，他为官如何，和会不会冲锋陷阵，倒似乎都是次要的。他和他的亲友仿佛一致认为他应当食王禄，唱快书，和养四只靛颏儿。同样地，大姐夫不仅满意他的"满天飞元宝"，而且情愿随时为一只鸽子而牺牲了自己。是，不管他去办多么要紧的公事或私事，他的眼睛总看着天空，决不考虑可能撞倒一位老太太或自己的头上碰个大包。他必须看着天空。万一有那么一只掉了队的鸽子，飞得很低，东张西望，分明是十分疲乏，急于找个地方休息一下。见此光景，就是身带十万火急的军令，他也得飞跑回家，放起几只鸽子，把那只自天而降的"元宝"裹了下来。能够这样俘获一只别人家的鸽子，对大姐夫来说，实在是最大最美的享受！至于因此而引起纠纷，那，他就敢拿刀动杖，舍命不舍鸽子，吓得大姐浑身颤抖。

民国初年，北京旗人的生计问题依然突出。一位法国社会学家描述：

北京城的常住人口有一百二十万，其中三分之一是满人，现在这四十万人中只有很少人尚有生计，也只有很少人能够体面地谋生……在北平的九千名警察中，至少有六千名是满人……然而穷旗人最流行的职业是拉洋车，这个城市里有三万辆洋车，每辆洋车两个人拉（一个白天拉，一个晚上拉），因此有六千洋车夫，但这卖苦力的活不能再养活第三个人……许多非常漂亮非常年轻的姑娘在妓院里卖身。天坛附近的天桥大多数的女艺人、说书人、算命打卦者都是满人。①

---

① （法）保尔·巴迪：《小说家老舍》，吴永平编译，长江文艺出版社 2005 年版，第 302-303 页。

# 第三节 "旗民交产"的变通

伴随着旗人生活水平的下降，清政府已经无法继续将官庄和旗地固定在八旗之内，就渐渐放松了对旗人的管理，不仅开始允许旗人出外谋生，还再次开禁允许旗民交产。其中，典卖旗地就成为"旗民交产"的主要内容。

## 一、典卖旗地

旗地，主要指红册地、升科余租地、随缺地、伍田地、台站丁地等。起初，清政府不允许旗民交产，主要就是不准旗人典卖土地给民人。因为由旗民交产带来的大量"官田"的"民田"化，是旗地所有权发生变动的重要途径。清朝建立政权之初，曾将圈占土地分给"东来诸王、勋臣、兵丁"。所谓"国初勋臣，皆给庄田，以代廪禄"。[①]同时还确认旗民"私垦余地"作为己产，"售卖听其自便"[②]，实际是保护旗人对土地的掠夺。为了维护旗人的经济地位，防止削弱清政权最主要的社会基础，清朝法律严禁旗民交产，汉人不许典买旗地、旗房。

清朝入关以后，满人依靠钱粮和掠夺来的不动产维持生活，而不事生计，显然不可能维持长久。关外"计口授田"的八旗官兵入关后抢夺、圈占汉人土地。为了规范这种行为，顺治元年（1644）十二月，清政府下达"圈地令"，内称：

我朝建都燕京，期于久远，凡近京各州县民人无主荒田，及明国皇亲驸马、公、侯、伯、太监等死于寇乱者，无主田地甚多，尔部可概行清查。若本主尚存，或本主已死而子弟存者，量口给与，其余土地尽行分给东来诸王、勋臣、兵丁人等，此非利其土地。良以东来诸王、勋臣、兵丁人等无处安置，故不得不如此区画。然此等地土，若满汉错处，必争夺不

① 乾隆敕撰：《清朝通志》，"职官略"，浙江古籍出版社2000年版。
② 《户部则例》，"天赋"，道光二年校刊本。

止。可令各府州县乡村，满汉分居，各理疆界，以杜异日争端。今年从东先来诸王各官兵丁及见在京各部院衙门官员，俱著先拨给田园。其后到者，再酌量照前与之。[①]

清初，清政府一共发布了三次圈地令，共圈得良田 20 余万顷，遍布北京、河北各州县。这个上谕确定了分配田地的具体办法，近京各府州县由此全面展开了对民间田地的抢占和掠夺，称为"圈地"。名义上圈占的是皇亲国戚的空地，实际上大量良民土地也被乘机包括进去。满洲贵族大片圈占田地后，汉族农民拥有的小块土地也被圈占。广大农民从土地上被驱逐，迫令迁徙。清政府还规定，此次圈占后，满洲旗人陆续迁来者，照前给予田地。因此，顺治二年（1645）十一月，又展开第二次圈占，扩展至河间、滦州、遵化等地。顺治四年（1647）正月，又下令顺天、保定等四十二州县，圈占田地，给予当年东来满洲官员兵丁。在三次大规模圈地中，由圈占无主田地扩展到有主田地，由圈地进而圈占房屋，甚至"圈田所到，田主登时逐出，室中所有，皆其有也"[②]。据统计，三次圈地共没收了汉人田地 146766 顷（合 2777952 亩），包括北起长城，南至河间，东起山海关，西达太行山的广大地区。清朝统治者与这一地区居民的矛盾大大激化，民族歧视案件时有发生。圈占的大量土地分给八旗兵丁，但他们是无力也不愿亲自耕种的，于是又出现"投充法"。所谓"投充"，名义上是汉民穷困无法过活"投靠"到庄园下充当奴仆，实际上是强制所为。大圈地造成的近百万无地农民，大都被直接转化为土地上的农奴。八旗兵还强迫大量农民"带地投充"，成为圈地之外掠夺土地的主要方法。圈地、投充形成了大量八旗名下的"庄子"，庄园主基本上都是住在城市的贵族、旗兵，依靠庄头收租获利。《红楼梦》中保存着一份长长的地租清单，这是"圈地令"、"投充法"对八旗真正的意义所在。

《红楼梦》第五十三回中，描绘了贾府对农民进行地租剥削的情景。当贾府快要过年时，黑山庄的庄头前来交租。让我们看看这张地租清单吧：

大鹿三十只，獐子五十只，狍子五十只，暹猪二十只，汤猪二十只，龙猪二十只，野猪二十只，家腊猪二十只，野羊二十只，青羊二十只，家汤羊二十只，家风羊二十只，鲟鳇鱼二百个，各色杂鱼二百斤，活鸡、

---

① 《清世祖实录》卷十二，第 8 页。
② 史惇：《恸余杂记》，载赵士锦：《甲申纪事》，中华书局 1959 年版，第 90 页。

鸭、鹅各二百只，凤鸡、鸭、鹅二百只，野鸡、野猫各二百对，熊掌二十对，鹿筋二十斤，榛、松、桃、杏瓤各二口袋，大对虾五十对，干虾二百斤，银霜炭上等选用一千斤，中等二千斤，柴炭三万斤，玉田胭脂米二担，碧糯五十斛，白糯五十斛，通粳五十斛，杂色梁谷牲口各项折银二千五百两。此外门下孝敬哥儿玩意儿：活鹿两对，白兔四对，黑兔四对，活锦鸡两对，西洋鸡两对。[1]

这里面既有实物地租，又有货币地租。还有所谓的"献新"。

旗地是清朝统治者分配给旗人的份地，只赋予占有权和使用权，而没有所有权。因此，清朝入关伊始即规定：旗地不准越旗交易和私售与民，违者以盗卖官田论罪。但八旗人丁典卖旗地的现象从康熙初年便出现了。这种买卖多半是在"典"的形式下进行的。"典"是一种只转让使用权，但保留所有权及回赎权。正如御史郝德指出："至于在旗地亩，向例不许卖与民间，俱有明禁，因旗人时有急需，称贷无门，不敢显然契变，乃变名曰老典，其实与卖无二。"[2] 康熙九年（1670），康熙帝颁行谕旨："官员甲兵地亩，不许越旗交易；其甲丁本身种地，不许全卖。"这表明，同一旗内部的旗人可互相买卖土地，使旗地转让合法化。康熙时期，旗地典当活动愈演愈烈。雍正元年（1723），清政府正式建立旗地买卖税契制度，规定：旗人典卖房地，必须到八旗左、右翼收税监督处领取印契（又称红契，即官方颁给的财产转让证件，主要有地契和房契）；凡实买、实卖者，照民间例纳税（按买卖价银的3%取税）；至于典卖旗地，亦准予纳税，年满取赎时，将原印契送两翼监督验看销案。买卖土地税契，历来是土地所有权的法律保证，同时也是土地买卖合法化的重要标志。因为只有当旗人的土地私有权得到清政府事实上的认可后，才可能建立这种制度。于是，不准越旗交易的禁令，便成为一纸空文。

乾隆初年，畿辅地方的旗地典当已不下数百万亩，典地民人不下数十万户，普通旗人手中的土地相当一部分已转入民人之手。在关外，旗地典卖事件也层出不穷，乾隆十二年（1947）四月，盛京将军达尔当阿提到，奉天旗人将旗地"以五六十年乃至一百年为期，写立文契，典与民人耕

---

① 曹雪芹：《红楼梦校注本》第2册，北京师范大学出版社1987年版，第854页。
② 赫泰：《复原产筹新垦疏》，载《清经世文献》卷三十五，《户政十》。

种"。到乾隆中期，奉天民典旗地已达 12 万余饷①。因此，无论就旗人内部还是旗民之间来考察，旗地买卖关系在乾隆年间均达到非常发达的地步。乾隆二十三年（1758），清政府不得不面对现实，宣布准许旗人不拘旗分买卖土地。从此，不同旗分的旗人之间土地买卖不受限制。当时，旗民不准交易的禁令虽然没有撤销，但已不是对旗地私有权的约束，而是作为满族地主兼并旗地的一个保障。

清中期以后，圈地、投充已经不再实行，反而旗民的土地所有权出了问题。八旗子弟因入不敷出，经常抵押、出售土地。皇帝从维持八旗制度的高度出发，严禁旗民典卖、出售旗地，即禁止"旗民交产"，"旗民交产"是被明令禁止的。康熙朝就已经出现了典卖旗地的现象。随着八旗生计问题的日趋严重，自康熙初，旗人私自典卖旗地之风逐渐盛行，当时分为民典与奴典。从盗卖官田律的规定，雍正帝即位后也郑重重申："八旗地亩，原系旗人产业，不准典卖与民"。

根据《大清会典》卷十所载法令，规定："八旗官兵所受之田，毋许越旗买卖及私售与民。违者，以隐匿官田论。"②据《大清律例·户律·田宅》中的《欺隐田粮》条规定：凡欺隐田粮（全不报户入册），脱漏版籍者（一应钱粮，俱被埋没，故计所隐之田），一亩至五亩笞四十，每五亩加一等，罪止杖一百；其脱漏之田入官，所隐税粮依亩数、额数、年数，总约其数征纳。③根据这一法律规定，旗人进行旗民交产，将受到经济和刑事的惩罚。但是，旗地属于官田，不必向国家纳税课役。因此，民人宁愿出高价购买旗地，以"长租"和"老典"为名的"旗民交产"从未停止过。乾隆二年（1737），御史舒赫德上奏《敬筹八旗生计疏》，其中有"而地亩，则昔时所谓近京五百里者，已半属于民人"之语④，这"近京五百里"的"地亩"，正是圈地而成的旗地。

旗人出典与民户圈占地，征收租银，这些土地主要分布于畿辅和盛京地区（今河北和辽宁两省），数量很大。乾隆年间多次对其清查和取赎。乾隆十八年（1753），规定停止召买，归于属旗为公产，以所收之租息养

① 旗地数目迅速增长：1644~1667 年，奉天旗地有 461382 饷，到 1693 年，为 1167544 饷，增加了两倍半；以后陆续扩展，1765 年达 2893500 饷，增加又有两倍多。
②《大清会典》卷十。
③ 田涛、郑秦：《大清律例》，《户律·田宅》，法律出版社 1999 年版。
④ 中国人民大学清史所、档案系：《清代的旗地》，中华书局 1989 年版，第 1337 页。

赡贫困旗人。乾隆十九年（1754）定例禁止民人典买旗地。乾隆二十八年（1763）又定例禁止旗下家奴人等典买旗地。乾隆三十四年（1769）再一次定例禁止盛京民人典买旗地，违者业主售主均照隐匿官田律治罪，失察的官吏也严加议处。次年（1770），乾隆帝下令改典地为买地。六年之内，清政府接连三次禁止民人典买旗地，足见对民人经济生活的控制之严。对于旗房的典卖禁例，大体同于旗地。乾隆四十五年（1780），定例规定"嗣后无论在京在屯概不准典买。如有指房借银，倒填年月，以及借旗人名目典买者，一经发觉照私典旗地例，将所典买房间撤出追价入官，仍按律治罪"。① 嘉庆十三年（1808）《户律》"典买田宅"例文，仍然严禁民人典买旗产。嘉庆十九年（1814）于《大清律·户律典·买田宅门》内，增加以下附例："旗地旗房概不准民人典买，如有设法借名私行典买者，业主、售主俱照违律治罪，地亩、房间、价银一并撤追入官，失察该管官俱交部严加议处。"② 但是，清朝的严法并没有能阻止旗民交产。民间的经济交往，不是任何人主观意志所能改变的，固有的禁律逐步形同虚设。

为了国家财政收入和旗人生计，康雍乾三朝曾多次进行旗地回赎。即由官府出资赎回典卖给汉人的旗地、旗房。雍正帝拨出专款强制回赎旗地。康熙四十二年（1703）四月，康熙帝颁谕八旗人等："朕不惜数百万帑金为旗丁偿逋赎地，筹划生计。尔等能以人人孝悌为心，勤俭为事，则足仰慰朕心矣。倘不止爱惜，仍前游荡饮博，必以严法处之。"③ 雍正七年（1729），雍正帝下令清查典卖的旗地，动支内库银赎回，给限一年，令原业主取赎。从乾隆十年（1745）至二十五年（1760），清政府以巨额帑金先后四次赎回民典旗地，作为八旗的公产；此间，又赎回部分奴典旗地，俱交地方官管理，专册造报。其时，共赎回旗地达 226824 顷，仍是典出者多，赎回者少。因为凡是红契典卖者给全价，白契典卖者给半价或者不给价。旗人典卖土地大都不能公开，白契居多，这道回赎令，又造成许多汉民破产。关于回赎不成的原因，赫泰在《复原产筹新垦疏》中称：

> 各州县畏事，唯恐赎地一事纷繁拖累，故奉行不无草率，而民间又未有不欲隐瞒旗地为己恒业者……近京五百里之内，大概多系旗地，自康熙

---

① 《钦定户部则例》卷一。
② 《大清律》，"户律典·买田宅门"条。
③ 赵尔巽等：《清史稿》卷八，中华书局 1977 年版，第 262—263 页。

二十三年间以至今日，陆续典出者多，赎回者少。[①]

清朝统治者不得不逐步放宽政策。后来，乾、嘉、道、咸诸朝多次重审、回赎，但终究难以抗拒土地流动的大趋势。迄嘉庆、道光年间，旗地买卖无法禁止，清朝统治者对旗人的这一特殊政策完全失去作用，封建租佃制在满族社会中占了主导地位。道光元年（1821），清政府准许旗人下乡耕种盛京、畿辅田地，其中，吉林、奉天旗人到黑龙江双城堡耕垦者就有万余名。道光五年（1825），清政府下令准许八旗余丁出外谋生。实行旗民交产，就是允许买卖土地合法化。政府的法令也一退再退，光绪时期也通过税法规定只要照章纳税即可，承认买卖典当的效力。

## 二、"旗民交产"

咸丰二年（1852），清政府撤销"旗民交产"的禁令，这是清政府第一次在法律上允许旗民交产。清政府颁布上谕：

户部奏旗民交产拟请量为变通一折。另片奏奉天旗地仍照旧例办理等语。向来旗民交产，例禁綦严，无如日久弊生，或指地借钱，或支使长租，显避交易之名，阴行典卖之实。此项地亩，从前免纳官租，原系体恤旗人生计。今既私相授受，适启胥役人等讹诈勾串等弊，争讼繁多，未始不由于此。若仍照旧例禁止，殊属有名无实。著照该部所请，除奉天一省旗地，盗典盗卖，仍照旧例严行查禁外，嗣后坐落顺天、直隶等处旗地，无论老圈、自置，亦无论京旗屯居及何项民人，俱准互相买卖，照例税契升科。其从前已卖之田，业主、售主均免治罪。一切应办事宜，仍著该部妥议章程具奏，余依议。[②]

据此上谕，户部拟定了《旗民交产章程》十六条，其中有借（旗人）名私买旗地，呈请改归本（民）人名下，另行补税民契，永为己产的专条，这就正式承认旗地可以卖给汉人。这一规定起初只适用于关内旗地，即限定于顺天、直隶等处的旗地，而奉天旗地仍照旧例禁止买卖。顺天、直隶等处无论旧圈、自置或京旗屯居，皆准互相买卖，照例税契开科，其从前已卖之田业主售主均免治罪。十二月，清政府又变通该章程，进一步开放

---

① 中国人民大学清史所、档案系：《清代的旗地》，中华书局 1989 年版，第 1562 页。
② 《大清会典》（光绪）卷一百六十。

旗民交产，规定查出私买旗地，免追花利；清查各项旗地，划除民地；民人呈报升科，宽予期限；从前典当旗地，改立卖契；借名私买旗地，改归买主；新升旗产科则，酌中定额；每岁钱粮，定期解交户部；随地庄园，准其并售；旗产归旗，照旧纳粮等。上谕颁行后，报请升科的州县寥寥，并且盗卖隐占旗地的案件不断，加上国家并未能增加赋税收入。为此，咸丰九年（1859），户部奏请"旗民交产升科无多，徒滋涉讼，拟请仍禁民人典买旗地，而复旧制"。清政府遂恢复旧制，禁止旗民交产。咸丰年间，旗地法令经历了一次从开到禁的反复。此后历朝在"旗民交产"的问题上反反复复。同治二年（1863），以八旗生计艰难，御史裘德俊奏请恢复旗民交产，"一切章程，均准照案办理，庶旗有无，均可相通。例禁既宽，人情自顺，于八旗生计似属不无裨益"。清政府再次开禁，准许顺天等处旗地，不论老圈还是自置，不论京旗屯居还是其他民人所有，均可以相互买卖，照例税契升科。

光绪九年（1883）二月，大理寺卿大臣英煦上奏：

八旗之设，二百余年。其始人心朴厚，立法周详……乾隆嘉庆之时，八旗兵丁，夙称劲旅。至今日而坏法乱纪，其弊不可胜言。谨就奴才所见闻胪列四条：一、混入旗籍宜清查也。二、侵扣俸饷宜几何也。三、顶替挑缺宜惩办也。四、私卖甲米宜禁止也。[1]

光绪十五年（1889），"旗民交产"之策又出现反复，清政府禁止"旗民交产"。当时户部奏请："自开禁以来，三十余年，检查臣部档案，民置旗地已五千余顷。虽核办升科，尚无窒碍之处；而深惟本计，终非久远之图……若旗民交产，常此开禁，则旗民日见其少；而八旗生齿日见其繁，俸饷而外，他无恒产，非所以重根本也。臣等工同商酌，拟请仍复旧制，嗣后京屯旗产，无论老圈、自置，永远禁止卖与民人。"[2]清政府遂恢复旧制，不许旗民交产。

光绪二十一年（1895），清政府曾提出"取消旗人的寄生特权，准其自谋生计"。这时，民间旗民私自授受旗地的情况已十分普遍，甚至有以禁令要挟典买旗地的现象。清政府是否准许旗民交产，已经不单纯地与旗人利益相关，而是关乎整个社会经济秩序和法律秩序。

---

①《光绪朝东华录》，光绪九年二月丁巳。
②《户部井田耕奏咨辑要》卷下。

20 世纪初，沈家本主持修律时，从"便民生而化畛域"的实际出发，奏请废除《大清律例》中"禁止旗民交产"的条款，使旗民交产合法化，他在《变通旗民交产旧制折》中指出：

窃维万物之生机，必周流而始能便利，未有生机阻阂，而人民能受益者也。下民之生计，贵能自养；未有生计窘迫而上能遍给者也。是故闾阎资产，或此赢彼绌，或此有彼无，其中消息甚微，不能一致。全赖赢绌可以相济，有无可以相通。若相济相通之机关滞而不灵，将绌者、无者，既困守而益即于穷；赢者、有者，亦束缚而难以持久。斯贫富胥受其病。有如一地也，富者不自种，而佣人为种。贫者若不能自种，而又无佣人之资本，则日就荒芜。又如一房也，富者随时修葺，破坏无虞；贫者无力经营，一遇破坏，即日就颓废。苟不使之相济相通，其病固如是。即使之相济通，而限制太严，其机关之滞而不灵者，仍如故也。此理势之所以必至，无可疑者。况乎养民之道，在乎因势利导，必使人人能自为养，而后可以无不养。若不为之筹自养之路，而但作苟且之图，则立达无方，博济亦徒存虚愿而已。

开国之初，八旗丁口无多，朝廷易为供养。今日八旗生齿繁衍，人口众多，原有旗地旗房有增无减，"人滋生而产不加增，则前人之产，万不能敷后人之养"。虽有此等禁令，旗民为生计所迫，往往与民人私相典卖。暗中交易，必致狱讼繁兴，"然民间之私相授者仍多，终属有名无实"。[1] 刁滑之徒借此勒掯旗民，"贫乏者急不能择，更受其限制，而亏损弥多"。[2] 对旗民生计毫无实益。为此，沈家本指出："默窥世变，熟计时宜，拟请嗣后旗人房地，准与民人互相买卖。""至旗人之出外居住营生者，准其在各省随便置买产业，毋庸禁止。旧时刑部例文二条，即应删除。""庶旗民之赢绌有无，可以相济相通，而各有自养之路，便民生而化畛域。"

关于如何筹谋八旗生计，地方督抚刘坤一、张之洞联衔上奏提出：

松弛八旗户籍限制，允许自谋生计。凡京城及驻防旗人，有愿至各省随宦游幕、投亲访友，以及从事农工商各业，悉听其便；侨寓地方，愿寄籍应小考乡试者，亦听其便，准附入所寄居地方之籍，一律取中，但注明寄居某旗人而已；有驻防省份，驻防或附入驻防的旗人，有自愿归入民卷

① 李贵连：《沈家本传》，法律出版社 2000 年版，第 223 页。
② 李贵连：《沈家本传》，法律出版社 2000 年版，第 224 页。

者，不必为之区别，统归地方官与民人一体约束。惟出京寄籍、自谋生理之人，其钱粮即行开除，并将与马步甲兵饷额一起，专充八旗学堂之费。旗人入学堂者，则寻常旧例操演，毋庸再到，其饷项照例发给，五年学成，各有所长，饷项开除，亦不患贫。[1]

以上奏折，反映出沈家本等人主张在改革封建特权等级的条件下，改变旗民不准自由买卖其产业的旧制[2]。最后，由沈家本拟定，经户部核定删除旧律中不准旗人与民人交产之条款，允许旗人房地与民人互相买卖，旗人在外省居住营生，允许随便置买产业。

光绪三十一年（1905），清政府终于宣布取消旗民交产的禁令，范围包括顺天、直隶和奉天等地。作为官田重要组成部分的旗地最终私有化。光绪三十三年（1907），清政府宣布丈量放马厂和庄田（包括皇庄和王庄），并以计口授地的方式分给八旗兵丁，这部分旗地也向私有化发展。"旗民交产"合法化后，旗地原有的"官有"和"免粮"的特征消失，逐步成为一般民田，或转为收租之官田。八旗土地制度基本破坏。辛亥革命之后，一部分作为公产的旗地被中华民国政府接收，后被北洋政府拍卖。奉天和吉林等处的旗地于1915年被军阀政府丈量拍卖。从此，"旗地"这一具有深刻政治、经济和社会背景的专有名词消失了。

清代前期，清政府为了维护满洲贵族及旗人的优越地位，颁布法律严禁旗民交产。《户律》"典买田宅"例文，是针对八旗而言，此例据雍正十三年上谕，遵旨纂定，惩处甚严。但《户部则例》"违禁置买"条有小注曰："驻防兵丁不在此例。"[3]即驻防八旗不受此条法律限制。薛允升曾经指出，修订《大清律例》时"未经添入，系属遗漏"。

咸丰朝修订《户部则例》，对"旗民交产"条作出详尽规定，如民人承买旗地，准赴本州县首报地亩段数，呈验契据，该管官验明后发给旗产契尾，令其执业。[4]不但京旗屯田、老圈、自置，俱准旗民互相买卖，而且"照例税契升科"，"均准投契执业"，使得旗民交产合法化[5]。不仅如此，还对旗人违法买卖应受惩罚作了规定，"如旗人将祖遗及自置田房典卖与人，不将原契跟随，或捏造民契过税出卖后本人物故，其子孙恃无质证，

---

[1] 徐彻、董守义：《清代全史》第9卷，辽宁人民出版社1993年版，第273页。
[2] 李光灿：《评〈寄簃文存〉》，群众出版社1985年版，第5页。
[3][4][5]《钦定户部则例》卷十，《田赋四》。

持原契控告者，审实照契价计赃，以讹诈论，有禄人加一等治罪"①。

对民人契典旗地，《户部则例》规定了回赎期限（20 年），如果超过立契期限，"即许呈契升科（小注：无论有无回赎字样），不准回赎"。如果在限内，仍准回赎。对限内无力回赎欲改为绝卖者，"许立绝卖契据，公估找贴一次"，如果买主不愿找贴，"应听别售，归还典价"。"如或不遵定限，各有勒措找赎情事，均照不应重律治罪。"② 这样，既保护了双方的利益，又限制了不法行为。可见这方面的民事立法已颇为完善。

《户部则例》在"置产投契"条中，详尽地规定了旗人间典买田地及旗人典买民人田地的法律关系。在"撤佃条款"中，还就民佃官赎旗地、民佃易主旗地、民佃人官旗地等各种不同主体下的权利义务关系，对撤佃条件、履行义务等作了详尽规定③。这是旗民间契约制度发展的重要体现。与《户部则例》相比，《大清律例》的相关部分仍按照清朝前期的规定，光绪十五年（1889）甚至一度恢复原有的禁止旗民交产的例文。对此，薛允升指出："即此一事，而数十年间屡经改易，盖一则为多收税银起见，一则为关系八旗生计起见也。"④ 由于《大清律例》、《户律》中的相关例文已成具文，表现出严重滞后情况。

清军入关以后，下层旗人纷纷改行封建租佃制，旗地租佃关系与买卖关系的发展，不断削弱了领主经济对土地生产者的人身束缚。康熙年间禁止圈地和逼民投充以后，旗地上的农奴赎身者颇多。赀佃耕种，收取租息已成为畿辅地方旗地经营的主要形式。到乾隆年间，一般旗地的地主经济已经日益巩固。

## 三、出旗为民

出旗为民是清政府为解决"八旗生计"问题所采取的一项主要措施。雍正时期，即允许部分奴仆、养子、开户人等"赎身为民"，或"拨出为民"。至乾隆初年起，除上述人员大量出旗外，八旗汉军也分批出旗。出旗条件最初比较严，奴仆只限于乾隆元年（1736）以后白契所买作为印契

①②③《钦定户部则例》卷十，《田赋四》。
④ 薛允升：《读律存疑点注》卷十三。

之人中"未入丁册者"，及主死户绝者，准其"赎身为民"。至于乾隆元年以前白契所买作为印契之人，及元年印契所买民人、籍贯可稽者，必待效力三代以后、著有劳绩者，方"准其为民"。已经出旗者，有时也被"藉端控告"，"即令归旗"。迨至乾隆二十一年（1756）以后，由于八旗"生计"问题进一步严重，对另记档案、养子、开户人及绝大多数奴仆、汉军的出旗，不仅不加限制，而且以驱赶、"裁汰"的方式，皆令出旗。

雍正十二年《户律·脱漏户口》例文规定："八旗尺遇比丁之年，各该旗务将所有丁册逐一严查，如有漏隐，即据实报出，补行造册送部。如该旗不行详查，经部查出，即交部查议。"此例文中的"送部"、"经部查出"，均指户部而言。《户律》中的一部分例文，在实施时必须参照《户部则例》相关条款才能生效。由于《户部则例》户口门"比丁"等条的规定较之《大清律例·户律》详细，以至于《户律·脱漏户口》律文无法颁布生效。此外，《户部则例》卷三户口门"民人奴仆"、"入户籍贯"、"豁除贱籍"等例条，对民事主体关系的说明，均详于户律。薛允升也称，"户部定有专条，较为详细"。

由于咸丰朝以后出旗为民的大量涌现，以及旗人出外谋生禁条的废止，促使户部及时制定了相关民事责任管辖的法律条文。《户部则例》"旗人告假出外"条规定："旗人有愿出外营生者，准将愿往省份呈明，该参佐领出具图结报明，该都统给予执照，填写三代年貌家口，盖用印信注明册档，随时分咨户、兵二部，准其出外营生，或一人前往，或携眷前往，均听其便。""有愿在外落业者，即在该管州县将愿领执照呈请详缴，由该省督抚分咨部旗，编为该地方旗籍……有愿入民籍者即编入民籍。所有户婚田土词讼案件统归地方官管理。"① 各省驻防兵丁及由驻防升用官员及由京补放官员，情愿在外置业者，也悉从其便。对"旗民杂处村庄"则规定：旗人有犯，许民人举首，民人有犯，许旗人举首，地方官会同理事同知办理。这些规定，对于破除旗民畛域，尤其是对于改变旗人一味倚食官府，出外谋求生计，均有积极意义，并且补充了户律"入户以籍为定"例文所不备之处。

旗人生活水平的下降，致其生活方式亦发生变化。清政府放松了对旗

---

① 《钦定户部则例》卷二，《户口》。

人的禁锢，准许他们各自从事四民之业，以改变京师旗人"不士、不农、不工、不商"的状况。当时北京旗人因生活日益困难，有的开始从事手工劳作或做小商小贩，"每月每兵仅得饷三钱有零，不敷一人食用，别寻小本经纪或另有他项技艺，借资事蓄"①。"月饷不足赡八口，势必另习手艺，兼营负贩。每逢操演，不过奉行故事。"②有的则靠"摇会"筹措临时款项。与此同时，旗人走上了上访请诉以致犯罪的道路。有的旗人将家产变卖后被迫入伙抢劫钱局、粮仓。有的旗兵拦驾请愿或闯入衙署闹事。咸丰四年（1854）六月初一，内务府镶蓝旗人吉年，因领有的俸银宝钞贬值，加上借贷无门，便到惇郡王府向奕誴呈递诉状，大骂管理户部的军机大臣祁寯藻"无非是个酒囊饭袋、穿衣裳架子"，认为祁寯藻所议钞票、抽取房租及铸造大钱等项都于国家无益。咸丰帝下令将吉年以叛逆罪处死。与此同时，旗兵"索饷"、"滋事"的事件接连发生。咸丰七年（1857）七月初五，直隶遵化东陵八旗披甲文惠等恳求变通饷项章程，闯入衙署，殴伤官员③。咸丰八年（1858）二月初五，咸丰帝出宫途中，旗人万升、吉庆、觉罗景秀三人分别在西直门外、西华门、乾石桥先后拦截御辇，向咸丰帝哭诉生计贫困情形④。诸如此类的事件，都直接冲击着北京的社会稳定，削弱了京师八旗兵的驻防实力。由于八旗户籍制度松弛，旗人因贪图粮饷，"抢养民人之子冒入旗籍，挑补钱粮"⑤。道光初年，清政府"查出官兵以民人而冒旗籍者已有二千三四百之多"⑥。道咸以后，民人冒入旗籍者更多，以至于流传着"八旗官兵，半系民人"的说法，这自然加重了八旗的经济负担，也影响了旗、民关系的变化。

咸丰时期，肃顺呈请咸丰帝采取措施削减满人皇粮，适应当时筹饷之需和旗人败落的趋势。但由于肃顺"其待满人不如其待汉人之厚，满人深恶之"。⑦咸丰十年（1860），咸丰帝北逃热河，后来迟延回銮，多数旗人

① 张集馨：《道咸宦海见闻录》，中华书局1981年版，第279页。
② 赵尔巽等：《清史稿》卷四百二十六，中华书局1977年版，第12251页。
③《清文宗实录》卷二百三十，第483页。
④ 中国人民银行总行参事室金融史料组：《中国近代货币史资料》第1辑上册，中华书局1964年版，第297页。
⑤⑥ 中国历史第一档案馆：《八旗都统衙门档》，《旗务类·调查户口》。
⑦ 梁溪坐观老人：《清代野记》卷下，巴蜀社1988年版，第148页。

都认为是肃顺从中怂恿或作梗所成，对他深为嫉恨。咸丰十一年（1861），咸丰帝病死后，肃顺就成了宗室以及旗人中的孤家寡人。慈禧太后与奕訢联合发动祺祥政变，处死肃顺，并取消了肃顺推行的削减满族皇粮等措施，但八旗生计的艰难颓势终究无法改变，且日益严重。八旗生计问题，不仅加速了满族内部的阶级分化，也直接瓦解着八旗制度。直至清亡，八旗生计问题终未获得解决①。

辛亥革命后，满族阶级内部发生新变化，尤其皇室贵族内部的分化进一步加剧。辛亥革命取消了皇室贵族享受的政治和经济上的特权，使贵族内部发生急剧的变化。据调查，当时大致有三种情况：皇室贵族中，清末已经成为地主的这部分人，依然靠土地剥削农民，过着寄生腐化的生活。有的宗室在原有的土地占有关系的基础上，勾结军阀、官僚，继续集中土地。另外一部分黄带子、红带子，原占有一定数量的土地，随着政治和经济特权的丧失，不得不变卖土地来维持生活。只有少量土地或者无地的一部分贵族，由于俸饷被取消，失去了生活的依靠，很快就降为贫农或雇农。民国二年（1913），旗人纷纷请求当局，准许援引旗民交产之例，由官勘丈估价出售。次年（1914）规定，奉天旗地田赋划一，与汉族田地一体纳赋。

清朝末年，旗人的职业也发生了很大变化。如辽宁岫岩县《傅氏谱书》记载："虽历代多事农耕，而身居仕贩、职业工商者，亦不乏人。"② 从光绪三十四年（1908）、宣统元年（1909）、宣统三年（1911）几次户口调查发现，八旗人丁与民人在职业上的区别越来越小，如辽阳州、承德、兴仁等地的情况，见表4-1③。

表4-1　清末辽阳等地旗人职业

| 地区 | 官吏 | 教员 | 医生 | 农圃 | 工业 | 商业 | 杂业 | 雇佣 | 劳力 | 蚕业 |
|---|---|---|---|---|---|---|---|---|---|---|
| 辽阳州 | 206 | 546 | 12 | 77448 | 8426 | 4856 | 2349 | 1671 | 6310 | |
| 承德、兴仁 | 1151 | 375 | 136 | 93667 | 5114 | 2893 | 4402 | 7001 | 4166 | |
| 抚顺县 | 210 | 544 | 13 | 77448 | 8400 | 4586 | 2349 | 1671 | 6363 | |

① 高中华：《从肃顺削减旗人薪俸看北京旗人生计》，《北京档案史料》2006年第1期。
② 李燕光、关捷：《满族通史》，辽宁民族出版社2003年版，第714页。
③ 李燕光、关捷：《满族通史》，辽宁民族出版社2003年版，第715页。

续表

| 地区 | 官吏 | 教员 | 医生 | 农圃 | 工业 | 商业 | 杂业 | 雇佣 | 劳力 | 蚕业 |
|---|---|---|---|---|---|---|---|---|---|---|
| 海城县 | 185 | 331 | | 43631 | 5979 | 6285 | 5063 | 1195 | 7049 | 1177 |
| 新民府 | 108 | 234 | 10 | 23669 | 921 | 2672 | 4292 | 3232 | 4155 | |

从旗民生计问题到旗民交产，清朝的经济秩序不断发生着变化。这个变化，没有表现为工商业的发展，而是表现为土地产权的转移。也正是这个变化，冲击着清代的社会秩序；并由于与政治秩序的变化不相协调，引发了一系列矛盾，最后成为动摇清朝统治的一个关键因素。

清朝末年，有人曾提出撤销八旗制度才是解决八旗生计问题的良策。光绪三十三（1907）九月，杨度发表《国会与旗人》一文，其中提及八旗生计问题，认为其是"乃八旗兵制压制过久，不令自由有以成之也——故予必以撤去八旗，为谋旗人生计下手之方。八旗不撤，旗人不生，此予所以主张裁撤八旗之第三理由也"[1]。为解决八旗生计问题，而主张裁撤八旗兵制，实质上是宣告了八旗制度是八旗生计问题的症结所在。

民国时期，旗民交产现象依然存在，连一些亲王府都开始"拍卖"了。民国二十八年（1939）。第二代醇亲王载沣卖掉醇亲王府，买主为金馨远。

据中国社会科学院近代史研究所图书馆馆藏的买卖王府契约文书看，房契共两纸，均属草约。一为醇亲王卖房契，钤盖醇亲王印鉴；一为买主金馨远所立信约。

醇亲王卖房契为草契[2]，具体内容为：

立卖房契人醇亲王，今将自置房屋一所，坐落太平湖地点，合计六百六十八间，又若干间。凭中人说合，情愿卖给金馨远名下永远为业。双方言明通用国币贰拾伍万元。自立草契日起，先交来拾万元，其余之款每月续交两万元，交足全价之后，由卖主应将全部房产及红契等项全交与买主。倘有本族及戚友等发生纠葛，均由卖主一面承管，买主概不负责。恐口无凭，立此草约为证。

①《中国新报》，第7、第8号，转引李燕光、关捷：《满族通史》，辽宁民族出版社2003年版，第687页。
② 中国社会科学院近代史研究所图书馆藏有部分清代北京城区房屋买卖契约文书。此房契为张小林研究员提供，特此致谢。

第一号 醇亲王（章）

金馨远信约具体内容为：

立信约人金馨远，今买成醇亲王府房产一所，坐落太平湖，价洋贰拾陆万元。

先交洋拾万元，下余之款民国二十八年十二月交叁万元，民国二十九年壹月以后每月交贰万元，至同年七月交壹万元正，俟款交足立约换契，不得以草约登记契税。恐口无凭，立约为证。

民国二十八年十一月十五日

立信约人 金馨远（章）

第二代醇亲王载沣所卖之房位于北京宣武门内太平湖东里路西，共668间，又加若干间，醇亲王府是北京著名王府，又称"南府"，"醇亲王老府"，原为荣亲王府。荣亲王永琪是高宗第五子，乾隆三十年（1765）封荣亲王。道光三十年（1850），封第七子奕譞为醇郡王。咸丰九年（1859），咸丰帝将这处王府分给他的七弟奕譞，分府出宫。同治十一年（1872），奕譞封醇亲王，府称"醇亲王府"。俗称七爷府。光绪帝、摄政王载沣都出生在这里。同治十三年（1874），同治帝载淳逝世，奕譞次子载湉嗣位，年号光绪。光绪十四年（1888），醇亲王府迁北府（什刹海后海北岸）。光绪十六年（1890），奕譞病死，太平湖的醇亲王府前半部改建为醇亲王祠，后半部分仍作为"潜龙邸"。据《道咸以来朝野杂记》记载："京师园林，以各府为盛，如太平湖之旧醇王府、三转桥之恭王府、甘水桥北岸之新醇王府，尤以二龙坑之郑王府最有名。"《京师坊巷志稿》中说："太平湖，城隅积潦潴为湖，由角楼北水关入护城河。"震钧在《天咫偶闻》一书记述了太平湖的景色："太平湖，在内城西南隅角楼下，太平街之极西也。平流十顷，地疑兴庆之宫；高柳数章，人误曲江之苑。当夕阳衔堞，水影涵楼，上下都作胭脂色，尤令过者流连不能去。其北即醇邸故府，已改为祠，园亭尚无恙。"[①]

载沣之子溥杰在《回忆醇亲王府的生活》一文中，记录了卖房一事的来龙去脉：

尔后持原（护院的日本浪人，全名为持原武夫）既挟醇王府以自重，

---

① 崇彝：《道咸以来朝野杂记》，朱一新：《京师坊巷志稿》，震钧：《天咫偶闻》，北京古籍出版社1982年版。

更勾结日本宪兵,在北京立下了脚步。有人说曾见醇王府挂着日本的国旗,就是那个时代。1939年,我父亲因为天津遭到水灾,迁回北京醇王府,持原为了邀功,就依仗日本帝国主义的势力,抢夺太平湖旧醇亲王府。因为该府是生光绪之处,我祖父奕譞于光绪十四年已将其缴还清政府。所以辛亥革命后,该府即成为民国大学。后因日寇侵略华北,该校师生南迁避难,民国大学即无形取消。本来该府早与醇王府无关,持原因挟日寇势力,无理取闹地当作醇王府的私产由我父亲出售,持原也分了肥①。

当时,日本侵略军以武力占领北平,载沣凭借日本之力变卖王府房产,从上述房契中就得以充分体现。

---

① 中国人民政治协商会议全国委员会文史资料委员会:《晚清宫廷生活见闻》,中国文史出版社2000年版,第192-193页。

# 第五章　礼仪习俗

　　旗人与民人之间在习俗礼仪上存在诸多差异，且由来已久。旗人与民人在传统习俗上的差异，主要体现在服饰、语言、婚姻、民居等多个方面。清朝统治者颁布了一系列政策、法令，如旗民分治、旗民分居、旗民不交产、民人不许出关、旗人不许宽衣博袖、提倡"国语骑射"等，以防范汉儒文化的影响，维持既定的礼仪习俗。

## 第一节　剃发、易服和语言

### 一、"国语骑射"

　　虽然旗人在政治上和经济上享有各种优待，但首要前提就是满洲人必须保持粗朴剽悍的骑射风俗。为此，清政府在政策上做了多种限制，以突出"国语骑射"的民族特色。为了保持旗人骑射的习惯，清政府特别规定旗人不得坐轿，为此曾专门致书朝鲜国王不得像迎接明朝使臣一样预备轿子迎接满人使者。每年在承德避暑山庄进行"木兰围场"，满蒙文武官员都要比赛射箭，不及格的则罚俸、革职。清朝皇帝还专门立法，鼓励旗人去学习、使用已不常用的满语。这些措施的实行，并未改变八旗军队腐化之趋势，又对旗人社会起了不小的消极作用。至清末，八旗子弟的骑射之功课已几同虚设。

　　满人入关前，曾打探过汉人的习俗。打探的目的，当然是为了在军事征服之时，实现文化征服。入主中原的满族统治者开始时认为，女子缠足是一种弊俗。崇德三年（1638），清太宗定下规矩，所有满族妇女绝对不可模仿汉人裹上小脚，否则施以重刑。顺治二年（1645）规定，无论满人、汉人，只要所生下的女子缠上脚趾，全家问罪。康熙元年（1662）又下诏；禁止女子缠足，违者罪其父母。康熙三年（1664）规定：官府人家所生之女裹足，官人交吏部、兵部两处严办；兵民之家犯事的，由刑部处以40大板，流放千里；负有监管之责的人，其辖区出现小脚，也要处以40大板，甚至革职。清朝禁止女人缠足的法律走在时代的前列。不过，限制女人裹小脚的，终究没有取得成效，旧的习俗依旧根深蒂固。康熙七年（1668），左都御史王熙奏免其禁，民间又可公然缠足。旗人妇女也竞相仿效。乾隆时期，清廷多次降旨不许旗人妇女裹脚，旗人妇女复保存其天然双足。

　　清朝入关之初，不仅要求满人不得受汉文化礼俗的影响，而且要求汉族人放弃自己的传统，学习满人的习俗。顺治元年（1644），清朝下令民人与旗人一样蓄发、易衣冠，一律服从满洲旗人之礼制："遵依者为我国之民，迟疑者同逆命之寇，必置重罪"，由束发留辫改变民族习俗入手，以图在精神上征服汉人。清朝统治阶级采取措施削弱汉文化和有关的汉民族传统意识，遭到汉人强烈的反对和抵制。满洲八旗兵下江南，发布"留发不留头，留头不留发"的命令，嘉定、江阴军民发誓"头可断，发决不可剃"。士大夫更是陷入长时间的"士可杀，不可辱"的辩论中，如王夫之坚持认为华夏之大防是第一位的，"不以一时之君臣，废古今夷夏之通义"①，还说"非我类者，不入我伦"，甚至提出对强行推行满洲定制的"夷"、"狄"，"不入我伦者要开杀戒"，"杀之而不为不仁，夺之而不为不义"，等等②。

　　清代"对剃头令的规定"是十分详备的。追溯其源，满洲人为了狩猎之便，习惯将前额的头发剃去，并将后面的头发梳成发辫，这和汉人"身体发肤受之父母，不可毁伤"的传统截然相反。清初为了消灭汉族的民族意识，下令让汉民剃头，汉族掀起大规模反抗，很多地方降而复反，满洲人则严刑弹压。经过血腥镇压，大量带着头发的脑袋被砍下，剩余之人有些试图以假乱真，宁可依照和尚的规矩将头发全部剃掉，也不剃满人的"阴阳头"。于是又出现鉴别和尚、秃头、癞痢头的法规，凡是剃头不真正

---

① 王夫之：《读通鉴论》卷十四。
② 王夫之：《春秋家说》卷三。

出家的，全都按照反抗"剃头令"处罪，甚至有的地方秃头上街，还要地方官发放证明。清代对剃头令的规定是极为细致的，直到乾隆年间，还对蓄发演戏的优伶发出上谕，郑重声明剃头是严肃的政治问题，不允许丝毫通融，否则"枷责示惩"①。

## 二、易服

努尔哈赤时期，就将投降的汉人编入汉军八旗之中，满汉同食、同住、共耕。皇太极也多次关心汉人，遇有灾荒，多次抚恤，"于新附蒙古，汉人……凡贫穷者，给与妻室"。在促进汉人满化的同时，满族人不自觉地汉化，尤其在衣饰风俗方面，满族迅速吸收汉文化。以致皇帝不断发诏令告诫旗主，以"循汉人之俗，遂服汉有衣冠，尽忘本国言语"为戒，必须遵从"国初定制，仍服朝衣……使后世子孙遵守，无变弃祖宗之制"②。这种效仿到满族入关后，清朝屡禁不止。雍正帝之宠妃以扮唐服为娱乐，并画下像来加以珍藏。乾隆帝"选秀女"中也有仿汉人服饰者。乾隆四十年（1775），乾隆帝颁谕：

旗人一耳带三钳者，原系满旧风，断不可改。昨朕选看包衣佐领之秀女，皆带一坠子，并相沿至于一耳一钳，则竟非满洲矣。著交八旗都统、内务府大臣将带一耳钳之风立行禁止。③

嘉庆帝选秀女时，又遇到类似情况，遂于嘉庆九年（1804）颁谕："我朝衣冠及妇女服饰，皆有定制，自当永远奉行，岂可任意更改……看得此次秀女，衣服袖头甚属宽大，意为汉人规制，所此任意互相效尤，不惟多事虚糜，于风俗大有关系，将此并交八旗各参佐领，严加申禁。"④道光十九年（1839），道光帝颁谕："朕因近年旗人妇女不遵定制，衣袖宽大，意如汉人服装，上年曾特降谕旨，令八旗都统、副都统等严饬该管，

①《清高宗实录》卷九百一十九。美国学者孔飞力先生所著《叫魂——1768年中国妖术大恐慌》一书，描述了乾隆三十三年（1768）发生的割辫案，从而引起一场全社会的恐慌，把汉人原先文化心理上的恐惧和满人强制实行削发令巧妙性地关联在一起。该书由陈兼、刘旭译，上海三联出版社1999年出版。相关研究成果还有严昌洪：《中国近代社会风俗史》（浙江人民出版社1992年版）；王冬芳：《迈向近代：剪辫与放足》（辽海出版社1997年版），等等。
②《清太宗实录》卷三十四，第26页。
③④《大清会典事例》（光绪）卷一千一百一十四，《八旗都统户口》。

严行晓谕，凡我满洲、蒙古、汉军人等，谅不至视为具文"。①

从以上几朝的谕令可见，清朝统治者多次强调防止满族八旗中的妇女汉化，并屡加禁止。为何服饰的改变会引起如此大的政治反应呢？因为服饰的变化反映习俗的变化，而习俗的变化又影响婚俗的变化，婚俗的变化则会影响满族婚姻法的修订，这也是满族统治者入关以后不断修例律的重要原因。

清末，发生了一场全国性的剪发易服运动。尤其是京、津、沪、粤等地区，这一运动的开展更为广泛深入。发辫的政治象征意义更强，清政府禁止的重点也是剪发，围绕剪发斗争的政治色彩也更为浓烈。易服相对平和，围绕易服的斗争主要是出于经济利益和实用角度的考虑，清政府自身也主动推行军、学界易服。但是，将剪发与易服相提并论，则成为当时的一个特点。这一做法，可以追溯到维新变法时期康有为提出的《请断发易服改元折》，包括了对光绪二十四年（1898）初新加坡华人的剪发易服，以及明治维新后中国士人对日本断发、易服的种种看法，其中包含了复杂的政治、文化涵义。对于剪发易服的意义，他们认为"为立宪政体之发光点者，孰有重于剪发易服一事"②。剪发易服"为自强之第一要义"③，"直接与个人有密切之关系，即间接于国家之兴亡有密切之关系"。"剪发易服为尚武之精神，而强种即以强国也"④。最后，他们还提出了具体的实施方案。一是"通融之法"：学生、兵、工商皆当剪发、短服，其余悉听之；至于礼服，即可以现时通常所着长衫为之，或略加花样以为识别亦无不可。愿着长服者亦听之，如此则必无梗阻于其间通行尽利⑤。二是首先官府，次学堂与水陆各军，又其次为农工商民，循序其变，"命下之日即行剪易者听，要不得逾乎制度，过乎期限"⑥。三是提出了三种选择：第一种是实行的："必举通国臣民而实行之"，但此策之行，"必非有意外之暴动，然非有老辣之思想，机变之智术，和平之手段，不克奏功"。第二种是选择的：令军、学界中人必行，非然则不得入伍、入学；工商界观其便，亦必模仿，而行数年之内，习惯积深，则人自乐为之；或军界必行，学界四

① 《大清会典事例》（光绪）卷一千一百一十四，《八旗都统户口》。
② 于天泽：《剪发易服议》，《大公报》光绪三十二年七月二日至四日（1906年8月21~23日）。
③⑥ 王采五：《剪发易服议》，《大公报》光绪三十二年七月十一日至十二日（1906年8月30~31日）。
④⑤ 沈鄂：《剪发易服议》，《大公报》，光绪三十二年七月五日至七日（1906年8月24~26日）。

十以上听之，四十之下行之，而工商界亦必自仿。第三种是自由的：朝廷下诏使人人有自由剪易的权利，旁人不得阻碍，唯军人必剪易以为榜样。[1] 对于易服的益处，他们归纳为四点：一为便于军人与官民晋接；二为便于行动；三为利于生计；四为利于国体。对于剪发的意义，"中国有最大问题而非剪易不为功者，则化除顽固之头脑，使之渐进文明"[2]。

在社会舆论大规模宣传剪发易服的同时，清政府出于自身需要，也在军界、警界中推行易服。光绪三十年（1904）七月，练兵处奏请兵丁改装。[3] 次年四月，奏定《陆军兵衣帽章程》，[4] 军队正式易服。随后，警界也开始易服。光绪三十二年（1906）正月，"北京警察改服西装"[5]。二月，"巡警部奏定官制，分为文武两途。文者仍冠服袍褂，武者短衣军装，皮冠皮靴均用西式，并截去辫发三分之二。已经颁谕自巡记以下一律截辫改装"[6]。三月，"四品以下警员悉易军服"[7]。至六月二十二日，京城内外巡警总厅又草拟了巡警服章图表，报巡警部核议裁夺[8]。七月，《东方杂志》又报道巡警部已拟定了警官服制[9]。至此，军、警两界的易服已获得较大进展，而剪发则相形停滞不前。随着军、警界的易服，各地学堂学生也因练习西式体操等原因，纷纷仿照军队改易西式服装，甚至剪去发辫。这迫使清政府不得不采取对策。在宝熙关于筹建学部的上奏中，就提出将厘定学生冠服制度作为学部要办的最重要的三个事项之一。[10] 为此，湖广总督张之洞于五月将其在湖北安定学堂的三条办法，即定学生冠服制度、

① 于天泽：《剪发易服议》，《大公报》，光绪三十二年七月二日至四日（1906 年 8 月 21~23 日）。
② 效灵：《剪发易服议》，《大公报》，光绪三十二年八月二十四日至二十六日（1906 年 10 月 11~13 日）。
③《兵丁改装》，《东方杂志》，光绪三十年七月二十五日（1904 年 9 月 4 日）第 1 卷第 7 期，第 284–285 页；《东方杂志》第二卷第一期则说"七月二十七日，练兵处奏请各省兵弁一律仿照日本剪发易服。"见该书第 7 页。
④《陆军目兵衣帽图说》，《东方杂志》，光绪三十一年四月二十五日（1905 年 5 月 28 日）第 2 卷第 4 期，第 171–173 页。
⑤《杂俎》，《东方杂志》，光绪三十二年二月二十五日（1906 年 3 月 19 日）第 3 卷第 2 期，第 18 页。
⑥《各省内务汇志》，《东方杂志》，光绪三十二年二月二十五日（1906 年 3 月 19 日）第 3 卷第 2 期，第 78–79 页。
⑦《杂俎》，《东方杂志》，光绪三十二年闰四月二十五日（1906 年 6 月 16 日）第 3 卷第 5 期，第 27 页。
⑧ 韩延龙、苏亦工：《中国近代警察史》上册，社会科学文献出版社 2000 年版，第 201 页。
⑨《各省内务汇志》，《东方杂志》，光绪三十二年七月二十五日（1906 年 9 月 13 日）第 3 卷第 8 期，第 182 页。
⑩《光绪朝东华录》，总第 5410 页。

严惩学堂内逆书谬说剪发等弊、惩儆删减读经讲经功课不习国文诸弊上奏，并将所定湖北各学堂冠服章程咨送军机处、学部听候核定，以颁行全国①。慈禧太后亲下懿旨，指责"顺天府尹、各省督抚及提学使皆有教士之责，乃往往任其缅越，违道干誉，貌似姑息见好，实系戕贼人才"，严责学部"随时选派视学官分往各处认真考察。如有废弃读经讲学功课，荒弃国文不习，而教员不问者；品行不端，不安本分而管理员不加惩革者，不惟学生立即屏斥惩罚，其教员、管理员一并重处，决不姑宽"，并警告如再不能平息学生剪发易服风潮，"该府尹、督抚、提学使及管学之将军、都统等，均不能当此重咎也"②。

在清政府的高压政策之下，学堂剪发易服之风终于被压制下去，剪发易服运动也随之呈现出停滞状态。但是，表面的停滞并未阻止运动的继续发展。随着载沣摄政的开始，剪发易服运动呈现出实质上的变化。1910年，立宪派代表人物、前江西提学使汤寿潜曾上《奏陈存亡大计标本治法折》，称闻传日本将在数月后召开的海牙会议上"提议监督中国财政"。此传闻虽然不确切，但是鉴于粤汉铁路的前车之鉴，列强监督中国财政是势在必行。所以，中国只能在剩下的几个月中有"大改革大举动"，"令列强耳目为之一新，或当暂缓其进行，否则将无容中国呼吸之隙"。为此，汤寿潜提出治标、治本各四策。在治标策中，第四策即为"锐意断发，以易短便之服"。针对反对剪发易服的国制论，汤寿潜据"大同"论进行反驳："地球之趋势，与人心之习惯，日就便易。"现在"各国大致从同，断无一国可以岸然独异"。针对国粹论，汤寿潜指出："我朝立国，自有落落大者，断不藉一发以系千钧之重。至冠服本以因时制宜为尚。本朝之服制，已非前代之服制。"所以，应"改之以求其便"，"以树尚武之风声，一天下之耳目"。汤寿潜从外交、吏治、工业、教育、交通、精神六个方面分析了剪发易服之利大于弊，提出剪发易服应"由监国摄政王以身率先"③。随后，汤寿潜在与载沣的当面奏对中再次提出"易服削发，一新天下耳目"。在国内外形势的压迫下，载沣再次下决心剪发易服，"特谕各大臣云，改

①《光绪朝东华录》，总第5676-5677页。
②《光绪朝东华录》，总第5807页。
③《东方杂志》（宣统二年三月二十五日）1910年第7卷第3期，第36-48页。

易服制，宜以汤提学所上条陈奏折为标准。庶几办理克臻妥善"①。此谕下后，杳无音信。但从汤寿潜的奏折及他与载沣的讨论中可以看出，立宪派官员的上奏，已对清政府的决策产生了影响。

# 三、语言文字

清朝统治者多次强调，不分满、汉一律学习满文。天聪八年（1634），皇太极命令将汉文官名、城邑名一律改用满文，"嗣后不许仍袭汉语旧名……若不遵我国新定之名，查出决不轻恕"，并要求满族官兵恪守祖宗规矩，"言语、衣服、骑射之事"不可轻废。入关以后，清政府曾把满文列为官方语言文字，要求新进的翰林名臣都要学习满文，召见时以满语奏对。八旗兵操练时也只讲满语。雍正帝还曾命令侍卫、护军只讲满语，并要求汉族在服装式样、礼仪方式甚至一些生活习俗上放弃汉族传统而沿用满洲传统。

清朝历代统治者非常重视利用儒家思想拉拢汉族士人，同时也积极防范，以杜绝汉民族情绪的高涨。清入关占领北京后的第二个月，多尔衮即派人祭孔，以后每年的二月、八月都派大学士致祭。顺治二年（1645），尊孔子为"大成至圣文宣先师"。六月，多尔衮亲"谒先师孔子庙，行礼"。同时把儒家著作《四书》、《五经》奉为经典，列为士子必读之书，作为科举考试的指定命题范围。

清朝统治者为了加强文化和思想上的管制，大兴文字狱，很多汉族文人为此遭受体罚或丢了性命。康熙时期，戴明世所著《南山集》中曾用明朝末代皇帝朱由榔年号，还称赞方孝标所著《黔贵记事》所记吴三桂的事正确。结果，康熙帝下令将戴明世寸磔而死，全族屠戮，将已死的方孝标剖棺锉尸，儿孙处斩。雍正时期，礼部侍郎查嗣庭在江西主持科考，试题中有"维民所止"一句，被误认为是故意砍掉"雍正"的头，查嗣庭自杀后，雍正帝仍下令将其锉尸，将其儿子处斩。乾隆时期，乾隆帝在徐述夔的遗著《一柱楼诗集》中读到"清风不识字，何故乱翻书"，"举杯忽见明天子，且把壶儿抛半边"，"明朝期振奋，一举去清都"等句子，认为他是

---

① 《大公报》，宣统元年十二月十二日（1910年1月22日）。

"显有兴明灭清之意"。虽然徐述夔已故多年，乾隆帝仍下令将其剖棺锉尸，将其后代问斩。当时清朝皇帝对汉族高度敏感，既有满汉文化冲突的因素，也反映出满洲贵族对汉人防范的严密程度。

# 第二节　旗民不结亲

## 一、满汉不通婚

满族的婚姻形态，起源于其先世女真人的婚俗，伴随着社会的发展，也不断发生变化。从金代至明末，东北地区女真社会中，族外婚和一夫一妻制已成为婚姻的基本形态。从进入辽沈地区开始，满族的婚姻形态逐渐发生变化，统治者已经着手对本民族传统婚俗中某些与儒家伦常观念相悖的习俗进行限制和改革。皇太极时期规定：不许娶庶母及族中伯母、婶母、嫂子。女丧夫欲改嫁，嫁与异姓之人。满族入关后，在婚姻习俗方面与汉族日趋接近，但是在一些具体细节上，仍较多地保留了本民族的传统特色，包括满汉不通婚、旗民不结亲、汉不招驸马等习俗。

女真人时期，由于发动征服战争，大量掳掠汉人为奴隶，女真人自然不愿与处于下层的汉人通婚。到了努尔哈赤时期，满族在征服地区居于统治地位，其社会组织、经济生活及语言文字、风俗习惯等各方面都与汉族有很大差异，所以满汉仍不互通婚姻。进入辽沈地区后，为防止旗人"沾染汉俗"，满族统治者仍规定不许旗民通婚。如果满人私自娶汉女为妻，则不能上档（上册）和领红赏，而且不能领取钱粮。如果满族女子嫁给汉人为妻，不仅取消享有的特权，还要受到舆论的非议。这种风俗在满族内部叫做"满汉不通婚"，就是在八旗内部，无论满族、蒙古族、达斡尔族、锡伯族都可以通婚，但是不可和旗外民人结亲。因为八旗的政治、经济、军事的编制、待遇、行动、驻防，都无法和八旗以外的民人协调一致或共同生活。满汉不通婚，后来渐渐成了全族人的定规，尽管没有律令方面的严格规定，但满族人几百年来基本遵守这条定规，并成为满族的旗制、祖制和祖训①。自女真建立以来，历史记载的满汉通婚的例子很少。严格来讲，"满汉不通婚"并不是指满族人不能与汉族人结婚，而是指八旗内部可以通婚，旗人不可与旗外民人结亲。于是在八旗中形成了一种叫做"旗民不结亲"的风俗。"旗民不结亲"和"满汉不通婚"是不同的。"旗民不结亲"是八旗的旗制。因为所谓"八旗"，不只包括满人，也包括汉八旗和蒙古八旗，汉人只要抬了旗籍就算旗人了。可这并不能抹杀满汉区别政策的存在，因为"汉人"抬旗就表示放弃自己的民族身份，甘当满人的奴才，毫无平等可言。按照"旗民不结亲"的礼仪，在旗者不得与没有旗籍的人结亲，违者可依旗制重惩，甚至可以杀头。清朝的旗制是高于国法的，从皇室到一般旗人都是先服从旗制，后服从国法，所以，宗室子弟犯错，不由国家典法处置，而由宗人府处置。旗人自称"奴才"而不称"臣下"，而旗人犯了制，可以"家法处置"而不经"明正典刑"，甚至可以生杀予夺。所以，"旗民不结亲"虽不见于《大清律例》，但执行起来却相当严厉，就是因为它出自优先于大清律的"旗制"。清朝统治者将满人的"家法"置于"国法"之上，正是其推行民族歧视政策的重要表现。

但在现实中，满汉通婚难以彻底禁止。从乾隆时起，有的人使用"顶名"的办法通婚。即民人姑娘的名字顶上汉军旗人已出嫁的女儿的名字上册。因为满族红、黄带子的户籍直属于宗人府，非红、黄带子的满族的户籍则不属于宗人府，而汉族民人的户籍则属于户部。所以，红、黄带子和民人通婚，可采取以民人姑娘的名字顶上不属于宗人府所辖的旗人姑娘的名字来上册。到乾隆以后，满、汉不许通婚的禁例被进一步打破。红、黄带子娶民人女子为嫡妻，仍用顶名办法，如娶民人女子为庶妻，庶妻生子时可以随子一起上册。到清代末期，满、汉人民通婚的事例日渐增多，这时不仅满族人民可以娶汉军旗人和民人的女子为妻，而且有满人女子嫁给汉人的②。

虽然满洲旗人和汉军旗人可以通婚，但只限于汉军女子嫁给满族旗

① 据民俗调查，乌丙安《民俗文化新论》（辽宁大学出版社 2001 年版）一书称：岫岩、凤城、宽甸等满族自治县的婚姻调查中，这些老户订亲议婚，宁可到外县寻找旗人结亲，也不与当地汉人结亲。在一些 70 岁以上的老人的观念中，还坚持"旗民不结亲"、"汉满不通婚"的传统风俗，列为通婚禁忌。

② 刘小萌：《关于清代北京旗人谱书：概况与研究》，《文献》2006 年第 2 期。

人，满族女子不准嫁给汉军旗人男子，即"汉不招驸马"①。满族入关后，不但延续了汉族的"三纲五常"、"三从四德"，而且将其发扬光大。清代对"妇德"、"礼教"的要求远远超越历代，文献记载的所谓"节妇烈女"人数估计要比前朝多百倍②。其中的"夫为妻纲"，汉人以满人为纲在清朝尚可，汉人可以服侍满人，孝敬满人，而倒过来满人以汉人为纲就行不通。

清军入关之前，时处明、清两朝并存之际，皇太极没有颁发"满汉不通婚"的禁令，清朝入主北京之初，也严禁旗人娶汉女。史载："顺治元年孝庄皇后有谕，以缠足女子入宫者斩，此旨旧悬神武门内。"汉民族持续不断地抗清活动，迫使清政府不得不适当调整其民族政策。清政府内部也有人主张民族融合。为此，顺治帝于顺治五年（1648）下诏"不禁"满汉通婚，并且本人身体力行，诏选汉官之女备充六宫，还特准着汉装。顺治帝带头娶了汉人户部侍郎石申的女儿石氏。石氏进宫后，被册封为恪妃，恩赐住进永寿宫，并准其所着冠服均为汉服。同时，赏石氏的母亲赵淑人乘肩舆进西华门至右门下舆、入宫行家人礼、赐重宴等。顺治十二年（1655）六月，"和硕显亲王姊赐和硕格格号，下嫁耿精忠；固山贝子苏布图女赐固山格格号，下嫁耿昭忠"③。总之，上述政策和措施的出台，都取得了不同程度的成效，使满汉关系趋于稳定，有利于巩固清朝的统治。

但是，这不过是类似于"和亲"性质的权宜之举。仅仅七年以后，顺治帝便于顺治十九年（1662）再次在敕谕中强调恪守祖宗成法，宫中严禁蓄养汉籍女子。顺治帝自己出尔反尔重新抬出"家法"，标志着所谓的"满汉通婚"政策的终结，企图进一步推动满族和汉族融合的努力告于失败。顺治年间，清朝的政策始终处于各种矛盾之中，斗争异常激烈，才致使政策起伏很大。顺治帝死后，孝庄太后以"罪己诏"的方式对顺治帝几乎做了全面否定，就是这种矛盾和斗争的结果。顺治朝推行的满汉通婚政

---

① 实际上，男人应酬官场，所娶正房都是旗女，纳妾则多为民女。这种变通办法，既维护了"首崇满洲"的古训，又满足了世家多妻（妾）多子的需要。刘小萌：《关于清代北京旗人谱书：概况与研究》，《文献》2006 年第 2 期。
② 《八旗通志·列女传》卷二百三十九，记载："每稽岁终妇女节烈，则旌门之典，莫盛于八旗，而从殉者尤多。"
③ 《清世祖实录》卷九十二。

策，并不能完全影响社会基本政策的变化。

在民间，随着满族的大量南迁，与汉族的通婚也较为普遍，汉族人之风俗逐渐渗透到满族人的日常生活中，使清统治者深为担忧，"居之既久，渐染汉习，多以骄逸自安，罔有多勦弓发者。""再满洲旧族，其命名如汉人者，上深厌之，曾谆谆降旨，不许盗袭汉人恶习。曾有'汉人以钮祜氏为郎者，盖鄙之为狼'之谕，言虽激切，亦深恐忘本故也。"①清律中关于民族婚姻限制的规定较为详细。早在入关前，清律就对满、汉联姻作了一系列规定，主旨在于控制汉族文化对满族的侵染。同时，强调加强满、蒙的政治联姻，以增强满族实力。入关之后，清政府对与汉族人联姻，有时明确禁止，有时较为松懈，但汉族人一般很难进入满、蒙中上阶层。起初，清政府将皇室女子许配于三藩之王，而三藩通婚之王吴三桂、耿精忠等最后竟发动了"三藩之乱"，为此，清朝调整了与汉族通婚的政策，使得清代中、晚期汉族与满族上层通婚减少，皇帝也不再将满洲女子赐婚给汉族官员大臣。当时正值民族矛盾尖锐之际，清朝统治者有意笼络降臣，缓和矛盾，但在实际中，除满族权贵掠夺汉女子为妾外，还谈不上民间的满汉联姻，因为满族在政治、经济、法律地位以及风俗习惯上，仍与汉族存在相当大的差别。

虽然清朝入主中原前，就不乏实行一夫一妻制的婚姻条令，但由于地域条件和经济条件以及战争的频频发生，满洲贵族、富人一般是一夫多妻，有的普通民丁也多妻。满族社会的多妻制度，在皇太极时期以法律形式确定下来，建立了按等级和战功分配和占有妻子的制度②。崇德二年（1637）三月，皇太极训谕："至于朝鲜妇女，军士以力战得之。"③《清稗类钞》记载了满洲亲王抢娶汉女的例子。豫亲王多铎抢夺刘姓女子之后，受王命赐刘冠服，张灯作乐，行婚礼。第二年刘氏生一子，遂立为妃。关于清朝一夫多妻制，在一些文学作品中也有所反映。如大家熟知的《儿女英雄传》中，描写了汉军正黄旗人安骥娶得何玉凤、张金凤二人的故事。该书作者文康，系满洲镶红旗人。

清朝入关之后，最初也没有禁止满汉通婚，但满人挟战胜之威，对汉

---

① 昭梿：《啸亭杂录 续录》，冬青校点，上海古籍出版社 2012 年版，第 11、第 12 页。
② 定宜庄：《满族早期的一夫多妻制及其在清代的遗存》，《清史研究》1998 年第 4 期。
③《清太宗实录》卷三十四，第 22 页。

人多有骚扰，有强逼婚嫁的情况。考虑到这样无益于地方，尤其是京师稳定，并为了缓和满汉间的民族矛盾，顺治年间，多尔衮以顺治帝的名义下过明确谕旨，允许满汉通婚。顺治五年（1648）八月，顺治帝颁谕礼部："方今天下一家，满汉官民皆朕臣子，欲其各相亲睦，莫若使之缔结婚姻。自后满汉官民，有欲联姻好者，听之。"① 八天后，又对满汉通婚作了进一步的规定，即满人如要娶汉女，必须保证是娶来做正妻，才可准许他娶，不准娶汉女作妾，或更卑贱的地位。顺治帝谕令规定：

> 朕欲满汉官民，共相揖睦，令其互结婚姻，前已有旨嗣后凡满洲官员之女欲与汉人为婚者，先须呈明尔部，察其应具奏者即与具奏，应自理者，即行自理；其无职人等之女，部册有名者，令各牛录章京报部方嫁，无名者，听牛录章京自行遣嫁至汉官之女。欲与满洲为婚者，亦行报部；无职者听其自便，不必报部。其满洲官民，欲娶汉人之女，实系为妻者，方准具娶。②

满汉通婚的门槛还是比较高的，官家子女要通婚，必须要申报，不能自由通婚。当时官员的联姻必须报户部审批，而普通百姓的联姻则不受此限制。民间虽无禁令，但真正旗人与民人联姻者很少，主要是因为旗民通婚的最大阻力来自满洲八旗，而非汉人。多尔衮在统一中国的过程中，提出"满汉一家"。以后诸帝亦强调"满汉一家"或"满汉一体"，具体动机虽各不相同，但主要目的无疑是协调满汉关系，缓和满汉矛盾。在清朝入主中原以前，满汉之间就存在广泛的交往。在清朝入主中原以后，满汉之间的交往就更加密切了。满汉通婚的倡议虽然由多尔衮提出，但两年后，多尔衮出外打猎时死于途中，不久受到政治清算，不仅被追夺了生前的名誉和爵位，连满汉通婚的倡议也成为多尔衮的大逆罪状之一。后来，鳌拜等四位顾命大臣辅佐年幼的康熙皇帝期间，政治上更加趋向保守，朝野内外刮起一股恢复八旗祖宗旧制的风气，已趋缓和的满汉关系再度紧张，满汉不得通婚的禁令更是成为天条，违者将受到严惩。

在旗人与民人通婚的问题上，清代统治者几易其策。乾隆时期，将旗内通婚的限制一概废除，而旗民不结亲仍被朝廷奉为不替的原则。但乾隆帝公主下嫁孔府的故事在坊间广为流传。据说，乾隆帝有一女，脸上有一

---

① 《清世祖实录》卷四十，第7页。
② 《清世祖实录》卷四十，第9页。

黑痣。相士为她算命，说"主灾"，须嫁给比王公大臣更显赫的人家才能"免灾"。乾隆帝冥思苦想，满洲贵族之中没有合适的。而山东曲阜的孔氏为世代大贵族，孔氏乃汉人，其女怎么能嫁给汉人呢，为此乾隆帝先把女儿送到文学殿大学士汉人于敏中家里，做于敏中的干女儿，这样，公主就成了汉家姑娘。过了一段时间，乾隆帝的爱女以于敏中干女儿的身份嫁给孔子第七十二代嫡孙衍圣公孔宪培，婚礼极其隆重[①]。

## 二、旗民不结亲

关于旗民不结亲的规定，是从嘉庆朝开始制度化的[②]。嘉庆十八年（1813），嘉庆帝查明：移居宗室户口单内的妻室汉姓，有系汉军人，又有以满姓简写为张、李、白等姓，其中并无与汉人联姻者。到了道光朝，这一原则有所变通，"旗人之女不准与民人为妻。若民人之女与旗人联姻者，该族长佐领详查呈报，一体给予恩赏银两。如有谎报冒领，查出从重治罪[③]。

道光十六年（1836）三月，清廷颁布上谕：

刑部现行律例，并无旗民结姻，作何办理专条。《户部则例》载有民人之女准与旗人联姻，一体给予恩赏银两，旗人之女不准与民人为妻，亦并无违者作何治罪明文……嗣后应如何明定条例，著户部妥议具奏。寻议：请嗣后八旗、内务府三旗旗人内，如将未经挑选之女许字民人者，主婚之人照违制律治罪；若将已挑选及例不入选之女许字民人者，主婚之人照违令例治罪；民人聘娶旗人之女者，亦一例科断。至已嫁暨已受聘之女，俱遵此次恩旨准其配合，仍将旗女开除户册，以示区别。俟命下，纂入此例。[④]

此议于道光十六年（1836）由户部奏准入律，规定：违制者，杖一百，违令者，笞五十。实际上，清政府从未禁止过旗人娶民人之女。这种民人之女可以嫁旗人、民人不得娶旗女的做法，成了"部分"禁止旗民通

---

① 孔德懋：《孔府内宅轶事》，天津人民出版社 1982 年版；柯兰：《千年孔府的最后一代》，天津教育出版社 1998 年版。长期以来，人们对乾隆帝嫁女的真伪，众说不一。
② 定宜庄：《满族的妇女生活与婚姻制度研究》，北京大学出版社 1999 年版，第 343 页。
③ 《户部则例》卷一，道光二年校刊本，第 27 页。
④ 《清宣宗实录》卷二百八十，第 16 页；《光绪会典事例》卷七百五十六，第 23 页。

婚的政策。

到了咸丰朝,《户部则例》规定:

在京旗人之女不准嫁于民人为妻。倘有许字民人者,查系未经挑选之女,将主婚之旗人照违制治罪;系已经挑选及例不入选之女,将主婚之旗人照违令例治罪。聘娶之民人,亦将主婚者一例科断,仍准其完配,将该旗女开除户册。若民人之女嫁与旗人为妻者,该佐领旗长详查呈报,一体给与恩赏银两。如有谎报冒领情弊,查出从重治罪。至旗人娶长随家奴之女为妻者,严行禁止。①

旗人之女如嫁与民人,就要被开除旗籍,这是相当严厉的惩处。八旗驻防旗人的婚姻中也有类似的情况。如绥远城的八旗驻防旗人,"民国以前,与异族通婚,公家限制甚严,偶有违制者,则停发其应领之分子钱"。②所谓"与异族通婚",实际上是指旗女嫁民人的情况。反之,民女嫁与旗人,给予恩赏银两,享受与旗人一样的待遇,视作旗人加以对待。

至同治朝,旗民不得通婚的政策开始有所松动。同治四年(1865)六月,颁谕:"旗人告假出外,已在该地方落业,编入该省旗籍者,准与该地方民人互相嫁娶。"③就是说,如果旗人在外落业,编入当地旗籍后,就可以与地方民人互相嫁娶。从清律条文上看,旗人之女嫁与汉人为清律所严禁,但旗人娶汉人之女则缓禁。《户部则例》中有"在京旗人之女不准嫁与民人为妻"的规定,并附有详细的注解:"已许字者仍准婚配,惟须将此出嫁旗女开除户册,至民人之女嫁与旗下为妻者概无所禁。"可以看出,其着眼点主要是为选秀女,限制旗女嫁汉人,但不限汉女嫁旗人,并总结:"光绪以后谈国是者,每以化除汉满界限为言,皆首举通婚,然稽之典制实无禁止明文,故光绪二十七年饬通婚之旨也含糊其辞。"这是八旗的家法而不是国法,不能到大清律例里去找。满、汉通婚是否历史上真有禁令,不甚重要,既然联姻是政治生活、社会生活中至关重要之事,通婚就带有政治性,满、汉通婚也以无以争辩的事实存在于史料之中。满洲大臣端方的两妾杨氏、高氏都是汉人。中下层旗民间的联姻也日愈普遍。④

① 《户部则例》卷一,《旗人嫁娶》,咸丰元年刊本,第 29 页。
② 傅增湘等:《绥远通志稿》卷七五,民国三十年(1941)稿本。
③ 《户部则例》,卷一《旗人嫁娶》,同治十三年校刊本,第 29 页。
④ 《北京图书馆藏中国历代石刻拓本汇编》,中州古籍出版社 1990 年版,第 88 册、180 页;刘小萌:《北京地区碑刻中的旗人史料》,《文献》2001 年第 3 期。

在《户律·婚姻门》中有"嫁娶违律主婚媒人罪"，附例如下："八旗内务府三旗人，如将未经挑选之女许字民人者，将主婚人照违制律，杖一百。若将已挑选及例不入选之女，许字民人者，照违令律，笞五十。其聘娶之民人一体科罪。"这是清初基于实行满汉不通婚之政策而订立的律文。但随着旗人与民人之间经济往来的频繁，旗民婚嫁也随即出现。因此《户部则例》的规定较之《户律》尤为详细，而且不乏酌情变通之处。如按律例科断后，"仍准完配，将该族女开除户册"，即惩罚后仍视为合法婚姻。则例本条还增加小注："惟告假出外在该省人籍生有子女者，准照同治四年六月奏案办理。"同治四年（1865）六月奏准案的内容为："旗人告假出外、已在该地方落业、编入该省旗籍者，准与该地方民人互相嫁娶。"又曰："若民人之女嫁与旗人为妻者，该佐领族长详查呈报，一体给予恩赏银两"，只是旗人娶长随家奴之女为妻者，严行禁止。这反映了旗人与民人通婚禁条的弛禁。不仅如此，《户部则例》还规定："八旗满蒙汉及各省驻防人等聘定未婚女子，因夫物故，矢志守节，或母家实无依倚，夫家尚有父母，并前妻子女情愿过门倚奉翁姑，抚养子女，著该旗查明咨部，准其收档入户，照例办理。"[1]这不仅弥补了律例之不足，而且也反映了满汉婚姻关系的发展变化，以及法律所持的肯定态度。但到道光十六年（1836），"刑部现行律例，并无旗民结姻，做何处理专条"，以后遇之即治罪[2]。

清代后期，由于满汉人民长期杂居共处，互相往来，满族的婚姻习俗发生了很多变化，满汉通婚的禁例也渐渐被打破。但起初仅限于满族的男子娶汉族的女子，满族的女子并不嫁给汉族的男子，这主要是满族人怕女子嫁出去会影响满族人员的增殖。所以"满汉不通婚"的规定仍然十分严格。最终废除"满汉不通婚"祖制的是慈禧太后。为了维护摇摇欲坠的清政权，慈禧太后以光绪帝名义颁布了一系列"新政"，其中就包括"允许满汉通婚"，借以笼络汉族子弟。光绪二十七年十二月二十三日（1902年2月1日），慈禧太后以光绪帝名义颁谕准许满汉通婚。"凡宗室、觉罗与汉人结亲者，已奉懿旨化除畛域，毋庸援违制律治罪。"次日，光绪帝发布上谕：

朕钦奉皇太后懿旨，我朝深仁厚泽，沦浃寰区，满、汉臣民，朝廷从

---

① 《钦定户部则例》卷一，《户口》"旗人婚嫁"条。
② 《清宣宗实录》卷二百八十。

无歧视。惟旧例如通婚姻，原因入关之初，风俗、语言或多未喻，是以著为禁令。今则风同道一，已历二百余年。自应俯顺人情，开除此禁。所有满、汉官民人等，著准其彼此结婚，毋庸拘泥。至汉人妇女，率多缠足，由来已久，有伤造物之和。嗣后缙绅之家，务当婉切劝导，使之家喻户晓，以期斩除积习，断不准官吏、胥役藉词禁令，扰累民间。如遇选秀女年份，仍由八旗挑取，不得采及汉人。免蹈前明弊政，以示限制而恤下情。将此通谕知之。①

到了清末，满汉之间在语言、风俗、经济生活等各方面都渐趋一致，满汉通婚已成为一种趋势。为此，清朝统治者宣布废除满汉不通婚的禁令，"所有满汉官民人等，皆准其彼此结婚，毋庸拘泥"。满汉通婚的现象日渐增多，满族的婚姻习俗也发生很大变化，吸收了许多汉俗，但有些固有习俗并没有立即消失。

## 三、严禁宗室、觉罗与民人的联姻

清代，清朝统治者在禁止旗人与民人通婚之时，对宗室、觉罗与汉人的联姻尤为严格。这是因为满族统治者虽然接受汉族文化，但却拒绝满汉血统的融合，极力保持满洲贵族尤其是皇家血统的纯洁。从制度上看，《宗人府则例》规定："乾隆五十六年（1791）议准：凡宗室（觉罗同）不得与民人结亲，违者照例治罪（下注：民人之女不准冒为宗室妻室入档，所生子女作为庶出）。"②值得注意的是，虽然清政府始终未曾禁止旗人娶民女，但宗室娶民女却是不允许，所以才会有"民人之女不准冒为宗室妻室入档，所生子女作为庶出"的规定。清政府对于宗室的通婚，此一般旗人更为严格。嘉庆十九年（1814）颁谕：普查宗室、觉罗中有无与汉人联姻之户者。已联姻者，给予应得处分，不必离异。自此开始，申明定制，严行饬禁旗、民联姻。

而从具体情况看，早在顺治五年（1648）八月，顺治帝下令，满汉官民可互相婚嫁，并将降清的文渊阁大学士冯铨"赐婚满洲"。顺治十年（1653），顺治帝又准"以太宗十四女和欣公主下嫁平西王吴三桂子应熊"。

---

① 《清德宗实录》卷四百九十二，光绪二十七年十二月乙卯。
② 《宗人府则例》，《律例》第31卷，第19页。

顺治帝本人也"尝选汉官女备六宫"。[①] 顺治有一妃子叫佟妃(孝康章皇后),佟妃的祖辈、父辈皆汉人,清朝开国功臣,本为汉军旗人。佟妃生下一子,取名玄烨(康熙帝),顺治帝命将佟佳氏改入满洲。"后族抬旗自此始。"[②] 但不久,清政府又定律严禁满汉通婚,违者科刑。乾隆五十七年(1792),正白旗觉罗清兴保继娶民女高氏为妻,经刑部与宗人府讯明,清兴保与高氏业已成婚三载,且怀身孕,两人均不愿离异。遂议定:宗室、觉罗虽向不准与民人结亲,在未婚者自不应听其配合,若已成婚者,则女子有从一而终之义。清兴保婚娶违律,应照违制律仗一百,系觉罗折罚养银赡一年;高氏应免其离异,但未便与照例结亲之妇一律入册,应将高氏不准作为清兴保继妻,所生子亦应作为庶出,以示区别[③]。高氏未被判离异,只是清政府要维护"从一而终"的封建伦理,剥夺了其做妻子的名分,不准载入宗谱,所生子也被打入另册。此案的处理,集中反映出爱新觉罗皇族在婚姻上的排他性。

法律严禁宗室、觉罗与包衣奴仆结亲。凡宗室、觉罗不准与下五旗包衣结亲,违者照违制治罪。然而清朝中叶以后,包衣人的社会地位有了提高,两者间的界限逐渐模糊。于是也有宗室、觉罗将法令置之度外,仍娶包衣之女为妻。咸丰元年(1851),宗室乾元续娶包衣之女为妻,内务府曾行文下五旗,严按在案。此后却仍有置若罔闻者。同治七年(1868),镶蓝旗觉罗瑞贵不但明媒正娶正红旗包衣玉山佐领下李忠义之女,还依例向宗人府请领红事恩赏。[④] 宗人府除将请领恩赏原文驳回外,规定日后李忠义之女生有子女,入档时作为庶出。宗人府还奏准,此后如有宗室、觉罗之女嫁与包衣为妻,将该宗室、觉罗照违制律治罪;包衣之女嫁与宗室、觉罗为妻,将该包衣照违制律治罪。[⑤]

但即使如此,清政府也并不限制宗室与八旗内的汉人通婚,清朝的"选秀女"制度就是一例。虽然规定宫中不蓄汉女,但八旗内的汉姓之女并不包括在内,如康熙帝生母佟佳氏、嘉庆帝生母魏佳氏都是由汉军抬到

---

① 赵尔巽等:《清史稿》卷二百一十四,中华书局 1977 年版,第 8910 页。
② 赵尔巽等:《清史稿》卷二百一十四,中华书局 1977 年版,第 8908 页。
③ (光绪)《宗人府则例》卷三十一,第 19 页。
④ 杨一凡:《中国珍稀法律典籍续编》,黑龙江人民出版社 2002 年版,第 459 页。
⑤《宗人府则例》(光绪)卷三十一,第 20~21、第 43 页。

满洲旗的①。这些妃嫔中，不仅有外八旗旗人之女，更多的是内务府包衣人，如乾隆孝仪纯皇后（嘉庆帝之母魏氏），本姓魏，正黄旗包衣管领下人，族入满洲，称魏佳氏②。无论秀女阅选的范围如何变化，汉军旗人及内务府汉姓人的女子却从未排除在外，为皇室子女与八旗内汉人的通婚提供了制度上的保证。清代皇族人口记录在册的有20余万人，通过选秀女娶到妻子的只占其中的极少部分。至于其他宗室成员，李中清等学者曾将其妻妾的姓氏资料输入数据库，所输入的8万余人的妻妾，共有3579个姓氏，其中可能有汉族姓氏，即某氏或某佳氏的③。

## 四、旗人之间的婚姻

对于不同身份旗人之间的婚姻，清政府规定八旗之内的通婚是允许的，虽有一些限制，也是按照等级的不同而不是按照血缘的不同来制定的。乾隆二年（1737）四月，清政府规定："向来包衣管领下女子，不准聘与包衣佐领下人。包衣佐领下女子，不准聘与八旗之人。"其中理由是：从前包衣佐领下"户口尚少，且男妇俱各当差，恐人生规避之心，是以定例如此"。④又如"乾隆三年议准，宗室女不得与八旗别载册籍人户（原注：旧在户下后开户者）结亲，行令八旗都统，凡别载册籍之人，皆造具亲册，送府存案，嗣后宗室女许婚，除勋旧世家外，令将欲联姻之家族姓、官职预报族长，呈府察对，果非别载册籍之人，方许结亲"⑤等。但是尽管如此，对于八旗内汉军与满洲、蒙古的通婚，内务府内汉姓与满洲的通婚，却从未有过任何的明文限制。在满洲八旗内部，也很重视门第。后来时间一久，八旗内部满洲旗人与汉军旗人通婚的渐渐增多。

对汉军旗人和汉人的结亲，清政府的管理也较为宽松。乾隆三十年（1765）十一月，乾隆帝称："汉军与汉人结亲，历年已久，毋庸禁止。"⑥京师及关内各驻防点的满洲、蒙古旗人与汉军旗人结亲者，屡见不鲜。定

---

① 郑天挺：《探微集》，中华书局1980年版，第33-64页。
② 赵尔巽等：《清史稿》卷二百一十四，中华书局1977年版，总第8918页。
③ 李中清、郭松义：《清代皇族人口行为和社会环境》，北京大学出版社1994年版，前言第1页。
④《清高宗实录》卷四十。
⑤《宗人府则例》卷二，《天潢宗派请旨指婚》，第7页。
⑥《清高宗实录》卷七百四十八，乾隆三十年十一月丙子。

宜庄、郭松义等在《辽东移民中的旗人社会》一书中，选定辽东盖州市进行个案研究，其中，有 133 例，分为九种情况，其中，有 6 例为双方均不详，7 例为民人与民人通婚。除去这两种情况后的 124 例中，各自人数和比例的情况如表 5-1 所示。

表 5-1　辽东盖州市旗、民通婚比例统计表①

| 通婚种类 | 旗人嫁民人 | 旗女嫁民人 | 民女嫁旗人 | 女方不详，男方在旗 | 女方不详，男方在民 | 男方不详，女方在旗 | 男方不详，女方在民 |
|---|---|---|---|---|---|---|---|
| 人数（人） | 88 | 2 | 13 | 14 | 无 | 7 | 无 |
| 占百分比（%） | 70.97 | 1.67 | 10.48 | 11.29 | 0 | 5.65 | 0 |

　　清朝统治者入关不久，颁布过不准旗民通婚的禁令，但随着时间的推移和局势的变化，这一禁令有所松弛，主要表现在允许民人之女嫁与旗人以及对汉军旗人与民人的通婚不予限制上。与此同时，在乾隆朝汉军出旗为民之前，八旗之内满洲旗人与汉军旗人间的通婚成为满汉通婚一个重要的组成部分，同时纳妾也成为民人之女进入旗人甚至宗室贵族家庭的重要途径。清代满汉通婚，促进交流和融合，是历史发展的必然，非靠一纸禁令所能阻挡得了的。

　　在八旗内部，满族统治者只限制等级婚姻，而不限制种族婚姻。如满洲贵族钮祜禄氏额亦都从九世到十四世先后与汉军旗人联姻者达 95 人②。康熙时期，大学士索额图之女桓若嫁给湖广总督辉祖之孙、副都统恒忠之子李楷（汉军正黄旗人）③。再从选秀女来看，汉八旗女子皆参加备选，直到嘉庆十一年（1806），才对"八旗汉军文职，自笔帖式以上、武职自骁骑校以上官员之女子一体备选，其兵丁之女不必备选，此特姑恤穷兵之至意"。④不仅如此，皇室与汉军旗人之间通婚者也不在少数，除了康熙帝生母佟佳氏、嘉庆帝生母魏佳氏外，乾隆帝的慧贤皇贵妃、淑嘉皇贵妃等出身也为内务府的包衣，后抬入满洲旗，类似情况不逐一而论。总之，八旗内部各民族的通婚，实际上也带动了全社会的民族通婚。非旗人的汉

① 定宜庄、郭松义等：《辽东移民中的旗人社会》，上海社会科学院出版社 2004 年版，第 275 页。
② 定宜庄：《满族的妇女生活与婚姻制度研究》，北京大学出版社 1999 年版，第 353 页。
③ 赵尔巽等撰：《清史稿》卷四百八十五，中华书局 1977 年版，第 13378 页。
④《总管内务府现行则例》会计司卷三，第 45 页；见《大清会典事例》第 1~4 卷，第 19 页。

族不断进入八旗，并与满族通婚，加速了满族汉化的进程，为民间全面通婚提供了可能。

满族与蒙古族联姻几乎没有什么禁止性条例。早在清朝入关前，就有大规模高层次的满蒙联姻存在，满蒙联姻符合满族统治者的"北不断亲"的基本国策①。清统治者积极推行"满蒙联姻"和"备指额驸"等政策，使蒙古封建主逐渐模糊了其原先的血缘氏族关系的"民族"意识，特别是那些与清政府结为世代姻戚关系的外藩蒙古王公、额驸，以及他们的子孙后裔家族，逐渐成为清统治集团中有血缘亲属关系的成员。因此，康熙帝在谈到满蒙亲近关系时，谆谆地告谕蒙古封建王公说："朕世世为天子，尔等世世为王。"这种政治上的相互支持，成为清朝历代皇帝热衷于巩固"满蒙联姻"关系的政治原因。

清初，清政府严禁漠南蒙古、漠北蒙古、漠西蒙古王公之间结成婚姻。违禁婚姻，革爵治罪。康熙十八年（1679），清政府决定：漠南蒙古族王公擅与喀尔喀、厄鲁特结姻往来，革去爵职，不准承袭，所属人全给其近族兄弟，除妻子外，家产、牲畜俱入官；所属人随往者，各鞭一百，罚牲畜三九；若台吉、塔布囊将所属人之女遣令随嫁，女父不向札萨克王、贝勒处呈明，鞭一百，所遣送嫁属人，自己不呈明，亦鞭一百，失察斥堠官员，革职，籍没家产，兵丁鞭一百，罚三九。康熙三十二年（1693），清政府进一步规定：漠南蒙古王以下至闲散人等，违禁与喀尔喀、厄鲁特、唐古忒、巴尔虎等结亲，照定例治罪；四十九旗协理旗务人、归化城二旗都统，以及闲散蒙古人，量其品级治罪；归化城都统、副都统，管理索伦总管等，各罚马50匹，副管等各罚五九，均入官，佐领以下至领催、什长等有犯，均照蒙古例治罪。

满族在与蒙古各部的联姻中，逐渐形成了一套有关联姻的政策。如"备指额驸"制度，即从各地区封建王公、贝勒嫡系子弟及清政府下嫁公主所生的子孙中，挑选15岁至20岁的聪明俊秀者送往京师理藩院培养，以备公主、郡主（亲王之女）选为额驸（夫婿）。据《理藩条例》所载，至道光年间，只科尔沁左翼中旗公主子孙台吉、姻亲台吉就达两千余人。可见双方通婚规模之大、人数之多及持续时间之长。这是历史上联姻绝无仅

---

① 杜家骥：《清朝满蒙联姻制度研究》，人民出版社2003年版。

有的。又如"选秀女制度",它是清代皇室婚姻缔结中的重要形式。其实,选婚早在西汉就开始,东汉作为一种制度定下来。而清代的选婚无论从规格、程序、范围上都日趋完善。满族入关后,每3年在固定的八旗内部选一次秀女。秀女用来"或备内延主位,或为皇子、皇孙拴婚,或为亲、郡王之子指婚"①。清朝不同时期对选秀女有不同的规定不同。顺治朝规定:凡满、蒙、汉八旗官员,另户军士和闲散壮丁的女儿,年满13岁,都要参加每3年一届的挑选。康熙、乾隆时期,对挑选的范围作了特殊限定。乾隆七年(1742)规定,皇太后、皇后之姐妹、亲兄弟之女、亲姐妹之女记名者,著户部奏闻,撤去记名②。嘉庆十二年(1807),又将皇后妃嫔之姐妹及亲兄弟、亲姐妹之女,另备一班,一并备挑③。清初,挑选秀女时,公主下嫁后所生的女儿同样要备挑选,入宫后再做皇帝的妃嫔或配给近支宗室。这种婚配状况,直到嘉庆六年(1801)才得以消除。嘉庆年间还规定:汉族低级官员和兵丁之女不得参选,而对满、蒙女子的参选等级则定得较高。这些规定,直到光绪朝,也没有大的变化。如光绪帝的皇后是叶赫那拉,满洲镶黄旗人,慈禧太后之弟、副都统桂祥之女;另外两个妃子即瑾妃和珍妃(礼部右侍郎长叙的两个女儿),是满洲镶红旗人。

随着清政权的建立,满蒙联姻逐渐发生变化。这种变化不仅与政治变化相关,而且与满族统治者倾慕汉文化相关。清朝自顺治之后,朝廷只将蒙古诸部作为女婿,加以亲近、拉拢,而无外藩蒙古外戚,并且满族公主嫁与蒙古的数量、等级亦有变化。入关前,满蒙联姻相对重要,所以公主嫁外藩蒙古的就多,而随着清朝政权的稳固,公主嫁与外藩的逐年减少。如皇太极14个女儿中有10人嫁给了外藩蒙古。顺治帝6个女儿中,5个8岁前死去,唯一成活的嫁给了满洲旗人。康熙帝长大成人的8个女儿中,有6个嫁给了蒙古王公。雍正帝只将3个养女远嫁外藩蒙古。乾隆帝5个亲女儿中,有2人嫁给蒙古王公,但都与额驸长留京师。嘉庆帝有2个女儿,都嫁给蒙古王公。道光帝5个女儿中,只有一人嫁蒙古。满蒙联姻逐渐由政治需要转化为普通联姻,它既加强了满蒙的政治关系,也巩固了清朝的统治。满蒙上层的联姻不是一般意义上的联姻,而是一种特殊的

---

① 《养吉斋丛录》卷二十五,第5页。
② 《清高宗实录》卷一百七十二。
③ 《大清会典事例》(光绪)卷一,第18页。

联姻，它是建立在双方的政治利益之上的。满族统治者通过这种联姻，实现了自己的政治目标。恩格斯曾经指出："结婚是一种政治行为，是一种借新的联姻来扩大自己势力的机会"，在这一行为中，"起决定作用的不是个人的意愿，而是家世的利益"。① 这一论断同样适用于满蒙的联姻。清统治者通过联姻途径，一方面加强了同蒙古上层的关系，争取了蒙古贵族的力量；另一方面又凭借这种力量，逐步统一了全国，巩固了清朝的统治。因此，从一定意义上讲，没有满蒙的联姻，就没有满蒙的同盟关系，没有满蒙的同盟关系，也就影响到清朝的统治。所以说，满蒙的联姻是一种特殊的联姻，它是清统治者笼络蒙古贵族，巩固其政治统治的有力武器。

由满蒙联姻还影响到满蒙之间互相使用姓名，而在满汉之间是不允许的。清入关后，满洲旗人常使用蒙古名。如《绥远旗志》记载，当时驻守在绥远城的满洲官兵中有"布音图"（有福者）、"布音达什"（吉祥有福）、"布林"（全，完全）、"莫尔根"（智慧、聪明）、"何雅图"（带有随从者）、"白音布"（富有者）等姓名的。这说明，满族驻防群体中有不少人在使用蒙古名。又如，满洲正红旗有取名为墨尔格图（同治年间骁骑校，意为"聪明的"），正白旗有取名为德克吉勒图（国子监博士厅博士，意为"兴旺的"）。此二人的名字也是蒙古名。这方面的例子比较多，如清代蒙古的官员中，礼部尚书特成额、陕甘总督恩特亨额、礼部尚书色克精额、安徽巡抚色不星额、甘肃提督苏宁阿、湖南巡抚富勒浑等都使用的是满洲名。

满族统治者在控制满、汉通婚时，还多次严格禁止蒙、汉民族之间的通婚。蒙汉联姻最早禁于康熙二十二年（1683），定例："凡内地民人出口于蒙古地方贸易、耕种，不得娶蒙古妇女为妻。倘私相嫁娶，查出，将所嫁之妇离异给还母家，私娶之民照地方例治罪。知情主婚及说合之蒙古人等，各罚牲畜一九。"② 蒙汉联姻是禁止的，特别对中、下层蒙古族和汉族联姻加以严禁。《理藩院则例》中规定："内地民人不准娶内外扎萨克等处蒙古妇女。如有私行婚嫁者被人查出，将娶之妇离异归宗，将主婚之蒙古及违禁之民人各枷号三个月，满日鞭一百，民人递解回籍。该管台吉罚三九牲畜，该扎萨克照失察例罚俸六个月。如系该台吉扎萨克自行查出者，

---

① 马克思、恩格斯：《马克思恩格斯全集》第4卷，人民出版社1972年版，第74页。
② 《大清会典事例》卷九十八，《理藩院·婚姻》。

免议。"①乾隆十五年（1750）再次发布禁止通婚令，到乾隆五十二年（1787）又解禁。嘉庆年间，湘黔苗民和白莲教起义，直隶水灾严重，大量灾民涌向蒙古，故在嘉庆六年（1801）又重申此禁令，娶蒙古妇女为妻的汉人死后，其妻及子分给所属札萨克或呼图克图为奴。直到光绪二十七年（1901），此条复开禁。

清代对色目人或西域人，则仿效明代法律，鼓励其与中原人通婚。"凡外番色目人，听与中国人婚姻，不许本类自相嫁娶，违者杖八十。不愿为婚姻者，所从本类自相嫁娶，不在禁限"。②此律文在雍正三年（1725）奏准删除。如汉军旗人要与驻地少数民族结婚，需要营官出面担保该军士无妻室，如有欺诈，连同保人一同治罪。但此规定是在1909年即宣统元年发布的，其有多少影响力可想而知。乾隆二年（1737）《大清律例·户律·婚姻·嫁娶违律主婚媒人罪》定例中指出："福建、台湾地方民人，不得与番人结亲。违者，离异。民人照违制律杖一百，士官通事减一等，各杖九十。该地方官如有知情故纵，题参交部议处。其从前已娶生有子嗣者，即安置本地为民，不许往来番社。违者，照不应重律杖八十。"③此例于光绪元年（1875）经大臣奏准删除。乾隆二十九年（1764）定例还明确规定："湖南省所属剃发之苗人，与民人结亲，俱照民俗以礼婚配，须凭婚约，写立婚书，仍报明地方官立稽查。如有奸拐、贩卖、嫁妻逐婿等事，悉照民例治罪。其商贾客民未经入籍苗疆，踪迹无定者，概不许与苗民结亲。如有私相联结滋事者，按例治罪。失察之地方官，照例议处。至溪峒深居苗、瑶有愿与民人结亲者，亦听其自便，悉照前例办理。"④同样，乾隆三十二年（1767），刑部修改律例，将未剃发之苗人与汉人结亲，照民俗以礼婚配，而对未经入籍的商贾客民，不许与苗人结亲⑤。前两例的制定，多用于地方执法即实施于部分省份，其他省份也应照此办理，但法律却限制了法律实施的地域性。

总之，满汉通婚是以清朝统治者的政治需要为导向，并根据时势变化不断作出调整，但总体而言，是加以控制或限制的。

---

①《钦定理藩院则例》卷二十五，《婚礼》。
②《大清会典事例》卷七百五十六。
③ 马建石、杨育棠：《大清律例通考校注》，中国政法大学出版社1992年版，第454页。
④⑤《大清律例》卷十，《户律·婚姻》。

# 第三节 旗民分治

## 一、旗民分居

为确保满洲旗人的政治与社会地位，清政府在其居住方面也采取了一系列措施。努尔哈赤时期，"汉人每十三个壮丁，编为一庄。按满官品级，分给为奴。于是同处一屯，汉人每被侵扰，多致逃亡。"旗民分居始于清太宗时期，清太宗"洞悉民隐，务伸安辑，乃按品级，每备御（官名，后改为牛录章京）止给壮丁八，以备使令。其余汉人分屯别居，编为民户。择汉官之清正者辖之"。[①]

清军占领北京后，实行"旗民分治"，旗人与民人在居住方面划定了严格的畛域，具体做法就是将二者从空间上分隔开来，旗、民分城居住，推行"满汉分居、旗民分治"的政策。八旗分居京师四城：镶黄、正黄居北城，正白、镶白居东城，正红、镶红居西城，正蓝、镶蓝居南城。以镶黄、正黄为首，将八旗分为左、右两翼。各旗都有定界，属于同旗的满、蒙、汉军都在一个界内，互相衔接，鳞次栉比。

多尔衮在安排京师八旗官兵及其眷属住房时，实行"满汉分居"，主要是考虑到以下四个因素：一是文化差异，满洲旗人数量太少，集中居住有利于保护满洲文化的独立性；二是历史经验，其父亲努尔哈赤迁都辽阳时，实行满、汉分城居住；三是保护新贵利益，要占据北京最好的地理位置即内城给他们居住；四是集中居住，将八旗官兵密集地布置在皇宫周围，以便加强满洲的凝聚和皇帝的警卫。于是，多尔衮决定满、汉分城居住，尽圈内城房屋分给八旗居住，尽驱内城民人迁往外城居住。经过几次迁移，最终使旗人和民人分开居住。顺治五年（1648）八月，清政府颁布上谕：

---

① 《清太宗实录》卷一。

京城汉官、汉民，原与满洲共处，近闻争端日起，劫杀抢夺，而满、汉人等彼此推诿，竟无已时。似此何日清宁。此实参居杂处之所致也。朕反覆思维，迁移虽劳一时，然满汉各安，不相扰害，实为永便。除八旗投充汉人不令迁移外，凡汉官及商民人等，尽徙城南居住。其原房或拆去另盖，或贸卖取价，各从其便……凡应迁移之人先给赏银，听其择便，定限来岁岁终搬尽[1]。

从此，民人尽归之外城，旗人分隶内城。内城范围，北自德胜门、安定门以南，东自东直门、朝阳门以西，南自崇文门、正阳门（前门）、宣武门以北，西自西直门、阜成门以东（除去中间皇城部分）。京师之中"旗民分治"格局最终形成。随之，系列避免旗民杂处的规则也纷纷制定出来，如旗人不得和民人经商、旗人多担任京师官吏等，这样，民人就无须直接和满洲官员打交道，以减少满汉两族平民阶层之间的接触。

清代北京旗民分城居住的政策，就在京师形成了旗、民两个文化圈，不仅对京师文化产生了直接的影响，也对旗民关系产生了深远的影响。当时，居民分布格局大致是，紫禁城内住皇帝一家，皇城内住少数满洲贵族和直接为皇帝服务的人员，内城住旗人，外城住汉、回等民人，包括汉族官员、商人以及从事碓房业、运输业、商业、手工业、卖水业和粪便清理业等职业的民众[2]。其中，外城的东半部一般多是商贾和土著汉人，而西半部则多是仕宦和寄籍士子。住在内城的八旗军民，生活在相对封闭的居住圈内，自成一个满洲文化群体。而在外城的民人，也形成了一个汉族文化群体。这两个文化圈，有所交叉，又自成体系。

在北京，清政府把旗人迁入京师内城，将汉官及商贾民人"尽徙城南居住"。汉族人士多居住在南城地区，许多外地汉人进京赶考也多住在这里。如经学大师顾亭林住在报国寺，大学者纪晓岚住在虎坊桥，曾国藩、李鸿章分别在湖广会馆和安徽会馆；龚自珍、林则徐、魏源支持黄爵滋上禁烟疏，康有为、梁启超、谭嗣同发动戊戌变法，也都在南城。清朝统治者推行"旗民分治"的政策，在于维护自己的统治。但是，由于旗人人数相对较少，有与汉族交流经济、文化的迫切愿望，加上与汉人毗邻而居，汉人的繁华街市对旗人也有极大的吸引力，所以，"旗民分治"法令实施

---

① 《清世祖实录》卷四，第6页。
② 刘小萌：《清代北京旗人社会》，中国社会科学出版社2008年版。

不久，便有大批旗人突破禁令，从城内移居城外。雍正元年（1723）六月，雍正帝饬令李维钧，称"畿甸之内，旗民杂处，旗人暴横，颇苦小民。尔当整饬，不必避忌旗、汉行迹，畏惧王公勋戚，皆密奏以闻"。① 从中足见，康熙末年、雍正初年京城地区存在着旗人与民人共居的现象，并引起了刚刚登上皇位的雍正帝的关注。嘉庆年间，竟连宗室、觉罗也纷纷外移至外城。与此同时，城外汉人移居城内的也非少数，由此形成旗民杂居共处的局面。

光绪二十六年（1900），八国联军入侵北京，为运送军队和物资，而将津卢、卢保线修至正阳门，从而打破了北京内、外城的隔离状态。同时，"八旗营房，存者不过二三，颓废的总有七八"。② 旗丁被迫大量离开营房，另谋生计，旗民分治和旗民不得通商两项禁令也随之废除。至宣统帝退位时，中华民国"关于大清皇帝辞位之后优待条件"等条款公之于众，其中就有"营业、居住等限制，一律蠲除，各州县听其自由入籍"的内容。③

旗人居住的其他城市也实行旗民分治。清军入关后，由八旗人丁所编的八旗军队，有半数集中在北京，另外半数驻防全国 90 多个重要城市和据点。在直省各地，清政府为驻防八旗人修筑旗城，由旗兵携眷聚居其中，与当地汉民隔离分治，规定旗民不准离城 20 里，使旗城成为相对独立的小社会。这样做，旗人短期内尚可度日，但恐难持久，他们为了衣食住行，无法隔断与当地民人联系。到清朝中叶，人丁滋盛，而八旗兵饷有限，出现"旗人生计"问题。特别是到清末，旗饷减成发放，官员又层层克扣，八旗兵丁眷属生活困窘，加强与当地各族人民特别是汉族的联系，便成为驻防兵丁生存的必备条件。《清圣祖实录》记载："今驻扎成都之荆州的满洲兵丁，与民甚是相安，请将此满洲兵丁酌量留于成都省城西门外空地造房。"④ 便是当时情况的真实写照。

---

① 赵尔巽等：《清史稿》卷九，中华书局 1977 年版，第 309 页。
② 丁国瑞：《修兵房何必定在仰山隆》，《天津商报》，光绪二十七年正月初七（1901 年 2 月 25 日）。
③《大清宣统政纪》卷七十，第 20 页。
④《清圣祖实录》卷二百八十，第 8 页。

## 二、东北封禁

清朝入主中原后，长期对东北实行封禁政策。早在明清战争时期，辽东汉族农民因躲避战争的破坏，大量人口流入山海关内。广宁之战后，"山海关门四昼夜不合，军民溃入者且二百八十万矣"[1]。清朝定都北京以后，不少满洲旗人陆续内迁。这种人口内迁，加剧了东北地区农业经济的荒废。为了维持留居东北满洲旗人的生计，顺治八年（1651），清政府曾颁布辽东招民开垦条例，鼓励关内汉人前来东北恢复农业。但与此同时，清朝统治者担心汉人及其他各族破坏他们"发祥重地"，同时又重维护八旗兵丁和皇室在东北的经济特权，执行了与招垦令相矛盾的政策。顺治七年（1650），清政府颁发"旗民不交产"的命令，不准将八旗土地卖给汉人。顺治八年（1651），清政府修筑了辽河流域两段的柳条边，对东北实行封禁。为了防止关内民人私自出关，顺治十一年（1654），清政府允准：凡出山海关须持"出口印票"，"每季将人口造册报部"。[2] 康熙元年（1662）重申此令，严禁汉人私自出关。据杨宾所著《柳边纪略》记载：

凡出关者，旗人须本旗固山额真送牌子至兵部，起满文票；汉人则呈请兵部，或随便印官衙门起汉文票。至关，旗人赴和敦大北衙记档验放；汉人赴通判南衙记档验放。或有汉人附满洲起票者，冒苦独力等辈，至北衙亦放行矣。进关者如出时，记有档案，搜检参貂之后，查销放进。否则汉人赴附关衙门起票，从南衙验进；旗人赴北衙记档即进。盖自外入关，旗人便于他时，销档而出，不必更起部票也。[3]

至于柳条边各边门，关防更严，"有私越者，必置重典"[4]。由于清朝统治者执行封禁政策，所以顺治年间在辽东的招垦令形同虚文。直到顺治末年，饱受明清战争破坏的辽东农业生产没有得到显著恢复。

自康熙年间开始，各族民人尤其是汉族民人冲破统治者的禁令，私自出关的人数大量增多。他们不仅从山海关越口出关，也"有泛海自天津、

---

① 《三朝辽事实录》卷九。
② 《大清会典事例》卷五百零五。
③ 杨宾：《柳边纪略》卷一，商务印书馆1936年版。
④ 高士奇：《扈从东巡日录》，清康熙刻本。

登州来者"①。《柳边纪略》详细记载了当时私采人参者的活动情况:"凡走山者(指偷采人参的人),山东西人民多,大率皆偷采者也。每岁三四月间,趋之若鹜,至九十月间乃尽归;其死于饥寒不得归者,盖不知凡几矣。而走山者日多,岁不下万余人。""甲子、乙丑(康熙二十三年、二十四年)以后,乌拉、宁古塔一带采取已尽,八旗分地,徒高空名。官私走山者,非东行数千里,入黑金阿机界中(赫哲等族居地)或乌苏里江外,不可得矣。"②由于各族人民冲破禁令流入禁区,人数愈增,雍正帝进一步严申柳条边各边门的禁令。雍正四年(1726)复准许"旗人、商民有进威远堡、法库等处边口者,呈明该管官给予印票,管关口官验票放行"。"吉林、黑龙江、山海关及有边口地方,每年将出口人数,按季造册申报。倘守关官不验明印票及受贿,任其蒙混出入","交刑部严加治罪"③。清朝统治者虽一再严申禁令,东北封禁已难持久,柳条边也愈来愈不起多大作用。

到乾隆初年,柳条边已荒废失修,形同虚设。乾隆十年(1745),御史和其衷上奏:

伏查山海关外迤北辽东一带,共设七边。边门之外,俱系蒙古各部落。由七边之东而南,直接凤凰城,则为六边,乃奉天与宁古塔之交界,此盛京东北二面之屏藩也。向来各边,俱编木为栅,以限内外,栅外浚濠,以禁越渡。该管各员勤于巡防,随时修浚,可谓严矣。乃闻近年以来,总理大臣漫无稽察,该管各员遂因之怠玩,附近边门数里,尚有边栅,离边门稍远者,多成坦途。不惟大宗私参易于偷漏,亦恐违禁货物,任意出边……积玩之后,整顿非易。苟非严定章程,诚恐将来日久,视同具文,仍复废弛焉。④

既然关口已"多成坦途",整顿非易事,连乾隆帝也不得不承认,"其设还与不设同。"⑤

柳条边既然不能起到封禁作用,所以清政府为了巩固其"祖宗发祥重地",便进一步改变方法,严厉执行"封禁"政策,阻止汉民移边。从乾隆即位开始,就变更汉人罪犯的发遣地区,谕令:"嗣后如满人有犯法应

① 杨宾:《柳边纪略》卷一,商务印书馆1936年版。
② 杨宾:《柳边纪略》卷三,商务印书馆1936年版。
③《大清会典事例》卷五百零五。
④ 贺长龄:《皇朝经世文编》卷三十五,台北文海出版社1982年版。
⑤ 阿桂等纂修:《盛京通志》卷十三,辽海出版社1997年版,《柳条边》诗。

发遣者，仍发黑龙江等处，其汉人犯发遣罪者，应改发各省烟瘴地方。"①乾隆五年（1740），清政府颁发了所谓的"流民归还令"，对于已经定居的汉人，迫令入籍，不愿入籍的，则规定期限勒令回籍。以后为了彻底禁止移民北徙，清政府下令"奉天沿海一带，应令旗民地方官多派兵役稽查"，不许内地流民再行偷越出口，并行文山东、江苏、浙江、福建、广东五省督抚，"严查商船不得夹带闲人"。山海关、喜峰口及九处边门皆"令守边章京沿边州县严行禁阻，庶此后流民可以杜绝其源，而旗人皆知敦本务业"。②过去派任东三省的官员，原是满汉不分，乾隆二十七年（1762），颁谕称"嗣因盛京系满洲根本之地，所有州县官员，皆定为满缺"，③裁汰了汉缺。同年，又颁发宁古塔等处禁止流民条例。清朝统治者虽然一再颁发封禁令，但封禁政策并不能遏制汉族人民的东出。到乾隆后期，当时关内的破产农民，为求生存而至东北开垦者不断增加。乾隆四十年（1775）十二月，奉天府尹铭通奏称："奉天各州县及旗庄地方，旗民杂处，并无旗界民界之分。是以历来俱系旗民官员会同查办，一本给予门牌。"如果旗人不用编查，恐怕会出现"旗民所雇流寓佣工，潜匿奸匪"。即便有旗员查察，也不如编入保甲。④这就迫使清政府不得不承认旗民共处的既成事实。次年（1776），清政府颁谕："盛京、吉林为本朝龙兴之地，若叫流入杂处，殊与满洲风俗攸关。但承平日久，盛京地方与山东、直隶接壤，流民渐集，若一旦驱逐，必致各失生计，是以设立州县管理。"盛京一地逐渐开禁，但对吉林则是全部封禁，认为"吉林原不与汉地相连，不便令流民居住。今闻流寓渐多……并永行禁止流民，勿许入境"。⑤但这项禁令并未发生多大作用。到嘉庆朝，在整个东北地区的流民愈加增多。乾隆朝以后，八旗兵总数已在3万余名。在此情况下，清政府转而下令封禁所有东北地区。嘉庆八年（1803），清政府颁谕："山海关以外，系东三省地方，为满洲根本重地，原不准流寓民人杂处其间，私垦地亩，致碍旗人生计，例禁有年……并著直隶、山东各督抚接到部咨，遍行出示晓谕，以见在钦

---

① 《大清会典事例》卷七百四十四。
② 《钦定盛京通志》卷一百二十九。
③ 《大清会典事例》卷二十。
④ 《清高宗实录》卷九百九十九，第3页。
⑤ 《东华续录》，乾隆四十一年十二月。

奉谕旨，饬禁民人携眷出口。"① 东北的禁区已不限原定地区，而是扩大到整个东三省。

尽管清政府三令五申地阻止民人出关谋生，但并不能阻止民人出关的洪流。经过民人长期反封禁斗争，清政府不得不对东北地区弛禁。清朝对东北地区的弛禁，实际上是开始于厉行封禁最严的乾隆时期。乾隆八年（1743），天津、河间等府大旱，饥民大批从山海关、喜峰口、古北口等地北往，清政府恐激发民变，乾隆帝破格下谕开禁，密告官吏"准流民出口就食"②。次年（1744），直、鲁、豫各省又大旱，清政府也援例允许饥民出关觅食。到乾隆五十七年（1792），京南诸县遭灾，又"准令无业贫民出口觅食"③。乾隆时期数次开禁，已非"属一时权宜抚绥之计"，在一定程度上是对东北弛禁的政治信号。

关外旗人庄田主也需要壮丁耕田，客观上也促成了东北弛禁。早在顺治十年（1653）以后，八旗兵丁多次由关内调向东北各地驻防，到雍正十三年（1735）已增至37257人，是康熙二十五年（1686）的3.5倍。兵丁由关内回到关外时，很多眷属也随同前往，这些兵丁和眷属大多数是从事农业生产的。三藩平定后的残部也被遣送到东北各地，充当站丁和官庄壮丁，开垦东北土地。这样东北地区的旗地和庄田就大量增加。在大量饥民流入东北的情况下，"各庄园之庄主一向是渴望人工的，非特不加拒绝，反极尽招徕之能事，于是借垫牛粮种子，白住房屋，能下田的去下田，能伐木的去伐木，能种菜的去种菜"，"铁匠送到铁匠炉，木匠送到木匠铺"④。各地庄主们没有执行清政府的禁令，而是进一步吸引民人进入东北。这样，清政府封禁的结果，民人愈禁愈多，民田也日益增加。

在地主经济的影响下，清政府对日益增长的民田，一方面迫使入籍纳粮；另一方面则推行所谓"寓禁于征"的办法，照内地赋税酌增数倍，以防止移民占种，有的还撤出地亩叫旗人耕种。但旗人还是雇民代种，所以愈禁垦地愈广，民户日益增加。与此同时，蒙古王公也开始"招汉民为

---

① 《东华录·嘉庆朝》卷十五。
② 《东华续录》，乾隆八年六月。
③ 《大清会典事例》卷五百零五。
④ 钱公来：《逸斋随笔》，引自徐兆奎编著：《清代黑龙江流域的经济发展》，商务印书馆1959年版，第22页。

佣，任劳力，供租佃"①，乾隆五十六年（1791）在长春一带招民开垦。到嘉庆五年（1800），经查明，长春一带已垦地265648亩，居民有3300户。当年清政府设立长春厅加以管理，划定范围，允许开垦。到嘉庆八年（1803），清朝政府一方面下令在东北封禁，另一方面在部分地区也废弛禁令。如当时"蒙王招垦，奉旨弛流民出边禁，内地人民渐次纠集。嗣因垦地日广，聚族益繁，添设昌图厅通判"②。到了嘉庆时期，清朝对东北地区的弛禁已是势在必行。

道光时期，英法列强开始侵略中国，俄国的远东扩张政策对清朝构成更大威胁，加上国内各族人民的不断起义，清朝统治者"部库支绌，各城俸饷，十不及一"。③为了解决财政上的困难，清政府不得不求助于民垦收入。当时，有些人建议"移民实边"，黑龙江将军特普钦指出："地方既属拮据，私垦之民一时又难驱逐，与其拘泥照前封禁，致有用之地，抛弃如遗，而仍不免于偷种，莫若据实陈明，招民试种，得一分租赋即可裕一分度支；且旷地既有居民，预防俄夷窥伺，并可借资抵御，亦免临时周章。"④至道光二十年（1840），东北开始弛禁。

东北开禁以后，成千上万的关内百姓奔向各放垦区。据《白山黑水录》描述：

"由奉天入兴京，道上见夫拥只轮车者，妇女坐其上；有小孩哭者、眠者，夫以后推，弟以前换，老媪挂杖，少女相依，跟跄道上……前后相望也。由奉天至吉林之逆旅所共寝室者，皆山东移民。"⑤

光绪二十四年（1898），黑龙江巡抚程德全奏准《沿边招垦章程》。宣统二年（1910），清政府正式废除乾隆以来有关禁止汉人出口开垦土地的禁令。实际上，这些禁令早已成为废纸。由于大量移民涌入东北，人口增长非常迅速。辽宁是汉族移民迁入最早、聚集人口最多的地区。在户部清册中，1862年是284万人，至1897年人口增加到496万人，年平均增长率为16‰。1908年人口猛增到1100万人，比两年前的户部清册多出600

① 徐世昌：《东三省政略》，台北文海出版社1956年版，《蒙务》上。
② 包文俊修、李溶纂：《梨树县志》，沈阳文化兴印书局1934年版本。
③ 徐宗亮等：《黑龙江述略》卷四，李兴盛、张杰点校，黑龙江人民出版社1985年版。
④《呼王府志》卷十二。
⑤ 葛剑雄等：《简明中国移民史》，福建人民出版社1993年版，第476页。

万人。扣除土著人口的增长，尚多了 500 万人①。吉林省的人口增长也不少，根据户部清册，1862 年 33 万人，1897 年增加到 78 万人，35 年平均增长率为 24‰。1908 年，全省人口增加到 554 万人，11 年间年平均增长率竟高达 195‰。放垦之后接纳的新移民（含后裔）已近 500 万人，比黑龙江接受的移民要多得多。黑龙江省虽然地处偏远，人口增长也不少，但低于辽宁、吉林两省，1907 年有 257.8 万人，1911 年达到 300 多万人。

## 三、其他民族隔离政策

清政府的民族隔离政策，还包括职业、生活方式等方面的限制。清初，北京旗人以军职为唯一合法职业，国语骑射、驰骋疆场成了其生活的全部内容。如从事工、商、戏剧等各种行业以及出外贸易，就被认为有辱旗人脸面。清初法律明文规定："在京满洲另户旗人，于逃走后，甘心下贱，受雇佣工。不顾颜面者，即销除旗档，发遣黑龙江等处，严加管束。"②对旗人演戏之风，《大清律例》中有明文禁令："凡旗人因贫糊口，登台卖艺，有玷旗籍者，连子孙一并销除旗籍。"③

清初，清政府还采取了限制蒙古王公等前来京师的政策。顺治十四年（1657）规定：蒙古固伦公主、亲王以下，县君、公以上，因朝贡、嫁娶、探亲等事，欲来京城，都要报理藩院请旨，不准私来。康熙二十年（1681），清政府规定：厄鲁特、喀尔喀来使，不令同日行礼。不久，补充规定：厄鲁特、喀尔喀人前来京师谢恩，数目不得过 200 名。清政府还采取其他边禁措施，禁止蒙、汉民人交往。如《钦定理藩院则例》的《地亩》项中规定：禁止民人出边开垦地亩，致使蒙古地区的农业受到很大影响。又《边禁》项中规定：蒙古王公及民人"私来内地不准容留"，"越边"者应三日内捕获解回，"失察商偷渡出口"及"失察商民越境贸易"，都构成犯罪，致使蒙古与内地无法自由贸易交往。更有甚者，清朝政府虽于萨彦山岭设卡伦、封堆标明国界，但对"唐努乌梁海等地禁商民贸易"，又"唐努乌梁海等处不准与商民赊借"，并"严禁商民（贸易）

---

① 葛剑雄等：《简明中国移民史》，福建人民出版社 1993 年版，第 477 页。
②《清朝续文献通考》第 26 卷，商务印书馆 1955 年版，第 7769 页。
③ 姚雨芗：《大清律例新增统纂集成》第 34 卷，第 2、第 4 页。

渔利"①。这样一来，致使沙俄乘机吞噬了唐努乌梁海。清朝政府采取的民族隔离政策，看似有利于其对各民族分而治之，但不利于各民族之间的融合和凝聚力的增强，更不利于国家的发展和进步。

---

① 《钦定理藩院则例》，天津古籍出版社 1998 年版，第 301 页。

# 第六章 从"满汉不分"到"排满革命"

## 第一节 近代民族矛盾的出现

以第一次鸦片战争为标志，西方殖民主义势力侵入中国，中国逐渐沦为半殖民地半封建社会，并从此进入近代时期。中国近代社会在列强与外力的冲击包围下缓慢地发展变化，逐渐进入早期现代化的发展范畴。中国早期的现代化历程比任何一个国家都复杂、艰难得多，原因是多方面的，而近代满汉民族矛盾的根深蒂固则是影响早期现代化历史进程的一个重要原因。

清军入关以来，清朝统治者长期推行民族歧视和民族压迫政策，从而使占据国家人口绝大多数的汉人积怨颇深，由满洲贵族制造、扩大和激化的旗民矛盾和满汉矛盾十分尖锐。满洲贵族所制定的许多国策，不是旨在尽可能调动绝大多数国人的积极性与创造性，而是以防范国家基本人口群体的汉人为目标，把偌大一个中国变成民族牢狱和臣民牢狱，以内耗的形式毁坏了大量的政治资源。在连遭西方列强侵略、接连丧失割地之后，清朝统治者防范和压制汉人之心不仅不改，反而变本加厉。他们常常以强者的心态来对付汉人，既希望利用汉人的智慧和能力来增强国力，又害怕汉人羽毛渐丰，形成尾大不掉的局面，以致最后推翻满人的统治。

晚清资产阶级对满汉关系、旗民关系的认识，有一个发展演变过程。晚清资产阶级各派别在反对帝国主义的殖民侵略、争取民族独立方面，有着共同一致的看法。但是，在如何对待和处理国内各民族之间，尤其是满族与汉族之间的问题上却存在着很大的分歧，引起了资产阶级改良派和革命派关于中国近代民族民主革命的激烈争论，体现出改良派和革命派对满汉关系认识上的思想差异，从而产生了晚清时期资产阶级关于满汉民族关系的不同认识。资产阶级改良派的民族观和政治观以满汉合一、满汉平等为特征，资产阶级革命派的民族观和法律观则以反清复汉、排满革命为特征。

## 第二节　康梁的满汉民族观

19 世纪末 20 世纪初，外国列强对华侵略进一步加强，民族危亡加剧，资产阶级改良派高举"合群"的旗帜，主张合全国人民之群力以抵抗外国列强。在他们看来，国家和民族、君主和国民是一体的，不存在满汉民族差别，中国的民族问题是"一国内含数小异之种，而外与数个大异之种"相遇竞争生存的问题①。为了抵抗西方列强的侵略，中国必须消除满汉差别，"合举国四万万人之身为一体，合四万万人之心为一心"。中国为保国保种、救亡国存，就必须"合群"，而"凡集结一群者，必当先明其对外之界说，即与吾群竞争之公敌何在也"②。西方列强的侵略就是"吾群之公敌"。为了抵抗西方列强的侵略，抵御外侮，"宜合举国之民心，以为对外之政策，不宜于一国民之内示有异同"，更不宜有满汉之分，因为"分则弱，合则强"③。这就是资产阶级改良派提出的竞争合群、满汉合一的思想。

康有为首先提出了如何处理中国国内民族问题的看法。他把政治观和民族观紧密联系在一起，提出"君民合治，满汉不分，以定国是，而一人心"。④他请求清政府学习北魏孝文帝之改革，"立裁满汉之名，行同民之实"，建议在满、回、维、藏地区"咸令设校，教以经书、文字、语言、风俗，悉合于中土，免有歧趋"，使各族融合于汉族，并以"中华"二字

---

① 梁启超：《论变法必自平满汉之界始》，《饮冰室合集·文集》，1 之 1，中华书局 1936 年版，第 77 页。《梁启超全集》，第 1 册，北京出版社 1999 年版，第 52—54 页。

② 梁启超：《饮冰室合集·专集》，6 之 4，中华书局 1989 年版，第 77 页。

③ 康有为：《请君民合治满汉不分折》，翦伯赞等著、中国史学会主编，中国近代史料丛刊《戊戌变法》（二），上海人民出版社 1957 年版，第 238 页。

④ 康有为：《请君民合治满汉不分折》，中国史学会主编《戊戌变法》（二），上海人民出版社 1957 年版，第 237 页。

称谓新的民族，以为对外民族之国号。① 他认为，"只有所谓中国，无所谓满汉"②。这就在肯定清朝是中国正统的基础上，否定满汉之间的民族差别。康有为在《大同书》中提出"去种界同人类"，合同而化致"种族不分"，只有所谓中国，而无所谓满汉，更无所谓满、汉、蒙、回、藏等民族差别，这是中国民族发展的必然趋势，也是中国人努力的目标③。

　　光绪二十四年（1898），梁启超著的《论变法必自平满汉之界始》一文中，阐述了维新变法中应处理满汉民族关系的问题。他认为，满汉问题是维新变法的首要问题，应先使满汉民族处于平等地位。他认为："自汉以后，支那之所以渐进于文明，成为优种人者，则以诸种之相合也，惟其相合，故能并存"，因此，现在要变法图强，必"平满汉之界"④。从而以中国历史上各民族的"合同而化"的事实，论证了"满汉不分"的合理性。他还认为，"今夫国也者，必其全国之人有紧密之关系，有共同之利害，相亲相爱，通力合作，而后能立者也，故未有两种族之人同受治于一政府之下，而国能欠安者"⑤。他还指出，国家是至高无上的，其他一切都从属于国家。只有具备了这种国家思想，中国人才能合群，因为"中国之积弱日益甚，而外国之逼迫日益急，非合群力不能自保"⑥，而合群的基础则是由国家思想而产生的爱国心，"一人之爱国心其力甚微，合众人之爱国心则其力甚大，此联合所以为要也"⑦。

　　戊戌变法失败的一个根本原因，就是国家利益和王朝利益之间的冲突。清朝是靠以满族为皇权的后盾统治天下，所以满族构成了清朝的统治集团。戊戌变法从根本上动摇了"一族专政"，这是慈禧太后和满族亲贵及大臣等所绝对无法容忍的。而康有为、梁启超、谭嗣同等把改革的希望

① 康有为：《请君民合治满汉不分折》，中国史学会主编《戊戌变法》（二），上海人民出版社 1957 年版，第 239–240 页。
② 康有为：《答南北美洲诸华侨论中国只可行立宪不可行革命书》，见章炳麟著、汤志钧编：《章太炎政论选集》上册，中华书局 1977 年版，第 209 页附录。
③ 黄兴涛：《民族自觉与符号认同："中华民族"观念萌生与确立的历史考察》，《中国社会科学评论》（香港）2002 年 2 月创刊号；陶绪：《晚清民族主义思潮》，人民出版社 1995 年版；王春霞：《"排满"与民族主义》，社会科学文献出版社 2005 年版；等等。
④ 梁启超：《论变法必自平满汉之界始》，《饮冰室合集·文集》，1 之 1，中华书局 1936 年版，第 77 页。
⑤ 梁启超：《积弱溯源论》，《饮冰室合集·文集》，1 之 5，中华书局 1936 年版，第 36 页。
⑥ 梁启超：《商会议》，《饮冰室合集·文集》，1 之 4，中华书局 1936 年版，第 2 页。
⑦ 梁启超：《爱国论》，《饮冰室合集·文集》，1 之 3，中华书局 1936 年版，第 68 页。

寄托在没有实权的光绪帝身上，似乎对于"一族专政"下的权力结构缺乏深刻的认识①。

资产阶级改良派提出了"满汉不分"、"平满汉之界"的民族观，并且提出了具体的实施办法，包括散籍贯、通婚姻、并官缺、广生计②。只有这样，才能"合汉、合满、合回、合苗、合藏组成一大民族，把全球三分有一之人类，以高掌远瞻于五大陆之上"③。同时，他们也强调汉族的"同化力"，因而只能以汉族为主体，才能融合成中华民族。可以看出，康有为极力掩盖和否认满汉民族存在差别。梁启超、谭嗣同等人既承认满汉民族差别，同时又主张国内民族矛盾必须从属于中华民族同帝国主义列强之间的矛盾。梁启超常斥责满人对待汉人的诸多不平等之处，流露出排满的倾向，认为满人入主中原，"有聚九州之铁铸成大错者一事，则严满汉之界是也"，④"而所以唤起民族精神者，势不得不攻满洲……中国以讨满为最适宜之主义"⑤。梁启超的这一思想与革命派的排满论已有了相近之处。

# 第三节　革命派的满汉种族观

与改良派满汉合一、满汉平等的民族观不同，资产阶级革命派认识到，"满汉二族利害关系全然相反，欲求自存，非先除去满人不可，于是汉满种族之问题渐生，而排满之风潮起矣"⑥。革命派提出"驱除鞑虏，恢复中华"的民族主义纲领。他们指出："就观今日之满人，则固制汉不足，亡汉有余，载其砦窳，无一事不足以丧吾大陆"，⑦并揭露清朝投降卖国的种种事实。邹容在《革命军》中，指责清朝政府是"量中华之物力，结友

---

① 余英时：《戊戌政变今读》，载香港《二十一世纪》，1998年2月号，第4—14页。
② 梁启超：《论变法必自平满汉之界始》，《饮冰室合集·文集》，1之1，中华书局1936年版，第81—82页。
③ 梁启超：《政治大家伯伦知理之学说》，《饮冰室合集·文集》，1之63，中华书局1936年版，第75—76页。
④ 梁启超：《饮冰室合集·文集》，1之5，中华书局1936年版，第34页。
⑤ 丁文江、赵丰田编：《梁任公先生年谱长编初稿》，世界出版社1958年版，第157页。
⑥ 陶成章：《陶成章集》第5卷，中华书局1980年版，第32页。
⑦ 张枬、王忍之编：《正仇满论》，《辛亥革命前十年间时论选集》第1卷上册，三联书店1963年版，第94页。

邦之欢心","满洲政府殆盲于目、聋于耳者焉"。① 陈天华在《警世钟》中说,清朝已名存实亡,"替洋人,做一个,守土官长,压制我,众汉人,拱手降洋"。② 孙中山也指出,清政府对内采取高压专制政策,对外则采取由贱外、仇外至畏外、媚外之外交政策,割地赔款,丧权辱国,并列举出清政府的 11 条罪状。总而言之,"满洲政府要实行排汉主义,谋中央集权……他的心事真是一天毒一天"③。清政府使"我辈均受制于专制政府之下,非我族类,横暴不堪,处处极端压制"④。要反对帝国主义侵略,就必须要反对清朝。他认为,"清王朝可以比作一座即将倒塌的房屋,整个结构已经根本上彻底地腐朽了"。⑤ 革命派得出的结论是:"欲思排外,不得不先排满,欲先排满,则不得不革命。"⑥

1908 年,一篇题为《对于要求开设国会者之感喟》的文章中写道:

吾国非主张种族主义者,又非不排满者……满人之平民可不排,而满人之官吏则必不能不排。不特此也,汉人中之在政府,其朋比为奸、助纣为虐者,亦在必排之内。盖吾之排斥,非因种族而有异也,乃因平民而有异,孰祸我平民,即孰当吾排斥之冲。故不特提携汉人之平民,亦且提携满人之平民,以及蒙、回、藏之平民也。⑦

这种资产阶级民族主义的"排满"思想,在一定程度上将满洲贵族与广大满族人民区别对待,将封建统治阶级与被压迫民众分别开来,把斗争矛头鲜明地指向了满洲贵族封建顽固势力。

"革命排满"的强烈呼声,使清朝统治者寝食难安。在八旗社会内部,由于多数人不能正确理解革命党人的"反满"言论,也引起了不小的惊慌。如东京留学汉族学生发表排满言论,满族学生绝食三日,迫使留学生监督汪大燮不得送排满某生入成城学校;一汉族留学生于陆军初级毕业,

① 邹容著、张梅编注:《邹容集》,人民文学出版社 2011 年版,第 21 页。
② 陈天华:《陈天华集》,湖南人民出版社 1958 年版,第 36 页。
③ 孙中山:《孙中山选集》上册,人民出版社 1981 年版,第 74 页。
④ 孙中山:《孙中山演讲集》第 3 编,第 4 页。
⑤ 孙中山著:广东省社会科学院历史研究室等编:《孙中山全集》第 1 卷,中华书局 1981 年版,第 254 页。
⑥ 中国史学会编:中国近代史资料丛刊本《辛亥革命》(二),上海人民出版社 1957 年版,第 381页。
⑦ 张坍、王忍之:《辛亥革命前十年间时论选集》第 3 卷,三联书店 1977 年版,第 280–281 页。

因发表排满文章，满族留学生又胁迫汪大燮不得送其入联队①。又如两江总督端方，自称原本姓陶，为汉人后裔。满人德馨，更名刘哲，亦于汉姓中搜寻谱系②。在吉林，"此次排满之议起，学生之旗籍者，纷纷冠以汉姓；世家之有协领等匾额者，急为卸下，他若妇女改装、男子改姓者，尤不一而足"③。这些情况说明，革命党人还没有在八旗社会内进行正确的、广泛深入的"革命排满"的宣传工作。由于"反满"思潮的影响，造成旗营中出现不稳定因素，一部分旗人采取逃避而非抵抗革命的态度，为武昌起义爆发后迅速得到全国人民的响应，最后导致清朝统治土崩瓦解，发挥了重要的作用。

革命派创办的报刊中连篇累牍地申言"满洲与我族类不同"。邹容在《革命军》中列举了清政府待汉族如奴隶的种种事实，揭露自清朝入关以来，执行"压制汉人、笼络汉人、驱策汉人、抹煞汉人"之政策，在各地令旗兵驻防，将汉人当做盗贼来防范，并用文字狱来钳制汉人，用科举制度来拉拢汉族败类，在中央政府中排挤汉人，让八旗子弟骑在汉族人民头上作威作福。他们认为，清政府在政治上对国内人民实行专制统治，"其本族全据政权"，尽管为拉拢汉人而分出一部分权力，但又害怕他们起来造反，"故权之不可分者则全握之，权之不能不分者，则务占优势，且于其间行钤制之术焉，行侦之术焉"④。1912 年 9 月 3 日，孙中山在北京五族共和合进会与西北协进会演说，历数了清朝对汉族等民族的残酷压迫，并指出：

> 汉、满、蒙、回、藏五大族中，满族独占优胜之地位，握无上之权力，以压制其他四族。满洲为主人，其他四族皆奴隶，其种族不平等，达于极点。种族不平等，自然政治亦不能平等，是以有革命。要之，异族因政治不平等，其结果惟革命，同族间政治不平等，其结果亦惟革命。革命之功用，在使不平等归于平等。⑤

可见，孙中山反对清政府的民族压迫政策，不仅是以谋求民族平等为

---

① 全国政协文史委：《辛亥革命回忆录》第 1 辑，文史资料出版社 1961 年版，第 240 页。
② 全国政协文史委：《辛亥革命回忆录》第 1 辑，文史资料出版社 1961 年版，第 235 页。
③《吉省最近之潮流》，《申报》，1911 年 12 月 29 日第 6 版，第 13963 期。
④ 精卫：《民族的国民》，《民报》第二号，第 5 页。
⑤ 孙中山著、中国社会科学院近代史研究所编：《孙中山全集》第 2 卷，中华书局 1982 年版，第 438–439 页。

目标，而且也是以谋求政治平等为结果。

　　孙中山的革命主旨，在其民族、民权、民生三大主义中有着明确的体现，他发动的革命，已不是一场单纯的改朝换代的革命，而是融入了"近代西方思想及西方'革命'概念"的共和革命。共和革命的目标由同盟会纲领明确揭示："驱除鞑虏，恢复中华，创立民国，平均地权。"正是这场"将政治革命、社会革命毕其功于一役"的革命，推动了中国历史的转型，导致了政治秩序的剧烈变动。①

---

① 张南等：《辛亥革命前十年间时论选集》第 2 卷上册，三联书店 1959 年版，第 82 页。

# 附　录

## 大事年表

**天命十一年　明天启六年　庚寅（1626）**

努尔哈赤谕令：凡逃人已经离家而被执者即处死。

**天聪三年　崇祯二年　丙寅（1629）**

八月　皇太极颁发谕令：思自古及今，俱文武并用，以武威克敌，以文教治世。今欲兴文教，考取生员。诸贝勒府以下及满、汉、蒙古家所有生员，俱令赴考，家主不许阻挠。考中者，则以丁偿之①。

九月　举行考试，从"隐匿得脱"300名汉族知识分子中，选取200名生员，免除他们的奴隶身份，依考试成绩分一、二、三等予以奖励，并听候录用。

**天聪五年　崇祯四年　庚寅（1631）**

正月　皇太极将降附的汉人由满洲大臣家下投出，另编汉军一旗。是为汉军独立编旗之始。

七月　皇太极令"爰定官制，设立六部"②，开始设置清代六部。

**天聪六年　崇祯五年　壬申（1632）**

正月　高鸿中陈奏刑部事宜，称"上谕凡事都照大明会典行"，极为得策③。实际上，皇太极并未用《大明会典》来规范六部的官制和职掌。

---

① 王先谦：《东华录》，"天聪三年"条。
②《清太宗实录》卷九，天聪五年七月庚辰。
③《天聪朝臣工奏议》卷上，天聪六年正月。

### 天聪八年　崇祯七年　甲戌（1634）

四月　后金礼部正式开科取士，考取"通满洲、蒙古、汉书文义者为举人"，共取中 16 人。其中有 3 名举人，查布海、恩格德为满洲习汉书，宜成格为汉人习满书①。

是年　皇太极命令将汉文官名、城邑名一律改用满文，并要求满洲官兵恪守祖宗规矩，"言语衣服骑射之事"不可轻废。入关以后，清廷曾把满文列为官方语言文字，要求新进的翰苑名臣学习满语满文，召见时以满语奏对；八旗兵操练时也只讲满语。

### 天聪九年　崇祯八年　乙亥（1635）

皇太极参酌明制设立六部，但对汉族官员提出的建中书府，设中书平章、左右丞、参知政事等建议一概摒弃②。

### 崇德元年　崇祯九年　丙子（1636）

皇太极下令设置处理蒙古事务的专门机构——蒙古衙门，并派官员往漠南蒙古察哈尔、喀尔喀、科尔沁诸部查户口、编牛录、会外藩、审罪犯、颁法律、禁奸盗③。

设立都察院，官员以满人为主，参用蒙古人和汉人，初设承政和左、右参政等官，无定员。

### 崇德二年　崇祯十年　丁丑（1637）

三月　皇太极训谕：至于朝鲜妇女，军士以力占得之④。

七月　皇太极曾训斥汉官说：鹰犬无知之物，畜养日久，尚收其益，尔等人也，虚糜廪禄，毫无报效，曾鹰犬之不若耶!⑤

七月　在大学士范文程建议下，清政府决定各部设满洲承政 1 人，作为主管官。以下有左参政 2 人，右参政 3~4 人，理事 4~10 人，副理事 6~16 人，启心郎满、蒙、汉各 1 人，额哲库（主事）2 人。

是年　满族统治者立制：所有满洲妇女绝对不可模仿汉人裹上小脚，否则施以重刑。

---

① 《清太宗实录》卷十八。
② 《天聪朝臣工奏议》卷下，天聪九年二月，许世昌：《敬陈四事疏》;《清太宗实录》天聪九年十二月丁酉，张存仁条奏。
③ 《清太宗实录》，中华书局 1985 年版，第 399 页。
④ 《清太宗实录》卷三十四。
⑤ 《清太宗实录》卷三十七。

**顺治元年　崇祯十七年　甲申（1644）**

顺治帝下达"圈地令"，命户部执行。

孝庄皇后谕令，以缠足女子入宫者斩，并将此旨悬于神武门内。

清制，将承政改左都御史，参政改左副都御史，均无定员。同时设左佥都御史汉1人，右都御史、右副都御史、右佥都御史若干人，京师无专员，皆由各省总督、巡抚兼任。

议准：各旗下逃人，第一次鞭一百，第二次处死。

于京城内设4所，专收八旗子弟为学生，学习满、汉文兼习骑射。

十一月　国子监祭酒李若琳奏请，满洲八旗地方各觅空房一所，立为书院，将国学二厅、六堂教官，分教八旗子弟①。

十二月　清廷颁谕，确定分配田地的具体办法，由户部具体执行，由此近京各府州县对民间田地的抢占和掠夺全面展开，称为"圈地"。

**顺治二年　崇祯十八年　乙酉（1645）**

清制，无论满人汉人，只要所生下的女子缠上脚趾，全家问罪。

清政府制定赈济八旗条例。

五月　清政府正式设立八旗官学，每两旗设1所学校，每佐领选派1名学生入学，后来增加为2名。

是年　尊孔子为"大成至圣文宣先师"。

六月　多尔衮亲谒先师孔子庙，行礼。

八月　浙江总督张存仁建议清朝政府"速遣提学，开科取士"，②以图笼络人心、巩固统治。

八月　举行初次科考。顺天乡试，"进场秀才三千"。

十一月　第二次圈占土地展开，扩展至河间、滦州、遵化等地。

**顺治三年　丙戌（1646）**

三月　北京会试。大学士范文程、刚林、冯铨、宁完我充会试总裁官。

四月　举行殿试，规定："嗣后以子、卯、午、酉年乡试，辰、戌、丑、未年会试。奉特旨开科，则随时定期。"③清代科举考试的选官制度由此开始。同时，清政府宣布，承认明朝的举人、秀才身份，允许参加清廷

---

①《清世祖实录》卷十一。
②《清世祖实录》卷十九。
③《钦定大清会典事例》卷三三零。

举行的各级科考。

**顺治四年 丁亥（1647）**

规定侍卫制度：在京三品以上及在外总督、巡抚、总兵等，俱为国宣力，著有勤劳……各准送亲子一人，入朝侍卫，以习本朝礼仪，察试才能，授以任使。①

正月 下令顺天、保定等四十二州县，圈占田地，给予当年从东北来的满洲官员兵丁。

三月 多尔衮下令禁止投充和圈地。

**顺治五年 丙戌（1648）**

是年 规定，满洲官员开国以来，屡世从征，劳绩久著，实授官员，一概给予世袭诰命；对宗室王公的子弟，优礼有加。

是年 始设六部汉尚书，部中大权仍掌握在满尚书手中。

是年 增设左都御史汉1人，为正二品。

是年 顺治帝下诏：不禁满汉通婚。本人身体力行，诏选汉官之女备充六宫，还特准着汉装。

八月 颁谕礼部：方今天下一家，满汉官民皆朕臣子，欲其各相亲睦，莫若缔结婚姻。自后满汉官民有欲联姻好者，听之②。八天以后又加上一条，即满人如要娶汉女，必须保证是娶来作正妻，才可准许他娶③。

八月 下令满汉官民可互相婚嫁，并将降清的文渊阁大学士冯铨"赐婚满洲"。官家子女要通婚必须要申报，不能自由通婚。当时官员的联姻必须报部审批，而普通百姓的联姻则不受这一限制。

八月 清政府颁谕：汉人尽归之外城，旗人分隶内城。一切汉官、汉人迁到南城居住。

**顺治六年 己丑（1649）**

多尔衮明令满洲贵族不得干涉国政和限制汉官的职权，诸王、贝勒干预国家事务的权力基本上被剥夺。

四月 礼科给事中姚文然看到殿试策论题中，有"以满汉同心合力为念"之词，以为是"语言文字间隔难通，未免彼此有异同之见"，请求于

---

① 《清世祖实录》卷三十一。
② 《清世祖实录》卷四十。
③ 郑天挺：《清史探微》，北京大学出版社1999年版。

新进士内选人学习满文，以后作为科道官员，召对时可省翻译，出外巡方时可与满洲镇抚诸臣言语相通。多尔衮同意，考选了 40 名翰林院庶吉士分别学习满文和汉文①。

五月　下谕：满洲汉人俱属吾民，原无二视之理。禁止满洲将士抢夺汉人②。

**顺治七年　庚寅（1650）**

颁令"旗民不交产"，八旗土地不准卖给民人。

**顺治八年　辛卯（1651）**

曾颁布辽东招民开垦条例，鼓励关内汉族前来东北恢复农业。同时修筑了辽河流域两段的柳条边，对东北实行封禁。

是年　允许八旗子弟参加乡试、会试，乡试要求用满文作文一篇，会试加倍。

是年　开八旗乡试，应试者为八旗生员，即秀才。八旗生员由本旗各佐领考试录取，只是一种形式，时举时停。

是年　八旗童试创立，清政府下令准八旗满洲等旗人子弟考顺天府学。应考者无论年龄大小，均称童生。考中者称生员。初行此制，时举时罢。

是年　令满洲八旗等旗人子弟应八旗乡试，满、蒙八旗应试子弟须试满、蒙文一场，属汉军的须试汉文三场，揭晓时，满、蒙另出一榜，汉军附于汉榜。

**顺治九年　壬辰（1652）**

设立宗人府，凡有涉宗室、觉罗民事纠纷和刑事案件，统一由宗人府主持或参与审理。其长官为宗令，身带宗人府印钥，任以最受尊重的亲王，下设左、右宗正和左、右宗人，分别任以亲王、郡王或贝勒、贝子，为满族贵族之专缺。

开八旗会试。

**顺治九年　壬辰（1652）**

始令八旗满洲等旗人贡士应殿试。

**顺治十年　癸巳（1653）**

清政府决定：每旗各设宗学，每学选取满洲生员一人为师，给予七品

---

① 《清世祖实录》卷四十。
② 《清世祖实录》卷三十一。

顶戴。凡宗室子弟十岁以上，俱入宗学，教习清书（满文），其汉书听自延师教习。① 后来宗学隶属宗人府管理，按八旗左、右翼分设两所宗学。其学生人数前后屡有变化，嘉庆朝时定为左、右翼各 100 人。

清世祖规定：凡系内员，非奉差遣，不许擅出皇城，职司之外，不许干涉一事，不许招引外人，不许交结外官，不许使弟侄亲戚暗相交结，不许假弟侄等人名目置买田屋，因而把持官府，扰害人民。其在外官员亦不许与内官互相交结，如有内外交结者，同官觉举，院部察奏，科道纠参，审实一并正法。后来又为此"特立铁牌，世世遵守"，并下令将"十三衙门尽行革去"。②

三月　少詹事李呈祥奏议：部院衙门应裁去，专任汉人。顺治帝颁谕："朕不分满汉，一体眷遇委任，尔汉官奈何反生异意。若从实而言，首崇满洲，理所意也。想尔等多明季之臣，故有此妄言矣。"

### 顺治十一年　甲午（1654）

设内务府慎刑司，初名尚方司，后改称尚方院。

为防止关内人民私自出关，清廷颁旨：凡出山海关须持"出口印票"，"每季将人口造册报部"③。

### 顺治十二年　乙未（1655）

三月　在讨论如何惩治逃人问题时，汉族官员赵开心等主张宽政，招致顺治帝的疑心，予以斥责，称汉人欲令满人困苦，谋国不忠，莫此为甚。此外，顺治帝及议政王大臣济尔哈朗等指责汉官魏琯等蓄意对逃人法主轻罚，系欲使满洲家人尽数逃散，乃奸诡之谋④。

### 顺治十四年　丁酉（1657）

清制：蒙古固伦公主、亲王以下，县君、公以上，因朝贡、嫁娶、探亲等事，欲来京城，要报理藩院请旨，不准私来。

是年　停八旗乡试和八旗会试。

### 顺治十六年　己亥（1659）

规定无论满、汉左都御史均为正二品，并改理事官为监察御史。

---

① 《大清会典事例》（光绪）卷三百九十三。
② 《大清会典事例》（光绪）卷二千二百一十六，《内务府》、《太监事例》。
③ 《大清会典事例》卷五百零五。
④ 《清世祖实录》卷八十四、九十；《碑传集》卷五十二；《清史列传·魏琯传》卷七十九。

**顺治十七年 庚子 （1660）**

确定八旗官员之汉名称呼，固山厄真之汉名为都统，梅勒章京为副都统，扎兰章京为参领，牛录章京为佐领，乌真超哈称汉军。

**顺治十八年 辛丑 （1661）**

八月 定理藩院等级与六部同。理藩院尚书照六部尚书例，入议政之例。

**康熙元年 壬寅 （1662）**

是年 重申禁令，严禁汉人私自出关。

是年 下诏禁止女子缠足，违者罪其父母。

**康熙三年 甲辰 （1664）**

清制规定：官府人家所生之女裹足，官人交吏部、兵部两处严办；兵民之家犯事的，由刑部处以四十大板，流放千里；负有监管之责的人，其辖区出现小脚，也要处以四十大板，甚至革职。

**康熙六年 丁未 （1667）**

始准许八旗满、蒙编满字号，汉军编合字号，与汉人一体应试汉文。自此，遂成定制。

**康熙七年 戊申 （1668）**

王熙奏请免除禁止女子缠足，民间可公然缠足。旗人妇女亦纷纷效仿。

**康熙八年 己酉 （1669）**

下诏停止圈地。

复行八旗乡试。

**康熙九年 庚戌 （1670）**

康熙帝颁行谕旨，官员甲兵地亩，不许越旗交易；其甲丁本身种地，不许全卖。从而使旗地合法化。

复行八旗会试，满、汉一体应试汉文，同榜揭晓。

**康熙十二年 癸丑 （1673）**

颁行《六部题定新例》，这是清朝第一部较为完整的则例书。

**康熙十六年 丁巳 （1677）**

特颁诏旨设南书房，由南书房翰林视草，遂夺内阁票拟与议政处之权。

将内务府尚方司更名慎刑司。

清政府决定：漠南蒙古族王公擅与喀尔喀、厄鲁特结姻往来，革去爵秩，不准承袭，所属人全给其近族兄弟，除妻子外，家产牲畜俱入官；所属人随往者，各鞭一百，罚牲畜三九；若台吉、塔布囊将所属人之女遣令随嫁，女父不向札萨克王、贝勒处呈明，鞭一百，所遣送嫁属人，自己不呈明，亦鞭一百，失察斥堠官员，革职，籍没家产，兵丁鞭一百，罚三九。

**康熙二十年 辛酉（1681）**

清政府规定：厄鲁特、喀尔喀来使，不令同日行礼。不久又补充规定：厄鲁特、喀尔喀人前来京师谢恩，数目不得过 200 名。

**康熙二十一年 壬戌（1682）**

制定最早的奴婢赎身法，定旗下印券所买之人及旧仆内有年老、疾病，其主准赎者，呈明本旗，令赎为民。

**康熙二十二年 癸亥（1683）**

定例：凡内地民人出口于蒙古地方贸易、耕种，不得娶蒙古妇女为妻。倘私相嫁娶，查出，将所嫁之妇离异给还母家，私娶之民照地方例治罪。知情主婚及说合之蒙古人等，各罚牲畜一九[1]。

下令禁止蒙汉联姻，特别是对中、下层蒙古族和汉族联姻加以严禁。《理藩院则例》规定：内地民人不准娶内外扎萨克等处蒙古妇女[2]。

**康熙二十四年 乙丑（1685）**

针对内务府人员文化落后状况康熙帝，指出：看来内务府竟无能书射之人，应设学房，简选材堪书射者，令其学习[3]。

**康熙二十五年 丙寅（1686）**

设立景山官学。

规定：三次逃人免交刑部正法，交户部给宁古塔穷兵为奴。

十一月 规定：凡蒙古人有擅杀内地民人者，不论几人俱斩，其妻子牲畜入官。窃盗民人牲畜者，为首二人俱绞，余鞭一百，罚三九牲畜。又，凡蒙古私入边游牧，虽不为盗，台吉罚三九牲畜，平人鞭五十[4]。

**康熙二十六年 丁卯（1687）**

同意八旗子弟参加科举考试，而且规定满族使用汉文同汉族一体

---

① 《大清会典事例》，《理藩院·婚姻》卷九十八；见乾隆《理藩院则例·录勋吏司·婚姻》。
② 《钦定理藩院则例》卷二十五，《婚礼》。
③ 《大清会典事例》（光绪）卷三百九十三。
④ 《清朝通典》第 81 卷，商务印书馆 1935 年版，第 2615 页。

应试。

满族与汉族一体乡试，所不同者，旗人考生有固定的录取名额，顺天乡试中额定录取满洲、蒙古十名，汉军五名，大多可中取。

**康熙二十八年　己巳（1689）**

中俄两国签订《尼布楚条约》后，清政府加强了吉林、黑龙江的设防。

**康熙二十九年　庚午（1690）**

将满、汉左都御史列为议政大臣。

**康熙三十年　辛未（1691）**

创办八旗义学，专收满洲及蒙古八旗子弟入学。

创设盛京八旗义学，主要招收家境贫寒而无力入官学读书的八旗子弟，于盛京八旗各设1所，共8所。

**康熙三十二年　癸酉（1693）**

清制规定：漠南蒙古王以下至闲散人等，违禁与喀尔喀、厄鲁特、唐古忒、巴尔虎等结亲，照定例治罪；四十九旗协理旗务人，归化城二旗都统，以及闲散蒙古人，量其品级治罪；归化城都统、副都统，管理索伦总管等，各罚马50匹，副管等各罚五九，均入官，佐领以下至领催、什长等有犯，均照蒙古例治罪。

**康熙三十五年　丙子（1696）**

规定：八旗会试视应试人数，临时定额。

**康熙四十九年　庚寅（1710）**

正月　康熙帝颁谕：八旗治生苟且，靡费极多。官兵所给之米，辄行变卖。而银两耗去，米价又增，于是众悔无及。朕每日进膳二次，此外不食别物。烟酒槟榔等物，皆属无用，众人于此，辄日费几文。甚者贫而效富，用必求盈，中人之产，不久即罄矣。①

**康熙五十一年　壬辰（1712）**

确立"盛世滋丁，永不加赋"的税法原则。

**康熙五十二年　癸巳（1713）**

议定：凡在外民人与在京居住旗人为地方房产、主仆名分等事，册籍

---

① 中国人民大学清史研究所、中国人民大学档案系：《清代的旗地》，中华书局1989年版，第1334页。

皆在户部，外省不便完结者，应听户部审理。

### 雍正元年　癸卯（1723）

确立了以大学士管理部务的体制。

正式在内地各省陆续推行"摊丁入亩"，取消人头税，其税额合并到土地税中一并征收，统称"地丁银"。

### 雍正二年　甲辰（1724）

闰四月　雍正帝特立义学，教训宗室子弟。

将八旗义学合并为两所，限家贫不能延师者入学。

### 雍正三年　乙巳（1725）

下令删除"清代对外番色目人与中原人通婚"。

### 雍正四年　丙午（1726）

雍正帝进一步严申柳条边各边门的禁令。

### 雍正五年　丁未（1727）

同意国子监祭酒孙嘉淦的建议，将八旗官学改为每旗一学，在北京共设八所八旗官学，八旗官学学生约有 80 人。

### 雍正六年　戊申（1728）

设立咸安宫官学，挑选包衣佐领内管领之子弟，并景山官学生内颖秀者入学肄业。

将八旗义学复增设 5 所，规定 10 岁以上、20 岁以下的八旗子弟均可入学。

### 雍正七年　巳酉（1729）

设觉罗学，觉罗子弟八岁至十八岁，入学读书习射，规制略同宗学。

清廷清查典卖的旗地，动支内库银赎回，给限一年，令原业主取赎。

以西北两路用兵而设军机房，以怡亲王胤祥及蒋廷锡、张廷玉两大臣为首。

### 雍正八年　庚戌（1730）

将满、汉左都御史升阶为从一品。

### 雍正十年　壬子（1732）

七月　雍正帝颁谕内阁：乃近有一二事渎陈朕前者，一则称驻防兵丁子弟，宜准其在各省乡试。一则称驻防兵丁身故之后，其骸骨应准其在外瘗葬，家口亦准在外居住。以上两条，皆事之必不可行者。著将朕旨颁布于外，俾无知之人豁然醒悟，不得再行妄奏①。

**雍正十二年　甲寅（1734）**

《户律·脱漏户口》例文规定：八旗尺遇比丁之年，各该旗务将所有丁册逐一严查，如有漏隐，即据实报出，补行造册送部。如该旗不行详查，经部查出，即交部查议。

**雍正十三年　乙卯（1735）**

再次颁谕严禁旗民交产。

**乾隆元年　丙辰（1736）**

刑部议准定例：发遣黑龙江等处为奴人犯，有被伊主图占其妻女，因而致毙者，将伊主照故杀奴婢例治罪。倘为奴人犯有诬捏挟制伊主者，照诬告家长律治罪。

**乾隆二年　丁巳（1737）**

《大清律例·户律·婚姻·嫁娶违律主婚媒人罪》定例指出：福建、台湾地方民人，不得与番人结亲。违者，离异。民人照违制律杖一百，土官通事减一等，各杖九十。该地方官如有知情故纵，题参，交部议处。其从前已娶生有子嗣者，即安置本地为民，不许往来番社。违者，照不应重律杖八十。

是年　舒赫德敬筹八旗生计疏，指出，昔时所谓近京五百里者，已半属于民人②。

四月　规定：包衣管领下女子，不准聘与包衣佐领下人，包衣佐领下女子，不准聘与八旗之人③。后来，八旗内部满族与汉军旗人通婚的渐渐增多。

**乾隆四年　己未（1739）**

奏准，旗人争控户口、田房等事于该旗具呈，该旗察明册籍，讯明佐证，出具印甘各结，将人、文一并送户部定拟完结，旗人控民人亦在该旗具呈。如有民人控旗人者，在该管地方官处呈告，即该令地方官取具原告确供并印甘各结转详咨户部。

①《世宗宪皇帝圣训》卷三十一，"谨制度"。赵之恒等主编：《大清十朝圣训》，北京燕山出版社 1998年版。
②《清代的旗地》，第 1337 页。
③《清高宗实录》卷四十。

**乾隆五年　庚申（1740）**

颁发流民归还令，对于已经定居的汉人迫令入籍，不愿入籍的期限勒令回籍。

**乾隆七年　壬戌（1742）**

规定，皇太后、皇后之姐妹、亲兄弟之女、亲姐妹之女记名者，著户部奏闻，撤去记名①。

准许进关后编入之汉军旗人出旗为民。

**乾隆八年　癸亥（1743）**

天津、河间等府大旱，饥民大批从山海关、喜峰口、古北口等地北往，清政府恐激发民变，乾隆帝破格下谕开禁，密告官吏"准流民出口就食"②。

直、鲁、豫各省大旱，清政府也援例允许饥民出关觅食。

清政府令值年御史赴黑龙江各学校，查考所教生徒，内有清文通顺，字画端楷者，准按名记档。如遇堂库各司办事乏人，挨次顶补，不堪造就者，除名③。

**乾隆十二年　丁卯（1747）**

四月　盛京将军达尔当阿指出，奉天旗人将旗地"以五六十年乃至一百年为期，写立文契，典与民人耕种"。到乾隆中期，奉天民典旗地已达12万余饷。

**乾隆十三年　戊辰（1748）**

裁左、右金都御史。

设户部现审处，办理八旗户口、田房案件。现审处设有郎中、员外郎、主事等官，均由户部堂官委派，无定员。步军统领衙门、五城察院或是内务府等机构如有若涉及旗人且不能断结之案，可录供后送户部审理。对于宗室旗人收取屯庄地租，如有庄头、民人等抗租，准其在户部具呈。

**乾隆十五年　庚午（1750）**

清廷发布禁止蒙汉联姻通婚令。

---

① 《清高宗实录》卷一百七十二。
② 《东华录》，乾隆八年六月。
③ 《清高宗实录》卷一百九十五。

**乾隆十八年　癸酉（1753）**

规定停止召买，归于属旗为公产，以所收之租息养赡贫乏旗人。

**乾隆十九年　甲戌（1754）**

定例：禁止民人典买旗地。

**乾隆二十三年　戊寅（1758）**

清廷宣布：准许旗人不拘旗分买卖土地。

**乾隆二十四年　己卯（1759）**

颁布《八旗家人赎身例》。

九月　颁谕内阁：我满洲人等，纯一笃实忠孝廉节之行，岂不胜于汉人之文艺，蒙古之经典与？今若崇尚文艺，一概令其学习，势必至武事荒废①。

**乾隆二十七年　壬午（1762）**

颁发宁古塔等处禁止流民条例。

**乾隆二十八年　癸未（1763）**

定例：禁止旗下家奴人等典买旗地。

**乾隆二十九年　甲申（1764）**

定例规定：湖南省所属剃发之苗人，与民人结亲，俱照民俗以礼婚配，须凭婚约，写立婚书，仍报明地方官立稽查。如有奸拐、贩卖、嫁妻逐婿等事，悉照民例治罪。其商贾客民未经入籍苗疆，踪迹无定者，概不许与苗民结亲。如有私相联结滋事者，按例治罪。失察之地方官，照例议处。至溪峒深居苗、瑶有愿与民人结亲者，亦听其自便，悉照前例办理。

**乾隆三十年　乙酉（1765）**

根据黑龙江将军的奏请，制定条例：旗下另户人等，因犯逃人匪类及别项罪名发遣黑龙江等处，并奉天、宁古塔、黑龙江等处旗人发遣各处驻防当差者，三年后果能悔罪改过，即入本地丁册，择其善者挑选匠役披甲，给予钱粮②。

新疆乌什维吾尔人反清，12 名伊犁发遣罪犯冒死登城，夺取城池，乾隆帝进行奖赏，"即令补充绿营兵丁"③。

---

① 《高宗纯皇帝圣训》卷三十、三十一，"法祖"。
② 《读例存疑点注》卷六，"徒流迁徙地方"。
③ 《清高宗实录》卷七百四十三。

**乾隆三十二年 丁亥（1767）**

规定发往新疆的满洲、蒙古旗人定限三年或五年，即交伊犁驻防处所编入本地丁册，挑补驻防兵丁，食粮当差①。

乌鲁木齐办事大臣条奏定例：满洲、蒙古、汉军发往新疆当差人犯，如有情愿携带妻室家口者，官为资送，到配后不得同罪犯一例羁管。这是发遣条例中为发遣旗人迎娶妻室家口设定的专门条例。该例到乾隆三十七年和嘉庆六年有所改定。

是年 刑部修改律例，将未剃发之苗人与汉人结亲，照民俗以礼婚配，而对未经入籍的商贾客民，不许与苗人结亲。②

**乾隆三十四年 己丑（1769）**

定例：禁止盛京民人典买旗地。违者业主售主均照隐匿官田律治罪，失察的官吏也严加议处。对于旗房的典卖禁例，大体同于旗地。

**乾隆三十五年 庚寅（1770）**

十二月 定制：对于发往伊犁的八旗兵丁，在三年期满后，满兵驻塔尔巴哈台为兵，汉军入绿营为兵③。另外，在战争中立有战功的遣犯，不拘年限，经皇帝批准，也可以成为八旗兵丁。

**乾隆三十八年 癸酉（1773）**

民人叶天德购买鼓楼大街内务府官房（经奏准此房出售），但叶天德因不能按时交清银两，经内务府郎中明山家人陈四说合，将房屋转卖给刘思远④。

**乾隆四十年 乙未（1775）**

盛京官员奏称：奉天各州县及旗庄地方，旗民杂处，并无旗界民界之分⑤。清政府亦不得不承认既成事实。

乾隆帝颁谕："旗人一耳带三钳者，原系满旧风，断不可改。昨朕选看包衣佐领之秀女，皆带一坠子，并相沿至于一耳一钳，则竟非满洲矣。

---

① 《大清律例通考》卷四，"留囚家属"。
② 《大清律例通考校注》，第454页。
③ 《清高宗实录》卷八百七十五。
④ 档案《内务府·刑罚类》，第0406号。
⑤ 《清高宗实录》卷九十九。

著交八旗都统、内务府大臣，将带一耳钳之风，立行禁止。"①

**乾隆四十一年　丙申（1776）**

清政府颁谕：盛京若一旦驱逐，必致各失生计，是以设立州县管理。盛京一地逐渐开禁，但对吉林则是全部封禁。

**乾隆四十三年　戊戌（1778）**

乾隆帝在徐述夔的遗著《一柱楼诗集》中读到"清风不识字，何故乱翻书"，"举杯忽见明天子，且把壶儿抛半边"，"明朝期振奋，一举去清都"等诗句，认为"显有兴明灭清之意"，下令将徐述夔剖棺锉尸，将其后代问斩。

对殴伤宗室、觉罗较殴伤平人加倍治罪旧律附加了更严格的条件，即不但不系腰带被殴伤的宗室、觉罗"以凡论"，对于那些轻入茶劝酒肆，滋事招侮，与人殴斗先行动手的宗室、觉罗，不论曾否腰系黄、红带子，均照寻常斗殴案审理。

乾隆帝为褒扬八家入关有功的王爵，恢复礼、肃、郑、睿、豫、承泽六亲王，克勤、顺承两郡王的原封号，并决定其子孙可以"世袭罔替"，俗称"八大铁帽子王"。八大铁帽子王分别是：礼亲王代善、睿亲王多尔衮、郑亲王济尔哈朗、豫亲王多铎、肃亲王豪格、庄亲王硕塞、克勤郡王岳托、顺承郡王勒克德浑。后来又陆续加封了四位：乾隆帝封康熙帝十三子怡贤亲王允祥，同治帝封恭亲王奕訢，光绪封醇亲王奕譞和庆亲王奕劻"世袭罔替"，故清朝共有十二家"铁帽子王"。

**乾隆四十四年　己亥（1779）**

乾隆帝下令将地方司法审判权归州县，一直到道光时期没有变化。

**乾隆四十五年　庚子（1780）**

定例：嗣后无论在京在屯概不准典卖。如有指房借银，倒填年月，以及借旗人名目典买者，一经发觉照私典旗地例，将所典买房间撤出追价入官，仍按律治罪②。

**乾隆四十七年　壬寅（1782）**

清制：闲散宗室，准用四品官顶，并四品武职补服，始于其有官而职

---

①《大清会典事例》（光绪）卷一千一百一十四，《八旗都统户口》。
②《钦定户部则例》卷一。

分小者，亦准用四品顶戴①。

**乾隆五十二年 丁未（1787）**

禁止蒙汉联姻解禁。

**乾隆五十四年 己酉（1789）**

将东北城守尉俱改为宗室缺，官阶同于道府。遇有旗、民案件，欲进行干涉，州县官员也无可奈何。

**乾隆五十六年 辛亥（1791）**

议准《宗人府则例》，规定："凡宗室（觉罗同）不得与民人结亲，违者照例治罪。"②

**乾隆五十七年 壬子（1792）**

乾隆帝指示驻藏大臣："嗣后藏中诸事，皆当隶驻藏大臣管束料理……不得仍前任听达赖喇嘛、噶伦等专擅"，"对于达赖喇嘛，不可过于崇奉，俾擅事权；亦不可稍露轻忽，致失众望，务须留心体察，处置得宜"。③

正白旗觉罗清兴保继娶民女高氏为妻，经刑部与宗人府讯明，清兴保与高氏业已成婚三载，且怀身孕，两人均不愿离异。遂议定：宗室、觉罗虽向不准与民人结亲，在未婚者自不应听其配合，若已成婚者，则女子有从一而终之义。清兴保婚娶违律，应照违制律仗一百，系觉罗折罚养银赡一年；高氏应免其离异，但未便与照例结亲之妇一律入册，应将高氏不准作为清兴保继妻，所生子亦应作为庶出，以示区别④。

京师南部诸县遭灾，又准令无业贫民出口觅食⑤。乾隆时期数次开禁，已非"属一时权宜抚绥之计"。

**嘉庆六年 辛酉（1801）**

下令消除当时乱伦婚配的状况。清初，挑选秀女时，公主下嫁后所生女儿同样要备挑选，入宫后再做皇帝的妃嫔或配给近支宗室。

重申禁止蒙汉联姻禁令，娶蒙古妇女为妻的汉人死后，其妻及子给所属札萨克或呼图克图为奴。

---

① 吴振域：《养吉斋丛录》第 22 卷，北京古籍出版社 1983 年版，第 135 页。
②《宗人府则例》，《律例》卷三十一，第 19 页。
③ 牙含章：《达赖喇嘛传》，人民出版社 1984 年版，第 72 页。
④ 光绪《宗人府则例》卷三十一，第 19 页。
⑤《大清会典事例》卷五百零五。

### 嘉庆八年　癸亥（1803）

颁谕："山海关以外，系东三省地方，为满洲根本重地，原不准流寓民人杂处其间，私垦地亩，致碍旗人生计，例禁有年……并着直隶、山东各督抚接到部谘，遍行出示晓谕，以见在钦奉谕旨，饬禁民人携眷出口。"①东北的禁区已不限于原定地区，而是扩大到整个东三省。

### 嘉庆九年　甲子（1804）

嘉庆帝选秀女时，颁谕：我朝衣冠及妇女服饰，皆有定制，自当永远奉行，岂可任意更改……看得此次秀女，衣服袖头甚属宽大，意为汉人规制，所此任意互相效尤，不惟多事虚靡，于风俗大有关系，将此并交八旗各参、佐领，严加申禁②。

### 嘉庆十年　乙丑（1805）

近支宗室绵传私自出京，挟妓饮酒，被县役殴打。嘉庆帝以其行止"卑鄙无耻"，传令在圆明园赛事门外将其责打四十板，并传集近支宗室王公看视，以示警诫。绵传负刑后，被发遣盛京，圈禁六年，不准回京。③

### 嘉庆十一年　丙寅（1806）

选秀女时，汉八旗女子皆参加备选，自当年始对"八旗汉军文职，自笔帖式以上、武职自骁骑校以上官员之女子一体备选，其兵丁之女不必选，此特姑恤穷兵之至意"。④

### 嘉庆十二年　丁卯（1807）

清政府下令将皇后妃嫔之姐妹及亲兄弟、亲姐妹之女，另备一班一并备挑。

### 嘉庆十三年　戊辰（1808）

《户律》"典买田宅"例文，仍然严禁民人典买旗产。

### 嘉庆十七年　壬申（1812）

颁谕：嗣后宗室、觉罗，经父母、祖父母呈送子孙违犯者，核其情节之轻重、次数之多寡，以分别其圈禁之年限，或三年，或六年，或永远圈禁；至于原判永远圈禁，释放后仍不知悔改再犯者，改发盛京永远监禁。

---

①《东华录·嘉庆》卷十五。
②《大清会典事例》（光绪）卷一千一百一十四，《八旗都统户口》。
③《清仁宗实录》卷一百六十二，第21~22页。
④《总管内务府现行则例》会计司卷三，第45页；见《大清会典事例》第1~4卷，第19页。

以后，因在京圈禁不足示惩，又改为发遣盛京交将军严加管束。

**嘉庆十八年　癸酉（1813）**

九月　林清领导的天理教徒突然攻打紫禁城。宗室贵族海康、庆遥、庆丰等人卷入其中，极大地震惊了皇室家族。

**嘉庆十九年　甲戌（1814）**

清廷对于宗室的通婚，有着比一般旗人更严格的限制，谕令：普查宗室、觉罗有无与汉人联姻之户，据实奏闻。已联姻者，各予应得处分，不必离异。自此日始，申明定制，严行饬禁。

《大清律·户律典·买田宅门》内增加以下附例："旗地、旗房概不准民人典买，如有设法借名私行典买者，业主售主俱照违律治罪，地亩房间价银一并撤追入官，失察该管官俱交部严加议处。"但是，清朝的严法并没能阻止旗民交产。

**嘉庆二十一年　丙子（1816）**

允许各驻防省份单独乡试后，中举者赴北京与京旗举人一体应会试。唯试卷弥封处用驻防戳记，另定中额，发榜时，注明驻防字样。

**嘉庆二十四年　己卯（1819）**

规定：嗣后宗室犯事到案，无论承审考何官，但先将该宗室摘去顶戴，与平民一体长跪听审[1]。以前旗人徒、流、军、遣罪可以得到折枷免发遣的优待。道光五年（1825）以后，一律发配，不计折枷[2]。这等于是在一般的刑事案件上，对旗人"直以民人待之"[3]，取消其特权。只有宗室犯罪仍折圈禁，不发遣。

**嘉庆二十五年　庚辰（1820）**

嘉庆帝告诫满洲官兵，不应多用鸟枪，以免废弃满洲本业。

**道光初年**

清政府查出官兵以民人而冒旗籍者，已有二千三四百之多[4]。

盛京宗室忠安，带领同伙至民人邵兴梆家赌博，邵不允许。忠安便喝令同伙，顷刻间将邵打死。按清律，无故杀人，照例问拟绞候，忠安所行

---

① 《宗人府则例》卷二十九，《宗室犯罪分别革上顶戴》，光绪二十四年刻本。
② 《大清律例》，"名例"，"犯罪免发遣"条。
③ 薛允升：《读例存疑点注》卷二。
④ 中国历史第一档案馆藏：《八旗都统衙门档》，《旗务类·调查户口》。

虽"法无可贷",但作为宗室近支,不宜缚至市曹,于是道光帝命宗室官员将他带至其祖父坟院内,监视勒毙,以为宗室"凶横者戒"①。

**道光元年 辛巳 (1821)**

奉天将军奏请单旗事件即令旗员办理,遭到批驳。

**道光二年 (1822)**

清政府下令削减京外各驻防旗人的官婚丧祭费。

**道光十一年 辛卯 (1831)**

七月 参赞大臣副都统容安在南疆变乱中因分兵乌什,以致喀什久围不解,城虽未丢,最后判处斩监候,并罚缴和阗军需,最后免死,远戍吉林。

**道光十六年 丙申 (1836)**

三月 颁谕:刑部现行律例并无旗民结姻作何办理专条,《户部则例》载有民人之女准与旗人联姻,一体给予恩赏银两,旗人之女不准与民人为妻,亦并无违者作何治罪明文……嗣后应如何明定条例,著户部妥议具奏。寻议:请嗣后八旗、内务府三旗旗人内,如将未经挑选之女许字民人者,主婚之人照违制律治罪;若将已挑选及例不入选之女许字民人者,主婚之人照违令例治罪;民人聘娶旗人之女者,亦一例科断。至已嫁暨已受聘之女,俱遵此次恩旨准其配合,仍将旗女开除户册,以示区别②。

是年 由户部奏准入律。违制者,杖一百,违令者,笞五十。实际上,清廷从未禁止过旗人娶民女。

**道光十九年 己亥 (1839)**

道光帝颁谕:朕因近年旗人妇女不遵定制,衣袖宽大,如汉人服装,上年曾特降谕旨,令八旗都统、副都统等严饬该管,严行晓谕,凡我满洲、蒙古、汉军人等,谅不至视为具文③。

**道光二十四年 甲辰 (1844)**

停止驻防八旗文试,只准应翻译乡试。

**咸丰元年 辛亥 (1851)**

宗室乾元续娶包衣之女为妻,内务府曾行文下五旗,严按在案。

---

① 《清宣宗实录》卷一百零八,第17-18页。
② 《清宣宗实录》卷二百八十,第16页;《光绪会典事例》卷七百五十六,第23页。
③ 《大清会典事例》(光绪)卷一千一百一十四,《八旗都统户口》。

**咸丰二年 壬子（1852）**

五月 清政府公布了《旗民交产章程》，正式承认旗地可以卖给汉人。这一规定起初只适用于关内旗地，即限定于顺天、直隶等处的旗地，而奉天旗地仍照旧例禁止买卖。

十二月 清政府变通该章程，进一步开放旗民交产。

**咸丰三年 癸丑（1853）**

清政府下令：宗室、觉罗现任食俸人员本身红白喜事暨闲散宗室、觉罗红白事恤赏银"均暂停止"，闲散宗室、觉罗白事恤银"暂停一半"①。

**咸丰四年 甲寅（1854）**

清政府下令王公大臣本年秋季俸银减半支放，待"军务告竣"财政稍有转机，再全额补足②。

有人提议在将军衙门内设立谳局，咸丰帝不纳，严令遵循乾隆时期定章。

清政府令王公大臣本年秋季俸银减半支放。"世家自减俸以来，日见贫窘，多至售房，能依旧宇者，极少。"③

**咸丰五年 己卯（1855）**

清政府规定：以后旗人婚娶不再给予补助。

**咸丰七年 丁巳（1857）**

三月 因太平军兴起，清政府财政拮据，咸丰帝下令行"捐借兼行"之法，捐借较多者，或赏给盐运使衔，或赏给副将衔，或加衔之外另赏花翎，或赏给举人一体会试。而对于不愿请奖者，令地方督抚按数给予借资印帖，从咸丰八年起分年给还。

七月初五日 直隶遵化东陵八旗披甲文惠等恳求变通饷项章程，闯入衙署，殴伤官员④。

**咸丰八年 戊午（1858）**

钦差大臣耆英授命前往天津议约不成，违旨私自回京，史称"耆英议约违旨案"。恭亲王奕訢奏"议以绞监候"，肃顺单衔奏请将耆英即行正

---

① 《大清会典事例》（光绪）卷六，第16页。
② 《大清会典事例》（光绪）卷二百四十八，第4页。
③ 震钧：《天咫偶闻》第3卷，北京古籍出版社1982年，第60页。
④ 《清文宗实录》（四）卷二百三十，第483页。

法，咸丰帝最后将耆英"赐其自尽，以全法外之仁"①。

二月初五 咸丰帝出宫途中，旗人万升、吉庆、觉罗景秀三人分别在西直门外、西华门、乾石桥先后拦截御辇，向咸丰帝哭诉生计贫困情形②。诸如此类的事件，直接冲击着北京的社会稳定，削弱了京师八旗兵的驻防实力。

**咸丰八年　戊午（1858）**

两江总督何桂清畏惧太平军，弃常州城池狂逃而去，史称"何桂清弃城案"。案发后，何桂清为江苏巡抚薛焕、浙江巡抚王有龄所庇护，滞留上海，直至同治元年（1862）五月，才押至京城，关入刑部大狱③。慈禧太后同意将何桂清改为斩监候。而御史卞宝第抗辩提出，道光年间提督余步云、咸丰年间巡抚青麟均以失陷疆土处决。最后，何桂清遭处斩。

**咸丰九年　己未（1859）**

清政府下令恢复旧制，禁止旗民交产。

四月 为减缓兵丁困难，下令从次月开始搭放实银三成④。

七月 下令从次月起搭放实银五成，另五成规定发放铁制钱二成，当十铜钱八成⑤。

十一月 清政府准许所有兵役白事赏银和养赡孤寡钱粮，仍按银七钱三支给，应发放的各处公项、寺庙香灯等款，一律改放实银，至于零星岁修工程，准许发给实银八成，搭放钞票大钱二成⑥。

是年 清政府规定：各地驻防旗人要节约使用纸墨等费用。

**咸丰十年　庚申（1860）**

设立总理各国通商事务衙门，简称"总理衙门"。

二月初九日 清政府为节减开支，以物价仍未平减，京城各旗营兵饷，除二成钱、四成实银照旧放给外，从三月开始，将应折四成票钞改放三成实银。

---

① 夏燮：《中西纪事》第14卷，岳麓出版社1988年版，第183页。
② 中国人民银行总行参事室金融史料组：《中国近代货币史资料》第1辑，中华书局1964年版，第297页。
③ 印鸾章：《清鉴》（下），中国书店1985年版，根据世界书局1936年影印，第667、第668页。
④《清文宗实录》（五）卷二百八十一，第124-125页。
⑤《清文宗实录》（五）卷二百八十九，第244页。
⑥《清文宗实录》（五）卷三百零一，第397页。

**咸丰十一年 辛酉（1861）**

是年 恢复驻防文试。

十一月 慈禧太后与恭亲王奕訢联合发动祺祥政变，处死肃顺等人，取消了肃顺推行的削减满族皇粮等措施。但八旗生计的艰难颓势终究无法改变，且日益严重。

**同治元年 壬戌（1862）**

十月二十六日 慈禧太后以同治帝名义发布谕旨将何桂清处死，援引乾隆朝停止处决人犯年份，遇有情罪重大案犯，可由刑部开单另行奏请正法的成案。

**同治三年 甲子（1864）**

清政府再次开禁准许顺天等处旗地，不论老圈还是自置，不论京旗屯居还是其他民人所有，均可以相互买卖，照例税契升科。

**同治四年 乙丑（1865）**

六月 旗民不得通婚的政策开始松动，奏准：旗人告假出外，已在该地方落业，编入该省旗籍者，准与该地方民人互相嫁娶①。又曰："若民人之女嫁与旗人为妻者，该佐领族长详查呈报，一体给予恩赏银两"，只是旗人娶长随家奴之女为妻者，严行禁止。《则例》还规定，"八旗满蒙汉及各省驻防人等聘定未婚女子，因夫物故，矢志守节，或母家实无依倚，夫家尚有父母，并前妻子女情愿过门倚奉翁姑、抚养子女，着该旗查明咨部，准其收档入户，照例办理"②。

**同治七年 戊辰（1868）**

镶蓝旗觉罗瑞贵将正红旗包衣玉山佐领下李忠义之女明媒正娶过来，还依例向宗人府请领红事恩赏。宗人府援照不准与民人结亲之例奏明，包衣之女嫁于宗室觉罗为妻，将主婚之包衣照违制律治罪。

**光绪元年 乙亥（1875）**

崇实重提"旗民会审"问题，其改革方案主要表现在东北旗、民双重管理体制高层权力的整合，使奉天将军总揽奉天的政治、军事、经济大权，府尹次之，二者都可以兼管旗、民事宜。

是年 经大臣奏准，删除《大清律例·户律·婚姻·嫁娶违律主婚媒

---

① 《户部则例》卷一，《旗人嫁娶》，同治十三年校刊本，第29页。
② 《钦定户部则例》卷一，《户口》，"旗人婚嫁"条。

人罪》。

**光绪十年　甲申（1884）**

十二月十二日　清政府下旨将在中法战争中升任云南巡抚的唐炯、巡抚徐延旭以贻误战机之罪，判处斩监候。在狱中近两年后，唐炯、徐延旭分别被发戍云南、新疆。

十二月二十六日　三品大员张佩纶、三品大员何如璋与法国作战时均逃遁，清政府下旨剥夺其职务，并遣戍流放。

**光绪十五年　己丑（1889）**

再次恢复旧制，禁止"旗民交产"。

**光绪二十一年　己未（1895）**

清政府戊戌变法中，曾提出"取消旗人的寄生特权，准其自谋生计"。光绪帝等提出要删改则例，裁汰冗员，撤销闲散重叠机构。

**光绪二十七年　辛丑（1901）**

是年　禁止蒙汉联姻开禁。

十二月二十三日　慈禧太后以光绪皇帝名义颁谕规定准许满汉通婚：凡宗室、觉罗与汉人结亲者，已奉懿旨化除畛域，毋庸援违制律治罪。

十二月二十四日　奉上谕："惟旧例不同婚姻，原因入关之初，风俗、语言，或多未喻，是以著为禁令。今则风同道一，已历二百余年。自应俯顺人情，开除此禁。所有满、汉官民人等，著准其彼此结婚，毋庸拘泥。至汉人妇女，率多缠足，由来已久，有伤造物之和。嗣后搢绅之家，务当婉切劝导，使之家喻户晓，以期斩除积习。断不准官吏胥役藉词禁令，扰累民间。如遇选秀女年份，仍由八旗挑取，不得采及汉人。免蹈前明弊政，以示限制而恤下情。"①

**光绪二十八年　壬寅（1902）**

八旗左右翼官学改并为学堂。

**光绪三十年　甲辰（1904）**

七月　练兵处奏请兵丁改装。

**光绪三十一年　乙巳（1905）**

废止八旗童试。

---

① 《清德宗实录》卷四百九十二，光绪二十七年十二月乙卯；杨一凡：《中国珍稀法律典籍续编》卷四百五十九，"宗室觉罗同与汉人结亲"。

是年 废止八旗乡试。

是年 废止八旗会试。

### 光绪三十二年 丙午（1906）

清政府颁布《预备立宪谕》，立宪原则是"大权统于朝廷，庶政公诸舆论"。核心是为了统一大权于中央。

是年 清廷宣布取消旗民交产的禁令，范围包括顺天、直隶和奉天等地。作为官田重要组成部分的旗地最终私有化。

正月 北京警察改服西装①。

二月 "巡警部奏定官制，分为文武两途。文者仍冠服袍褂，武者短衣军装，皮冠皮靴均用西式，并截去辫发三分之二。已经颁谕自巡记以下一律截辫改装"②。

三月 四品以下警员悉易军服③。

四月 奏定《陆军兵衣帽章程》，军队正式易服。随后，警界也开始易服。

六月 清朝批准刑部《奏议请将州县刑名案内笞杖改为罚金一项酌提解部折》所议意见，把笞杖改为罚金。

六月二十二日 京城内外巡警总厅草拟了巡警服章图表，报巡警部核议裁夺④。

七月 《东方杂志》报道：巡警部已拟定警官服制⑤。至此，军、警两界的易服获得进展。

### 光绪三十三年 丁未（1907）

清廷宣布丈量放马厂和庄田（包括皇庄和王庄），并以计口授地的方式分给八旗兵丁，这部分旗地也向私有化转化了。"旗民交产"合法化后，旗地原有的"官有"和"免粮"的特征消失，逐步成为一般民田，或转为收租之官田。八旗土地制度基本破坏。

---

① 《杂俎》第 3 卷第 2 期，《东方杂志》，光绪三十二年二月二十五（1906 年 3 月 19 日），第 18 页。

② 《各省内务汇志》第 3 卷第 2 期，《东方杂志》，光绪三十二年二月二十五（1906 年 3 月 19 日），第 78—79 页。

③ 《杂俎》第 3 卷第 5 期，《东方杂志》，光绪三十二年闰四月二十五（1906 年 6 月 16 日），第 27 页。

④ 韩延龙、苏亦工：《中国近代警察史》上册，社会科学文献出版社 2000 年版，第 201 页。

⑤ 《各省内务汇志》第 3 卷第 8 期，《东方杂志》，光绪三十二年七月二十五（1906 年 9 月 13 日），第 182 页。

七月、九月　清朝廷两次下谕化除满汉畛域，令内外各衙门各抒己见，将切实办法，妥议具奏，即予施行①。并特令礼部暨修订法律大臣，议定满汉通行礼制刑律，请旨颁行②。

八月、十二月　沈家本遵照谕旨两次上书拟订统一满汉法律，提出应如何全行化除满汉畛域③。

### 光绪三十四年　戊申（1908）

黑龙江巡抚程德全奏准《沿边招垦章程》。

是年　清政府颁发《钦定宪法大纲》，中心是"维护君权"，这是近代史上第一部宪法性文件。

是年　法部拟出罚金定章和具体实施办法。

十二月十一日　清政府发布上谕，以袁世凯现患足疾，步履维艰为由，著即开缺回籍养疴④。

### 宣统元年　己酉（1909）

载沣下令设立禁卫军，以载涛、毓朗、铁良为训练大臣，并申明"此次禁卫军专归监国摄政王自为统辖、调遣"⑤。

正月　载沣谕令筹备海军，派善耆、载泽、铁良等专司其事。

五月　发布上谕，明定皇帝为"大清帝国统帅海陆军大元帅"，在皇帝亲政前，由摄政王代理一切。此后设军咨处，由载涛、毓朗等管理处务。

十二月二十八日　清廷正式颁布《法院编制法》，谕旨：嗣后宗室觉罗案件由审判衙门钦遵法律独立审判，毋庸由宗人府会审。有关宗室觉罗案件，著宪政编查馆另订细则办法奏明请旨⑥。

是年，发布删除"对外番色目人与中原人通婚"的规定。如果汉族八旗驻军要与驻地少数民族结婚，需要营官出面担保该军士无妻室，如有欺诈，连同保人一体治罪。

### 宣统二年　庚戌（1910）

清政府正式废除乾隆以来有关禁止汉人出口开垦土地的禁令。

五月二十日　宪政编查馆拟订《宗室觉罗诉讼章程》。

---

①《清德宗实录》卷五百七十六。
②《清德宗实录》卷五百七十九。
③《清德宗实录》卷五百七十六至五百七十八。
④⑤《清宣统政纪》卷四。
⑥《清宣统政纪》卷二十八。

五月二十七日　清廷就拟订《宗室觉罗诉讼章程》之事发布上谕：嗣后宗室觉罗案件即照此次定章办理，其在新章以前未结之案，概由宗人府分别咨交各该衙门审讯。至有爵宗室民事案件，仍由该府审理，并著该官另拟章程奏请施行。宗室觉罗刑事案件定案时，由大理院咨行宗人府、法部查核后，由大理院具奏。余依议①。

六月十四日　清廷发出上谕：新定《宗室觉罗诉讼章程》，著候新定法律实行，及将来皇室大典，并民刑诉讼法颁布后，再行会同奏明实行。现在宗室觉罗诉讼一切事宜，著暂行仍照向章办理，毋庸按新章更改②。在宗室及主张维护皇族司法特权权贵们的竭力反对下，《宗室觉罗诉讼章程》最终被搁置起来。

十月二十日　宗人府律例馆奉旨修订《宗人府则例》。

十一月二十八日　清朝批准宗人府呈奏的《酌改宗室觉罗笞杖等罪名所议意见》折，将笞杖枷号等罪名一律改为按日折罚养赡钱粮，罚金刑共分十等，罚银五钱至十五两不等，因宗室、觉罗的养赡银数目不尽相同，所罚期限从五日至四百五十日不等。

十二月二十二日　宗人府奉旨修订《宗室觉罗律例》，专门制定《有爵宗室诉讼章程》六条，明确规定，有爵宗室之刑民案件管辖之权，由本府判决执行，永著为令，并载入《宗室觉罗律例》中正式颁行。

### 宣统三年　辛亥（1911）

是年　清政府颁布内阁官制。

三月十四日　奏准：宗室犯罪，分别应否摘顶跪审。

四月二十日　修订后的《宗人府则例》更名《宗室觉罗律例》，宗室觉罗诉讼制度初步建立。

九月十九日（10月10日）　辛亥革命爆发。

### 民国元年　壬寅（1912）

2月12日　溥仪被迫退位。

5月25日　民国政府废除皇族诉讼制度。至此，由宗人府主持或参与的皇族司法审判制度宣告终结。

---

① 中国第一历史档案馆藏：《宪政编查馆档案》卷五十二。
② 《宗室觉罗律例》卷上。

附表 1　清代宫中档奏折及军机处档折件有关道光朝以后"旗民关系"的奏折

| 序号 | 具奏人 | 官职 | 具奏日期 | 事由 | 朱批 | 朱批日期 |
|---|---|---|---|---|---|---|
| 1 | 玉麟等 | 兵部尚书 | 道光八年六月二十二日 | 奏为议处协领色卜兴额拿获窝赌犯奸，旗民并不照例送刑部事 | | 道光 |
| 2 | 奕颢等 | 盛京将军 | 道光十三年五月二十九日 | 奏报旗民，地方放完参票数目 | 户部知道 | 道光十三年六月九日 |
| 3 | 宝兴等 | 吉林将军 | 道光十四年六月十日 | 奏为旗民，地方官放完参票数目 | 户部知道 | 道光十四年六月二十一日 |
| 4 | 宝兴等 | 吉林将军 | 道光十四年七月二十二日 | 奏闻益州等处被水，旗民请赏一月口粮由 | | 道光十四年八月五日 |
| 5 | 保昌 | | 道光十四年七月十九日 | 奏闻吉林地方江水陡发沿江一带，旗民田庐间被水淹并漂失船只情形 | | 道光十四年八月五日 |
| 6 | 宝兴等 | 吉林将军 | 道光十四年八月三十日 | 奏报牛庄等处旗民田禾成灾分数及冲塌房间分别核办事 | | 道光十四年九月十一日 |
| 7 | 奕湘等 | 盛京将军 | 道光二十七年七月二十六日 | 奏为旗民，地方官放完参票数目 | 知道了 | 道光二十七年八月五日 |
| 8 | 奕兴 | | 道光二十七年 | 奏报锦州旗民地方官疏于防范贼犯 | | 道光二十七年十二月一日 |
| 9 | 花沙纳等 | 都察院左都御史 | 咸丰二年三月二十八日 | 奏请审讯蒙古旗民董永泰呈控本旗马列吞赃谋杀贿案匪凶案由 | | 咸丰二年三月二十八日 |
| 10 | 花沙纳 | 都察院左都御史 | 咸丰二年三月二十八日 | 蒙古旗民董永泰呈状 | | 咸丰朝 |
| 11 | 花沙纳等 | 都察院左都御史 | 咸丰二年四月四日 | 奏为吉林旗民成桂等京控一案谨奏请旨事 | | 咸丰二年四月四日 |
| 12 | 奕兴等 | | 咸丰二年四月三十日 | 奏为查明旗民地亩缓征，征钱粮及兵丁借支口米事 | 户部察核具奏 | 咸丰二年五月十日 |
| 13 | 固庆等 | | 咸丰二年五月六日 | 奏报开采煤，以裕旗民 | 户部议奏 | 咸丰二年五月二十一日 |
| 14 | 赛尚阿等 | 大学士管理户部事务 | 咸丰二年五月二十七日 | 奏请变通旗民交产旧例 | | 咸丰 |
| 15 | 奕兴等 | | 咸丰二年九月三十日 | 奏报奉天全州等地方旗民田禾被水并请蠲缓事 | | 咸丰二年十月九日 |
| 16 | 固庆等 | | 咸丰二年十一月十七日 | 奏报开采煤窑以裕旗民生计情形 | 该部议奏 | 咸丰二年十二月二日 |
| 17 | 刘长佑 | 直隶总督 | 同治三年六月六日 | 奏明请变通旗民交产章程由 | 户部议奏 | 同治三年六月九日 |

| 序号 | 具奏人 | 官职 | 具奏日期 | 事由 | 朱批 | 朱批日期 |
|---|---|---|---|---|---|---|
| 18 | 沈桂芬 | 山西巡抚 | 同治三年九月二十三日 | 奏请筹银移屯以恤旗民 | 八旗都统等会同各该部汇入富明阿请移民驻防 | 同治三年九月二十九日 |
| 19 | 都兴阿等 | 盛京将军 | 同治九年十二月八日 | 奏为查明辽阳等处被淹致灾及歉收旗民各户来者不致拮据情形 | 知道了 | 同治九年十二月十八日 |
| 20 | 都兴阿 | 盛京将军 | 同治十年九月二十八日 | 奏为奉天所属旗民田禾被水委员查明灾歉情形由 | 着照所请该部知道 | 同治十年十月七日 |
| 21 | 都兴阿等 | 盛京将军 | 同治十年十月二十二日 | 奏为拟将互相覃扬旗民各员解任送部审办缘由 | 常春、徐庆埠等一并解任归案审办 | 同治十年十一月八日 |
| 22 | 奕榕 | 吉林将军 | 同治朝 | 珲春三姓本年秋收歉薄旗民应征带征银谷数目清单一份 | | 同治 |
| 23 | 都兴阿、恭镗 | 盛京将军、奉天府府尹 | 同治十二年九月二十六日 | 奏为奉天所属旗民田禾被水并冲倒房间照例分别办理缘由 | 知道了 | 同治十二年十月六日 |
| 24 | 奕榕等 | 吉林将军 | 同治朝 | 奏请准将宁古塔珲春三姓旗民应征带征各项银谷再缓一年由（折片） | 着照所请该部知道 | 同治十二年十一月十一日 |
| 25 | 奕榕等 | 吉林将军 | 同治朝 | 宁古塔等地本年秋收歉薄旗民应征带征银谷数目清单 | 览 | 同治 |
| 26 | 都兴阿等 | 盛京将军 | 同治十二年十二月十日 | 奏陈来春毋庸接济现请将广宁属旗民展赈 | 知道了 | 同治十二年十二月十九日 |
| 27 | 都兴阿等 | 盛京将军 | 同治十三年六月十日 | 奏参疏防案之旗民地方官正红旗管界防御海隆阿等并请摘顶勒缉事 | 海隆阿等着先行摘去顶戴，勒限三个月严缉务获 | 同治十三年六月二十一日 |
| 28 | 奕榕等 | 吉林将军 | 同治朝 | 奏请将三姓地方旗民丁壮应征带征各项银谷分别再缓一年由（附件见117685号，折片） | 着照所请该部知道 | 同治十三年十一月七日 |
| 29 | 奕榕等 | 吉林将军 | 同治朝 | 三姓本年秋收歉薄旗民壮丁应征带征银谷数目清单 | 览 | 同治 |
| 30 | 奕榕等 | 吉林将军 | 同治十三年十二月一日 | 奏报双城堡旗民屯界内并无外来携眷流民事 | 知道了 | 同治十三年十二月十四日 |

续表

| 序号 | 具奏人 | 官职 | 具奏日期 | 事由 | 朱批 | 朱批日期 |
|---|---|---|---|---|---|---|
| 31 | 铭安等 | 吉林将军 | 光绪朝 | 奏明宁古塔等处旗民应征带征各项银谷请展缓一年由 | | 光绪七年十二月六日 |
| 32 | 铭安等 | 吉林将军 | 光绪朝 | 宁古塔等处旗民应纳银谷各数清单一份 | | 光绪 |
| 33 | 依克唐阿等 | 盛京将军 | 光绪二十三年五月一日 | 奏为查明凤、岫两属旗民被署被参各款由 | 另有旨 | 光绪二十三年五月十二日 |
| 34 | 萨保 | 黑龙江将军 | 光绪朝 | 奏为查前将军恩泽因铁路俄人坚请自行入山伐木,有关旗民围猎生计招集股本创设木植公司 | 外务部知道 | 光绪二十七年十一月十六日 |
| 35 | 长顺等 | 吉林将军 | 光绪二十八年八月二十六日 | 奏报吉林殉难官绅旗民,男女请旨旌恤 | 着照所请 | 光绪二十八年九月十五日 |
| 36 | 裴维侒 | 奉天府丞兼学政 | 光绪三十年五月二日 | 奏为岁试吉黑各属旗民生童试事完竣 | 知道了 | 光绪三十年五月十六日 |
| 37 | 廷杰 | | 光绪三十三年十二月十四日 | 奏报广筹旗民生计,拟推广实业事 | 着照所请该衙门知道 | 光绪三十三年十二月二十一日 |
| 38 | 长顺 | 吉林将军 | 光绪朝 | 奏请递缓三姓地方旗民应交各项银谷由 | 着照所请户部知道单并发 | 光绪十六年十二月五日 |
| 39 | 陈昭常 | 吉林巡抚 | 宣统二年一月二十四日 | 奏为查明吉林省属旗民各丁奏准缓征仓谷等银恩恩豁免等由 | 该部知道单并发 | 宣统二年二月六日 |
| 40 | 陈昭常 | 吉林巡抚 | 宣统二年一月二十四日 | 奏为吉林省旗民地亩清赋升科及勘放零荒办理完竣在事出力各员请奖 | 该部详核议奏单片并发 | 宣统二年二月六日 |
| 41 | 锡良 | 钦差大臣东三省总督兼管三省将军奉天巡抚事 | 宣统二年六月一日 | 奏为查明奉天并无仓谷暨旗民地米折价情形由 | 度支部知道 | 宣统二年六月一日 |

**附表2　清代宫中档奏折及军机处档折件有关道光朝以后"旗人生计、案件"等奏折**

| 序号 | 具奏人 | 官职 | 具奏日期 | 事由 | 朱批 |
|---|---|---|---|---|---|
| 1 | 武隆阿等 | 喀什噶尔参赞大臣 | 道光元年九月二十二日 | 奏为密陈妥议旗人生计缘由 | 八旗都统副都统等公同阅看 |
| 2 | 裕泰 | 湖广总督 | 道光二十六年六月二十一日 | 奏报审办荆州满营旗人纠众殴毁汉民铺户案事 | 另有旨 |
| 3 | 恒通、忠灵、德凌阿 | | 道光二十六年七月十四日 | 奏报荆州营旗人纠众殴毁汉城铺户之情事 | 甚属糊涂无能 |
| 4 | 裕泰 | 湖广总督 | 道光二十六年八月六日 | 奏为荆州驻防旗人殴毁汉城铺户案，内有因伤毙命之人分别检审大概供情 | 公平剖断务得确情按律定拟具奏 |
| 5 | 裕泰 | 湖广总督 | 道光二十六年十一月二十八日 | 奏为遵旨审明荆州府驻防旗人与汉城咸武帮铺民互殴，殴伤汉民并有因伤毙命一案定拟具奏（附件：奏报剀切示谕旗汉共守法纪片） | 该部议奏 |
| 6 | 经额布等 | | 道光二十七年四月一日 | 奏报前往搜查产参各山（附件：奏报盛京旗人来堡投依屯丁情形片） | 知道了 |
| 7 | 内阁 | | 道光元年七月十四日 | | 奉上谕八旗都统等议覆伯麟所奏调剂旗人生计一折着仍照例办理毋庸再议，钦此 |
| 8 | 赓福 | | 咸丰三年三月二十九日 | 奏为审明欲行叩阍人犯热河包衣旗人张明一名按律定拟具奏 | 刑部议奏 |
| 9 | 盛桂 | | 咸丰三年六月二十九日 | 奏报拏获入教念经旗人讯明照例定拟缘由 | 刑部议奏 |
| 10 | 纳尔济 | 日讲起居注、翰林院侍读学士 | 咸丰三年七月二十五日 | 奏为请旨饬下内务府大臣分查直隶东西南三路庄头兴旗人团练事 | 总管内务府妥议具奏 |
| 11 | 奕兴 | | 咸丰三年九月二十二日 | 奏为牛庄属界旗人承种册地收成歉薄余地被淹成灾，拟请分别蠲缓钱粮以纾农力具奏 | 另有旨 |
| 12 | 英隆等 | 盛京将军 | 咸丰五年十二月十六日 | 奏报旗人王兴邦遣弟王天佑赴京呈控民人刘振达等聚众敛钱串谋吞课案 | 刑部议奏 |

| 序号 | 具奏人 | 官职 | 具奏日期 | 事由 | 朱批 |
|---|---|---|---|---|---|
| 13 | 承志 | 盛京将军 | 咸丰六年九月十二日 | 奏为审讯旗人京控因赌逼毙人请旨饬部严审定拟事 | 依议 |
| 14 | 承志、富呢雅杭阿、景霖 | 盛京将军、盛京户部侍郎、奉天府尹 | 咸丰六年九月十八日 | 奏为遵旨查明牛庄等处所属各界旗人承种册地收成歉薄余地被淹成灾,拟请照例分别蠲缓钱粮以纾农力事 | 另有旨 |
| 15 | 常清 | 热河都统 | 咸丰九年七月二十七日 | 奏为旗人因逃销档投效军营出力恳请复归旗档事 | 另有旨 |
| 16 | 官文 | 协办大学士 | 咸丰九年十二月二十六日 | 奏为循例密陈两司道府考语事（附件:奏报荆州旗营额设马甲兵及养育兵丁豢养旗人情形） | 知道了,单二件片,一件留中 |
| 17 | 博崇武 | 陕西延绥镇总兵官 | 咸丰十年三月七日 | 奏为审明满洲旗人为盗贪夜入室砍毙人命盗取各赃首从各犯从重比例定拟 | 刑部速议具奏 |
| 18 | 倭什珲布、朱嶟等 | 署正红旗汉军都统、礼部尚书 | 咸丰十一年四月七日 | 奏请新满洲旗人可否援案准其考试文章及翻译事 | 着准其考试文童翻译 |
| 19 | | | 咸丰朝 | 奏请将绰罗岱开户字样删除归入正身旗人册内比丁事 | 该部议奏 |
| 20 | | | 咸丰朝 | 奏为内务府旗人报效银数拟请奖励清单,奏为内务府旗人报效银数拟请奖励 | |
| 21 | 徐承祖 | 蓝翎二品顶戴以道员衔出任、驻日本大臣 | 光绪十一年四月二十八日 | 奏闻日本铜价甚贱拟请试办采买运京以济滇铜而变钱法（附一:奏陈东文学生准作监生片）（附二:奏陈出旗人员请归本旗片） | 军机大臣奉旨知道了。着遵照五月初七户部奏案先行试办,如办有成效再行接续办理 |
| 22 | 徐世昌、陈昭常 | 钦差大臣、东三省总督兼署奉天巡抚、兼管三省将军事务,副都统衔署理吉林巡抚 | 光绪三十四年十一月二十八日 | 奏陈筹划旗人生计创设吉林旗务处工厂及筹款情事 | 该部知道,单并发 |
| 23 | 袁世凯 | 太子少保、北洋大臣、直隶总督 | 光绪二十九年十一月十五日 | 奏为命案霸州旗人德志强等十案照章摘叙简明案由恭奏由 | 刑部议奏 |

| 序号 | 具奏人 | 官职 | 具奏日期 | 事由 | 朱批 |
|---|---|---|---|---|---|
| 24 | 马亮 | 乌里雅苏台将军 | 光绪三十一年十二月二十八日 | 奏为伊犁察哈尔营领队大臣恩祥满洲正红旗人长子德存赏给二品荫生恭折代奏叩谢天恩事（附一：奏为据情代俄领事谢恩片）（附二：奏为请准希贤全支养廉由片） | 知道了 |
| 25 | 徐世昌 | 钦差大臣、东三省总督兼管三省将军事务、兼署奉天巡抚 | 光绪三十四年十二月十七日 | 奏陈审明旗人商蕙庆因疯杀死祖母犯案，按律定拟各缘由 | 法部议奏 |
| 26 | 潘炳年 | 新授四川成都府遗缺知府 | 光绪二十三年二月二十九日 | 奏为潘炳年补授四川成都府知府员，缺恭谢天恩事（附件：报正红旗人福盛履历片） | — |

# 参考文献

## 一、档案与官方文书

上海商务印书馆编译所等：《大清光绪新法令》，商务印书馆 2010 年版。

沈家本等：《大清现行刑律》，宣统元年刊本。

文孚等：《钦定六部处分条例》，褚焕辰校，上海图书集成印书局 1892 年版。

文孚、清平：《钦定增修六部处分条例》，道光二十四年成书，同治四年刊本。

锡珍、施人镜等：《钦定吏部处分则例》，1886 年成，清刊本，刊印者及刊印年份不详。

锡珍、施人镜等：《钦定吏部铨选汉官则例》，十册，八卷，1886 年书成。

庆桂、彩柱等：《钦定吏部铨选满洲官员品级考》，1807 年成书。

恩桂、薛鸿皋等：《钦定吏部铨选满洲官员品级考》，1843 年成书。

锡珍、施人镜等：《钦定吏部铨选满洲官员品级考》，1886 年成书。

世铎：《钦定宗室觉罗则例》，1911 年北京宪政编查馆印行。

《钦定王公处分则例》，清刊本。

延煦等：《钦定台规》，1892 年都察院印。

祝庆祺：《刑案汇览》，慎思堂，道光二十年、二十四年。

中国第一历史档案馆藏：朱批奏折、黄册、题本、刑部题等。

《旗族》杂志，1914 年月刊，国家图书馆藏书。

赵之恒等：《大清十朝圣训》，北京燕山出版社 1998 年版。

## 二、文献资料

《清实录》，中华书局，1986~1987 年据大小红绫本影印。

王先谦：《十一朝东华录》，宣统三年存古斋石印，台北文海出版社 1963 年影印。

《清代起居注》，1983~1984 年台北华文书局影印。

杨一凡、田涛：《中国珍稀法律典籍续编》，黑龙江人民出版社 2000年。

唐绍祖等：《大清律例》，乾隆五年刻本。

弘昼等修：《钦定清朝律例》，同治八年武英殿刻。

姚雨芗原、胡仰山增辑：《大清律例通新编》，台北文海出版社 1987 年版，据木活字本影印。

长麟等编：《大清律》，乾隆五十五年刻本。

沈之奇注：《大清律辑注》，乾隆十年刻本。

吴坛：《大清律例通考》，光绪十二年刻本。

马建石、杨玉棠：《大清律例通考校注》，中国政法大学出版社 1992年版。

伍廷芳等：《大清新编法典》，光绪三十二年东亚书社铅印。

政学社：《大清法规大全》，宣统元年政学社石印。

商务印书馆编译所编：《大清光绪新法令》，宣统二年铅印，台北台湾大学影印。

沈家本修订：《钦定大清刑律》，宣统三年刻本。

沈家本编订：《大清现行刑律按语》，台北台湾大学影印。

沈家本：《寄簃文存》，载《历代刑法考》，中华书局 1985 年版。

沈家本、俞廉三：《遵义满汉通行刑律》卷一，光绪三十三年法律馆铅印。

秦瑞珍：《大清新刑律释义》，民国五年，商务印书馆铅印。

刘锦藻：《清朝续文献通考》卷四百，民国二十一年坚匏庵铅印万有文库，十通本。

昆冈等修、吴树梅等纂：《钦定大清会典》卷一百，光绪二十五年京师官书局大字石印，1976 年台北新文丰出版公司影印。

昆冈等修：《钦定大清会典事例》卷一千二百二十，光绪二十五年大字石印，1976 年台北新文丰出版公司影印。

张廷玉等编修：《钦定吏部则例》，武英殿刻本，乾隆七年刊。

清德宗敕修：《钦定吏部则例》，光绪十三年刻本。

清朝官修：《钦定户部则例》，道光十一年刻本。

《钦定理藩院则例》，天津古籍出版社 1998 年版。

刘海年等整理：《沈家本未刻书集纂》，中国社会科学出版社 1996 年版。

刘海年、杨一凡：《中国珍稀法律典籍集成》，科学出版社 1994 年版。

张友渔、高潮：《中华律令集成》（清卷），吉林人民出版社 1991 年版。

徐自强：《北京图书馆藏北京石刻拓片目录》，书目文献出版社 1994 年版。

北京图书馆金石：《北京图书馆藏中国历代石刻拓本汇编》第 61~90 册，中州古籍出版社 1990 年版。

故宫博物院明清档案部：《清末筹备立宪档案史料》，中华书局 1979 年版。

中国近代史资料丛刊本：《鸦片战争》、《第二次鸦片战争》、《戊戌变法》、《辛亥革命》，上海人民出版社 1981 年、1982 年版。

钱实甫：《清代职官年表》，中华书局 1980 年版。

章伯锋：《清代各地将军都统等年表》（1796~1911），中华书局 1965 年版。

朱金甫、倪道善、曹喜琛、俞玉储：《中国档案文献辞典》，中国人事出版社 1994 年版。

中国人民大学清史研究所和档案系合编：《清代的旗地》，中华书局 1989 年版。

《河北旗地研究》，1935 年中国地政研究所刊印。

吉林省档案馆、吉林省少数民族古籍整理办公室编，潘景隆、张璇如主编：《吉林旗务》，天津古籍出版社 1990 年版。

## 三、相关研究著作

刘小萌：《清代北京旗人社会》，中国社会科学出版社 2008 年版。

刘小萌：《爱新觉罗家族全书·家族全史》，吉林人民出版社 1997 年版。

刘小萌：《八旗子弟》，福建人民出版社 1996 年版。

定宜庄：《满族的妇女生活与婚姻制度研究》，北京大学出版社 1999 年版。

定宜庄、郭松义等：《辽东移民中的旗人社会》，上海社会科学院出版社 2004 年版。

苏亦工：《明清律典与条例》，中国政法大学出版社 2000 年版。

杨一凡总主编，苏亦工分卷主编：《中国法制史考证》，甲编，第七卷，

《历代法制考》,《清代法制考》, 中国社会科学出版社 2003 年版。

杜家骥:《清朝满蒙联姻研究》, 人民出版社 2003 年版。

朱东安:《曾国藩集团与晚清政局》, 华文出版社 2003 年版。

朱东安:《曾国藩传》, 百花文艺出版社 2001 年版。

华友根、倪正茂:《中国近代法律思想史》, 上海社会科学院出版社 1992 年版。

国务院法制局法制史研究室注:《清史稿刑法志注解》, 法律出版社 1957 年版。

李鹏年等:《清代中央国家机关概述》, 黑龙江人民出版社 1983 年版。

张德泽:《清代国家机关考略》, 中国人民大学出版社 1981 年版。

李治安:《唐宋元明清中央与地方关系研究》, 南开大学出版社 1996 年版。

张晋藩:《中国法制通史》, 法律出版社 1999 年版。

张晋藩:《中国法律的传统与近代转型》, 法律出版社 1997 年版。

周远廉:《清朝兴起史》, 吉林文史出版社 1986 年版。

李细珠:《张之洞与清末新政研究》, 上海书店出版社 2003 年版。

冯其利:《清代王爷坟》, 紫禁城出版社 1996 年版。

李国荣:《清宫迷案揭秘》, 中国青年出版社 2004 年版。

瀛云萍:《八旗源流》, 大连出版社 1991 年版。

郭松义、李新达、杨珍:《中国政治制度通史》第 10 卷, 人民出版社 1996 年版。

刘子杨:《清代地方官制考》, 紫禁城出版社 1988 年版。

王戎笙:《清代全史》(1~10 卷), 辽宁人民出版社 1991~1993 年版。

梁治平:《清代习惯法: 社会与国家》, 中国政法大学出版社 1996 年版。

李贵连:《近代中国法制与法学》, 北京大学出版社 2002 年版。

杨幼炯:《近代中国立法史》, 上海商务印书馆 1935 年版, 1966 年增订。

罗志渊:《近代中国法制演变研究》, 台北正中书局 1977 年版。

萧一山:《清代通史》, 商务印书馆 1980 年版。

郑秦:《清代法律制度研究》, 中国政法大学出版社 2000 年版。

杨学琛、周远廉:《清代八旗王公贵族兴衰史》, 辽宁人民出版社 1986 年版。

任桂淳:《清朝八旗驻防兴衰史》, 生活·读书·新知三联书店 1993 年版。

张博泉:《东北地方史稿》, 吉林大学出版社 1985 年版。

赵云田：《清代治理边疆的枢纽——理藩院》，新疆人民出版社 1995 年版。

张小林：《清代北京城区房契研究》，中国社会科学出版社 2000 年版。

何平：《清代赋税政策研究》，中国社会科学出版社 1998 年版。

张研：《清代经济简史》，中州古籍出版社 1998 年版。

杨策、彭武麟：《中国近代民族关系史》，中央民族大学出版社 1999 年版。

蔡冠洛：《清代七百名人传》，北京市中国书店 1984 年，中州古籍出版社 1998 年版。

包桂芹：《清代蒙古官吏传》，民族出版社 1995 年版。

高中华：《肃顺与咸丰政局》，齐鲁书社 2005 年版。

邢建国、汪青松、吴鹏森：《秩序论》，人民出版社 1993 年版。

［日］织田万：《清国行政法》，中国政法大学出版社 2003 年版。

［日］田山茂：《清代蒙古社会制度》，商务印书馆 1987 年版。

张溯崇：《清代刑法研究》，华冈出版部 1974 年版。

［英］范·德·斯普林克尔：《清代中国的法律制度》，纽约人文出版社 1962 年版。

张伟仁：《中国法制史书目》第 1 册、第 2 册，台北：中央研究院历史语言 所专刊之 67 册，1976 年版。

那思陆：《清代中央司法审判制度》，文史哲学集成第 252 册，文史哲出版 社 1992 年版。

刘景辉：《满洲法律及其制度之演变》，1968 年台北嘉新水泥公司文化基金 会印行，集于该基金会研究论文第 128 种。

薛文郎：《清初三帝消灭汉人民族思想之策略》，文史哲出版社 1991 年版。

［美］D.布迪、C.莫里斯：《中华帝国的法律》，江苏人民出版社 1998 年版。

［美］魏斐德：《洪业：清朝开国史》，江苏人民出版社 1995 年版。

［美］欧立德：《满洲之道：八旗制度和中华帝国晚期的族群认同》，《历史 研究》2005 年第 2 期。

［美］塞缪尔·P.亨廷顿：《变革社会中的政治秩序》，生活·读书·新知三联 书店 1989 年版。

［美］E.A.罗斯：《社会控制》，华夏出版社 1989 年版。

［美］格尔哈斯·伦斯基：《权力与特权：社会分层的理论》，浙江人民出版 社 1988 年版。

# 四、学术论文

常书红：《辛亥革命前后的满族研究》（博士论文），北京师范大学，2003 年届。

贾艳丽：《清末新政时期的八旗生计问题》（硕士论文），中国社会科学院近代史研究所，2006 年届。

胡健国：《清代满汉政治势力之消长》（博士论文），中国台湾政治大学，1996 年。

徐岱：《清末刑法改制与中国刑法近代化》（博士论文），吉林大学，2000 年届。

贺嘉：《论清末制宪》（博士论文），中国政法大学，1996 年届。

李俊：《晚清审判制度变革研究》（博士论文），中国政法大学，2000 年届。

田宏杰：《中国刑法现代化研究》（博士论文），中国人民大学，2000 年届。

王春霞：《关于清末"排满"的问题》（博士论文），南京大学，2003 年届。

何青叶：《清朝旗人特权的法律内涵》（硕士论文），中国人民大学，2003 年届。

罗芳：《中国传统法律近代化特点初探》（硕士论文），中国人民大学，2002 年届。

夏民：《晚清政府与法制改革》（硕士论文），南京师范大学，1999 年届。

王钟翰：《清代八旗中的满汉民族成分问题》（上、下册），《民族研究》1990 年第 3 期、第 4 期。

王钟翰：《清代民族宗教政策》，《中国社会科学》1992 年第 1 期。

王钟翰：《满汉杂糅的中央官制》，《文史知识》1987 年第 11 期。

刘小萌：《清代北京旗人舍地现象研究——根据碑刻进行的考察》，《清史研究》2003 年第 1 期。

刘小萌：《近年来日本的八旗问题研究综述》，《满族研究》2002 年第 1 期。

刘小萌：《清前期北京旗人满文房契研究》，《民族研究》2001 年第 4 期。

刘小萌：《从房契文书看清代北京城中的旗民交产》，《历史档案》1996 年第 3 期。

定宜庄：《美国学者有关清史与满族史研究的两部新著》，《中国史研究动态》2002 年第 5 期。

邱远猷辑：《中国法制史论文资料索引》（1949~1979），《法律史论丛》第 1 辑，中国法律史学会编，中国社会科学出版社 1981 年版。

杨学琛：《略论清代满汉关系的发展和变化》，《民族研究》1981 年第 6 期。

赵杰：《论满汉民族的接触与融合》，《民族研究》1988 年第 1 期。

滕绍箴：《清代的满汉通婚及有关政策》，《民族研究》1991 年第 1 期。

杜达山：《排满与"化除满汉畛域"》，《中南民族学院学报》（哲社版）1992 年第 2 期。

马艾民：《试论洋务运动时期的满汉联合》，《吉林大学社会科学学报》1993 年第 2 期。

于建胜、刘春蕊：《浅析晚清满汉官僚间的矛盾与斗争》，《青岛大学师范学院学报》1995 年第 3 期。

张小强：《湘军的崛起与晚清统治集团内的满汉矛盾》，《湘潭师范学院学报》1998 年第 2 期。

金丽婷、王伟业：《清代满汉民俗变迁的思考》，《学术交流》1996 年第 1 期。

苏亦工：《重评清末法律改革与沈家本之关系》，《法律史论集》第 1 辑，法律出版社 1998 年版。

曾宪义：《清末修律初探》，《法律史论丛》第 3 辑，法律出版社 1983 年版。

吴春梅：《张之洞调和满汉思想述论》，《安徽史学》2001 年第 4 期。

迟云飞：《清末最后十年的平满汉畛域问题》，《近代史研究》2001 年第 5 期。

张晋藩：《清朝法制史概论》，《清史研究》2002 年第 3 期。

马小红：《近代西方法学的输入与维新派的法理论体系》，《中国法律近代化论集》，中国政法大学出版社 2002 年版。

张从容：《变革中的冲突与调整——析清末部院之争》，《中国法律近代化论集》，中国政法大学出版社 2002 年版。

李云霞：《满族的婚恋习俗》，《满族研究》2000 年第 3 期。

林乾、王丽娟：《沈家本与满汉"一法"》，《沈家本与中国法律文化国际学术研讨会论文集》，中国法制出版社 2004 年版。

孙文良：《论清初满汉民族政策的形成》，《辽宁大学学报》（哲社版）1991 年第 1 期。

高翔：《清初满汉冲突与北方区域文化之变迁》，《清史研究》1994 年第 2 期。

朱诚如：《皇太极处理满汉民族关系的政策》，《文史哲》1987 年第 2 期。

罗庆四：《皇太极与满汉民族联合体》，《福建师范大学学报》（哲社版）1990 年第 3 期。

朱东安：《太平天国和咸同政局》，《近代史研究》1999 年第 2 期。

朱东安：《晚清满汉关系与辛亥革命》，《历史档案》2007 第 1 期。

王立群：《北洋政府时期直隶旗地问题浅探》，《历史档案》2005 年第 3 期。

张海山：《戊戌变法与晚清满汉矛盾的演变》，《康定民族师范高等专科学校学报》2006 年第 3 期。

刘德鸿：《乾隆时满族统治阶级腐朽与"八旗生计"》，《满学研究》第 3 辑，民族出版社 1996 年版。

雷炳炎：《清代旗人封爵略论》，《北京社会科学》2003 年第 4 期。

杜家骥：《论清朝在中国历史上的地位》，《学习与探索》2001 年第 3 期。

李自然：《试论乾隆朝东北禁边与八旗生计之关系》，《中央民族大学学报》2006 年第 6 期。

刘咏梅：《试析清初汉军旗人的特点——兼论清初重用汉军旗人的原因》，《安徽师范大学学报》（人文社会科学版）2000 年第 4 期。

吴晓莉：《清代黑龙江汉军旗人的族群意识》，《满语研究》2005 年第 2 期。

康波：《清末东北旗人的实业与生计初探》，《北方文物》2000 年第 4 期。

张福记：《清末民初北京旗人社会的变迁》，《北京社会科学》1997 年第 2 期。

姜涛：《晚清史研究向何处去?》，《清史研究》2002 年第 2 期。

〔美〕欧立德：《清八旗的种族性》，温海清译，国家清史编纂委员会编译组《清史译丛》第 7 辑，中国人民大学出版社 2008 年版。

〔日〕黄：《清初满汉两种法律文化的对峙》，《华侨大学学报》（哲社版）1992 年第 2 期。

高中华：《从肃顺削减旗人薪俸看北京旗人生计》，《北京档案史料》2006 年第 1 期。

高中华：《从耆英议约违旨看晚清吏治》，《近代中国与文物》2007 年第 4 期。

高中华：《肃顺与曾国藩关系述论》，《中国国家博物馆馆刊》2012 年第 3 期。

高中华：《文庆与重用汉人之策》，《中国国家博物馆馆刊》2013 年第 10 期。

# 索　引

# 后　记

通过撰写《肃顺与咸丰政局》一书，我对咸丰朝的政治变局有了更为清晰、深刻的认知，继而对清朝两个特有主体——旗人与民人的关系问题发生了兴趣，于是试图作一比较详细的梳理，以求深化对清朝政治秩序内在演变逻辑的认识。

本书在吸收学界某些研究成果的基础上，力求按照历史唯物主义的观点，对清朝的旗民关系作实事求是的分析。该专题的研究具有很大的挑战性，由于我水平所限，书中浅陋与不当之处在所难免，谨请学界前辈及广大读者不吝赐教，匡我不逮，以便将来进一步修改。

在此，向多年来教我之师、助我之友，以及对本书写作及出版提供过帮助的各位同志，深致谢意。